민주주의와 중국

아연동북아
총서 _07

민주주의와 중국

| 이정남 엮음 |

아연출판부
고려대학교 아세아문제연구소

| 차 례 |

아연동북아총서 발간에 부쳐

탈냉전 이후 동아시아의 역동적 발전은 역내의 정치-외교, 경제 질서뿐만 아니라 문화, 사상, 종교 등의 제 영역에서 새로운 변화를 추동하고 있다. 이런 변화는 일국적 차원의 고찰로는 해명될 수 없는 복잡하고도 민감한 초국가적(transnational) 현상을 낳고 있다. 특히 동북아시아는 지리적 인접성, 공통의 역사-문화적 경험, 협력과 공존의 필요성 등으로부터 연유하는 초국가적 사고와 움직임이 활성화되고 있다. 이런 동북아에 대한 이해를 심화 확대하고 새로운 해석과 전망을 제공하기 위해서는 국가별 연구나 학문 분과의 분절적 연구를 넘어 동북아시아를 분석의 단위로 삼는 다학문적·학제적 연구가 요청된다.

동북아시아 연구가 갖는 실천적 의미는 매우 중요하다. 주지하듯이 동북아시아는 세계의 어느 지역보다도 급속한 변화와 발전상을 보여 주고 있음에도 불구하고, 여전히 근대성의 문제와 냉전의 구도에 얽매여 있는 곳이다. 20세기 전반기의 제국주의 침략과 식민 경험은 오늘에도 국가적·민중적 기억을 지배하고 있다. 냉전의 산물인 남북 분단과 북한의 핵 위협은 동북아시아의 커다란 불안 요소가 되고 있다. 국가 간 역사 및 영토 분쟁

또한 동북아의 평화로운 발전에 장애로 남아 있다. 그러나 우리는 불편한 역사적 경험과 현재의 불안정이 다른 한편으로 동북아시아의 여러 구성 요소들을 상호 긴밀히 연결시키고, 그로부터 문제 해결을 위한 공통의 기반이 마련될 수 있음에 주목한다. 동북아시아는 대립과 갈등의 무대이기도 하지만, 평화와 공존의 모색을 위한 토대이기도 하다. 이제 동북아 연구는 동북아가 처한 현실을 객관적으로 진단하고, 평화로운 미래를 건설하는 시대의 요청에 부응하지 않으면 안 된다.

고려대학교 아세아문제연구소(이하 아연)는 대표적인 동북아시아 지역 종합연구소로서 학제 간 연구를 통한 동북아 지역 연구를 이끌어 왔다. 1957년 설립된 이래 아연은 구한국외교문서와 공산권연구총서 및 동아시아연구총서, 중국 연구총서, 한일공동연구총서, 민주주의총서 등 연구 성과의 체계적 집성을 통해 학문적 차원에서 현실을 진단하고 바람직한 미래의 방향을 전망하는 대학연구소의 역할을 충실히 수행해 왔다. 2008년부터는 한국연구재단의 인문한국(HK)사업 해외지역학 분야의 지원 기관으로 선정되어, '동북아시아의 초국가적 공간: 사상·사회·문화·제도의 교류와 재구성'이라는 연구 어젠다를 중심으로 10년 기간의 대규모 프로젝트를 진행하고 있다. 이제 아연은 지난 50여 년 동안 축적된 연구 경험과 현재 진행 중인 인문한국사업의 성과, 각종 동북아 지역 연구 지원, 국내외 소장 학자 교류 지원 프로그램 등을 기반으로 해 〈아연동북아총서〉를 발간한다. 이 총서의 성과가 동북아 공동의 문제를 해결하고 조율하며 바람직한 미래를 모색하는 장이 될 수 있기를 기대하면서, 관심 있는 분들의 격려와 질정을 바란다.

2010년 10월

아세아문제연구소장 이내영

서론

민주주의 담론의 백화제방 시대의 도래

이정남

오늘날 중국 정치학계를 달구는 가장 중요한 화두 중의 하나는 민주주의이다. 많은 학자들이 경쟁적으로 각종 민주주의 이론과 관점들을 소개하면서 민주주의 이론의 백화제방 시대를 맞이하고 있다. 수많은 학자들이 민주주의에 대한 규범적인 논의로부터 출발해 민주주의의 제도적 형식, 민주화 방식과 경로, 민주화에 대한 미래 전망 등 다양한 쟁점을 둘러싸고 치열한 논쟁을 전개하면서, 중국이 추구해야 할 민주주의가 어떤 것인가를 탐색하고 있다.

중국에서 이처럼 민주주의 담론이 활발하게 형성되고 있는 것은 중국 사회가 안고 있는 당면 과제가 정치 개혁과 민주화에 놓여 있음을 말해 준다. 1978년 이래 중국은 경제의 고속 성장을 지속하면서 시장경제 체제로의 성공적인 전환을 이룩했다. 이런 체제 전환과 경제성장은 대외적으로 중국이 세계 제2의 강대국의 반열에 오를 수 있는 경제적인 기반을 제공했고, 국내적으로 다원 사회로의 진입과 시민사회의 성장을 이끌어 냄으로써 민주화를 위한 사회적인 기초를 마련했다. 그러나 동시에 성장 위주의 경제정책과 지연된 정치 개혁에 따른 심각한 빈부 격차와 만연된 부패 문제로 인해 시민사회의 불만이 팽배하면서 매년 수만 건의 군중 시위가 발생하고 있다. 이런 상황은 정치 변화와 민주화의 불가피성을 제기하고 있다.

민주주의에 대한 중국 학계의 관심이 폭발적으로 증가한 시점은 개혁·개방 정책 30주년을 1년 남겨 두고 치러진 2007년 제17차 당대회를 전후로 한 시기이다. 많은 중국의 지식인들은 과거 30여 년 동안의 경제개혁의 성과를 긍정적으로 평가하면서, 정치 개혁이 향후 개혁 정책의 초점이 되어야 하며, 변화된 사회경제적 조건에 부응한 적절한 정치 개혁이 이뤄지지 않는다면 중국의 개혁 정책 전반이 위기 상황에 처할 수도 있음을 지적했다. 구체적으로 2006년 하반기 중국의 저명한 정치학자 위커핑(兪可平)이 "민주주의는 좋은 것이다"라는 글을 발표하면서 한 차례 논쟁이 전개되었고, 그 후 2007년 여름 인민대학교 부총장 셰타오(謝韜)가 제기한 '민주사회주의론 논쟁'은 민주주의와 정치 개혁에 대한 관심을 증폭시켰다. 또한 2007년 여름 중국공산당의 통치 이데올로기 최고 교육기관인 중앙당교의 교수들에 의해 출간된 『17대 이후의 정치 개혁 보고』는, 약 60여 년에 걸쳐서 3단계로 정치 개혁을 추진해 민주주의로 나아가고자 하는 장기적인 민주화 일정을 제기해 파장을 불러일으키기도 했다. 무엇보다도 2008년 303인의 자유주의 지식인에 의해 발표된 〈08헌장〉(零八憲章)은 공산당 통치의 부정과 자유민주주의적 정치 개혁의 열망을 집약했다는 점에서 커다란 정치적인 사건이 되기도 했다.

지식인뿐만 아니라 중국공산당 역시 민주적인 정치 변화의 불가피성을 인식하고 있다. 2005년 10월 국무원에서 발행한 『중국민주정치 건설백서』(中國的民主政治建設白皮書)나 후진타오(胡錦濤), 원자바오(溫家宝) 등 최고 지도자의 연설에서, 민주주의와 인권이 자본주의와 사회주의를 비롯한 모든 체제에서 보편적 가치를 지닌 것이며 인류가 창조한 소중한 가치임을 강조하기 시작했다. 이런 주장은 민주주의를 계급독재를 실현하기 위한 국가형태로 간주하던 시각으로부터 벗어나, 계급과 체제를 초월한 보편적인 가치로 간주함으로써 민주주의에 대한 인식에 대전환이 이뤄졌음을 의미한다. 그리고 2002년 16차 당대회 이래 중국공산당은 정치 개혁의 필요성을 강조하면서 공산당 내부의 민주주의 건설을 통해 사회의 민주주의를 이끌어 낸다는 민주화 추진 방식을 제기해 오고 있다. 특히 국무원 총리인 원자바오는 2006년 미국의 브루킹스 연구소 대표단에게 민주주의의 세 가지 측면으로 선거, 사법부의 독립, 원리에 기초한 감독 등을 언급하면서 민주주의에 대한 보다 구체적이고 진전된 내용을 제기해 많은 주목을 받았다. 그 후로도 그는 2010년 7월 CNN 방송과의 인터뷰에서 정치 개혁과 관련된 민감한 문제를 언급하면서 민주주의를 일곱 차례 이상이나 언급했고, 2011년 9월 다롄(大連)에서 개최된 세계경제포럼에서는 법치, 사회적 평등, 사법적 독립, 인민의 민주적 권리, 반부패 등을 다시 강조하기도 했다.

2011년 12월 중국의 두 학자는 중국의 정치는 학자들이 생각할 수 있는 것보다 훨씬 더 빠르게 변하고 있으며, 2020년을 전후로 해 중국이 민주화를 추진할 것이라는 낙관적 전망을 제기했다.[1] 지식인이나 당정 지도자 모두가 정치 개혁과 민주화를 개혁 정책의 중요한 당면 과제로 간주하고 있는 상황에서 이런 주장은 또한 한 차례의 민주주의 논쟁을 예고하고 있다. '중국 특색'[2]으로 언급되는 다양한 설명 체계들을 사용하면서 발전되

1_Yu Liu and Dingding Chen. 2011. "Why China Will Democratize." *The Washington Quarterly* Dec. pp. 41-63.

고 있는 중국의 민주화 구상은 다소 난해하고 혼란스럽기조차 하다. 그러나 이렇게 활발한 논쟁을 통해 발전되고 있는 민주주의 담론은 크게 두 가지 흐름으로 요약할 수 있다. 하나는 중국이 어떤 민주주의를 추진해야 하는가이고, 다른 하나는 어떻게 민주화를 추진해야 하는가이다.

어떤 민주화를 추진해야 하는가?

민주화의 추진 방향에 대해 중국 내의 대다수의 학자들은 이른바 중국 특색의 민주주의를 건설해야 한다는 시각을 견지하고 있다. 그러나 현재까지 중국 특색의 민주주의의 구체적인 특징이 불명확할 뿐만 아니라 정치 개혁과 민주화 방향을 놓고 많은 학자들이 서로 다른 대안을 제시하고 있는 상황이다. 이들 논의들은 대략 다음과 같이 종합할 수 있다.

첫 번째, 자유민주주의론이다. 류쥔닝(劉軍宁), 주쉐친(朱學勤) 등 자유주의 학자들이 주장하는 시각으로, 중국의 민주화는 자유주의를 사상적인 기초로 하여 시민의 기본권과 자유를 출발점이자 최고의 목표로 하고, 다양한 정당이 경쟁하는 자유롭고 공정한 경쟁 선거를 핵심 메커니즘으로 하여, 자유와 민주주의, 헌정(憲政)이 삼위일체가 되는 방향으로 나아가야 한다고 주장한다. 또한 민주주의는 보편적인 가치이기 때문에, 비록 구체적인 제도에서 차이가 존재하더라도 민주정치의 보편 원리는 완전히 같은 것

2_'중국 특색'이란 표현은 어색한 조어로 느껴지지만 중국에서 통용되는 표현이어서 이 책에서는 그대로 사용하고 있다.

이며, 문화의 차이나 국정의 차이를 이유로 이런 보편 원리를 부정해서는 안 된다고 주장한다. 그리고 민주정치는 두 가지 기준 즉 정부가 자유롭고 공평한 선거를 통해 구성되었는가, 시민의 기본적인 자유가 보장되고 정부 권력에 대한 견제와 균형이 이뤄지고 있는가에 기초해서 판단해야 한다는 점을 강조한다. 이런 자유민주주의론은 2008년 303인의 재야 지식인들이 발표해 큰 반향을 일으킨 〈08헌장〉에 잘 나타나 있다. 헌장은 헌법 수정, 권력 분권과 견제와 균형, 입법 민주, 사법 독립, 군대의 국가화, 인권 보장, 공직 직선, 언론·집회·결사 자유의 보장 등을 주장하고 있다.

두 번째, 직접민주주의론으로 홍콩 중문대학의 왕샤오광(王紹光) 교수가 이런 주장을 하는 대표적인 학자이다. 그는 선거에 기초한 대의 민주주의를 부정하면서, 추첨제, 토론 민주주의의 활성화, 경제적 민주주의의 실현 등을 통해 '상전 선출' 체제가 아닌 인민이 주인이 되는 방법을 찾아야 한다고 주장한다. 그의 이런 주장은 그리스 아테네의 직접민주주의 체제에서 귀족주의적인 요소를 제거해 시민이 진정한 주인이 되는 직접민주주의 이상을 구현하고자 하는 시도로 볼 수 있다.

세 번째, 중국 인민대학교 부총장인 세타오가 주장하는 민주사회주의론으로, 유럽의 사민주의 체제를 통해 중국의 길을 모색해야 한다는 것이다. 이 주장에 따르면, 제2차 세계대전 이후 세계에는 미국을 대표로 하는 자본주의 체제, 소련을 대표로 하는 공산주의 체제, 스웨덴을 대표로 하는 민주사회주의 체제가 존재하게 되었고, 이들 3개의 체제가 서로 경쟁한 결과 민주사회주의 체제가 승리하게 되었다. 그리고 민주사회주의는 자본주의와 공산주의 체제를 변화시켰고, 현재 세계를 변화시키고 있으며, 그리고 중국을 구제할 것이라고 주장하고 있다.

네 번째는 대체(代替) 민주론으로, 중국 베이징(北京)대학의 판웨이(潘

維) 교수가 이 시각을 주장하는 대표적인 학자이다. 그는 민주주의 제도를 보편적인 가치로 간주하는 시각을 비판하면서, 모든 정치제도는 단지 수단에 불과하고 정부를 조직하는 방법에 불과하다고 주장한다. 현대 민주주의 제도의 근본적인 특징과 핵심 기제를 경쟁적 선거, 즉 다수결로 규정짓고, 이런 기제로는 시민들의 정치적인 평등과 광범위한 정치 참여를 보장하지 못하고 언론·출판·집회·결사의 자유를 보장하지 못하며, 권력의 견제와 균형을 이룩하지 못해 부패를 방지할 수 없다고 비판한다. 이런 모든 것은 법치의 완비를 통해 실현 가능하다고 주장한다. 또한 그는 서구의 민주주의 제도는 법치, 강권 정치(强權政治) 합리성에 대한 인식, 다원적인 이익집단의 균형에 기초하고 있으며, 이런 3대 조건이 존재하지 않는 중국에 민주주의를 추진하는 것은 사회 분열을 불러일으키는 매우 위험한 일이라고 주장한다. 대신에 중국의 역사적 전통인 법치를 선택하는 것이 적절하다고 주장한다. 중국에 부족한 것은 자유가 아니라 자유로운 경쟁을 위한 공정한 환경과 조건이며, 따라서 중국 정치 개혁의 중요한 문제는 누가 권력을 장악하는가가 아닌 어떻게 권력을 장악할 것인가의 문제라는 것이다.

다섯 번째로 중국 특색의 민주주의론이다. 이 시각은 중국 정부뿐만 아니라 대부분의 중국 관변 지식인들이 주장하는 시각으로 현재 중국의 민주주의 담론에서 주류 지위를 점하고 있다. 기본적으로 민주주의의 보편적인 가치를 인정하지만, 민주주의는 각국의 국정에 따라 실현 방식이 다르다고 주장한다. 그리고 중국은 서구의 이른바 자유민주주의가 맞지 않으며 중국의 국정에 맞는 민주주의를 모색해야 한다고 주장한다. 그리고 중국 특색의 민주주의는 공산당 영도, 인민이 주인이 되는 것, 법치 등 세 가지 요소의 유기적인 통일을 이룩하고, 인민대표대회제도, 공산당 영도의 다당합작제와 정치협사회의제도, 민족구역자치제도, 기층군중자치제도가 중국 특색의 민주주의의 기본적인 정치적 틀이 되어야 한다고 주장한다. 이런 내용들에 기초해 볼 때 기본적인 제도적 틀에서 개혁·개방 이전 시기와 본질적인 차이가 없다. 그러나 민주주의를 위한 구체적 발전 방향으로 민주주의를 실행할 수 있는 각종 정치제도의 정비, 정책 결정·집행 과정에 대한 민주주의 원칙의 강화, 정부와 관료에 대한 감독권의 강화, 알 권리·청원권·감독권 등 민주적 제 권리의 보장, 다양한 선거제도의 발전 등을 강조하고 있어, 개혁·개방의 결과 나타난 경제·사회적 변화에 조응하면서 통치 거버넌스 구조의 변화를 꾀하고 있다는 차이를 발견할 수 있다.

어떻게 민주주의를 추진해야 하는가?

어떤 민주주의를 추구해야 하는가에 못지않게 어떻게 민주주의를 추진해야 하는가도 중요한 쟁점이 되고 있다. 이런 논의는 민주화를 추진하는 데 있어 어디서부터 시작해야 하는가, 즉 돌파구가 무엇이 돼야 하는가에 초점이 맞춰져 있다. 개혁 방식을 둘러싼 논쟁은 기본적으로 공산당 주도하에 위로부터의 점진적인 개혁을 추진해야 한다는 시각이 주류를 이루고 있다. 그러나 비록 극소수이기는 하지만 노동자, 농민 등 이른바 현재 중국 사회의 주변부 집단이 중심이 되어 밑으로부터 대중투쟁을 통해 민주화가 이뤄져야 한다는 시각도 존재한다. 이런 주장은 중국 사회의 기득권 세력인 공산당이 절대 스스로 기득권을 포기할 리 없기 때문에, 시민사회가 중심이 되어 민주화를 이끌어 내야 한다는 것이다.

점진적 개혁론 내에도 구체적인 방식을 둘러싸고 다양한 시각이 존재한다. 가령 촌민위원회와 도시사구주민위원회 등 기층 지역의 민주화를 민주적 정치 개혁의 돌파구로 찾아야 한다는 주장이 있는가 하면, 정치협상회의 등 당정 부문의 협의와 사회단체들과의 소통을 강화하는 심의 민주주의를 통해 정치 개혁의 돌파구를 찾아야 한다는 시각도 존재하고 있다. 그러나 현재 중국의 민주화 논쟁에서 민주화 방식을 둘러싸고 가장 주목을 받고 있는 시각은 당내(黨內) 민주화론과, 인민대표대회(이하, 인대)에 대한 개혁을 통한 민주화론 등 두 가지 시각으로 요약할 수 있다.

이처럼 정치 개혁의 돌파구로 공산당과 인대가 거론되는 것은 헌법상 공산당과 인대의 권력이 모두 핵심적인 헌정 권력이기 때문이다. 즉 공산당은 국가 권력기관에 대해 영도권을 가지고 있으며, 인대는 국가 최고 권력기관이기 때문이다. 따라서 당과 인대에 대한 개혁 없이는 정치체제에 대한 근본적인 개혁과 민주화를 모색하는 것이 현실적으로 어렵다.

당내 민주화론은 이른바 정치권력에 대한 영도권을 지닌 공산당 내에서 민주화 개혁을 추진하고, 그다음에 정치체제의 기타 부분에서 민주화를 이끌어 낸다는 시각이다. 즉 공산당의 민주주의를 통해 사회의 민주주의를 이끌어 내야 한다는 주장이다. 당내 민주화론은 당의 각종 제도를 정비하고 민주적 절차의 확립을 통해 당내의 민주화를 달성해야 한다는 시각과, 당내에 다양한 정치 파벌의 존재를 통해 일당제 내에서 다양한 정파 간의 경쟁 원리를 도입해 당내 민주화를 추진해야 한다는 시각이 존재하고 있다. 비록 후자는 공산당에 의해서 받아들여지고 있지 않지만, 일부 학자들은 공산당 일당제를 유지하고 있는 중국에서 현실적으로 가능한 민주화의 경로로 주목하고 있다. 그러나 당내 민주화론은 공산당만의 민주화 추진이며, 이로 인해 당 외의 인민 군중은 자신들의 민주적인 권리가 박탈되었다고 느낄 것이고, 당내 분열을 가져와 거버넌스의 실패를 초래할 것이라는 비판을 받고 있다. 그 외에 당내 민주화가 일정 정도 성공을 하더라도 이것을 어떻게 사회의 민주화로 전환시킬 것인가에 대해 현재까지 어떤 연결기제를 말하지 않고 있다는 점에서 한계를 지적받고 있다.

다음으로 인대 개혁을 정치 개혁의 출발점으로 삼아야 한다는 시각이다. 이 시각은 정치체제의 핵심 부분에 대한 개혁으로부터 민주화를 추진해야 한다고 주장하는 점에서 공통점이 있지만, 공산당의 역할을 둘러싸고 이견이 존재한다. 우선 헌법이 규정하고 있는 인대의 최고 권력을 실행함으로써, 인대가 실질적인 최고 권력기관의 역할을 회복해 민주주의를 실행할 수 있도록 해야 한다는 주장이다. 그러나 헌법은 동시에 인대에 대한 공산당의 영도권을 규정하고 있어, 인대가 공산당과 어떠한 관계를 유지해야 하는가는 여전히 중요한 과제로 남아있다. 다음으로, 영도권을 지닌 공산당과 최고 권력으로서 인대의 권력관계가 근본적인 대립관계에 있는 상황에서, 보다 현실적인 접근방법으로 공산당의 영도적 지위를 유지하는 전제하에서 공산당과 인대가 모두 제한된 권력을 가지고 이 두 가지 종류의 권력이 일정한 긴장 관계를 유지하는 일당 입헌을 통해 현실적인 정치 변화를 이끌어 내도록 해야 하다는 시각도 있다. 이는 다원적인 이해관계에 기초한 시민사회가 성장하고 있는 현실적인 조건에서, 공산당의 주도로 인대를 경쟁적이고 정치적인 의견을 표출하는 기구로 육성해, 시민사회의 다원적인 이익과 목소리를 체제내로 끌어들이고자 하는 구상이다. 또한 일부 반체제인사들에 의해서 서구식 다당제의 도입과 3권 분립에 기초해서 인대의 의회기능을 회복해야 한다는 주장이 있는가 하면, 다당제를 인정하고 직접선거에 의해 전인대 대표를 선출하지만, 공산당이 당내 민주화를 통해 우수한 인재를 육성함으로써 선거에서 항상 집권당이 되어 권력을 장악할 수 있도록 하는 '싱가폴 모델'을 도입해야 한다는 시각도 존재한다.

이처럼 민주화 추진 방식을 둘러싸고 다양한 시각들이 존재하지만, 현재 중국 정부와 공산당의 공식적인 입장은 당내 민주화를 통해 사회의 민주화를 추진한다는 입장을 견지하고 있다. 공산당이 이런 입장을 제기하는 근본적인 이유는 국가 핵심 기관인 공산당의 개혁을 통해 공산당에 대한 대중적인 신뢰도를 높여, 당의 주도하에 안정적이고 점진적으로 정치 개혁을 이끌어 가고자 하는 의지의 표현으로 볼 수 있다.

이 책은 어떻게 중국의 민주주의를 탐색하고 있는가?

상술한 바와 같이 정치 개혁과 민주화가 당면의 과제로 부각되면서, 민주화 방향과 방식을 둘러싸고 다양한 시각들이 상호 논쟁을 전개하며 중국적인 상황에 걸맞은 민주화 모델을 탐색하고 있다. 이 책은 이런 중국 내의 민주주의 담론을 종합적으로 검토하면서, 민주주의에 대한 중국인의 인식과 구상을 전면적으로 대해부하는 데 목적이 있다. 동시에 중국의 민주주의 성장을 진단하고 평가하는 데 의미 있는 다양한 쟁점들을 고찰함으로써 중국 민주화의 가능성과 전망을 이끌어 내는 데 공통된 목적이 있다. 그러나 이 책의 필진들은 모두 하나의 통일된 시각에 기초해 중국의 민주주의를 이해하고 평가, 전망하는 것은 아니다. 따라서 각 장의 논문들 간에는 시각차가 존재할 수 있다.

제1부 "민주주의에 대한 중국의 인식과 변화"에서는 민주주의 개념이 서구로부터 중국에 도입된 이래 민주주의에 대한 중국의 인식과 이해가 어떻게 변화해 왔는가를 규범적인 측면과 정치제도적 측면에서 종합적으로

살펴보고, 그 특징과 한계를 분석한다.

1장 "민주주의에 대한 중국의 인식: 비교 역사적 관점을 중심으로"에서는 1911년 신해혁명 직후 등장한 민주 공화제 모델과 1949년 신중국의 수립으로 등장한 인민민주주의 모델을 비교하면서, 중국 정부가 주장하고 있는 중국 특색의 민주주의에 대한 내용과 특징을 파악하고 있다. 이를 통해 중국이 과연 민주주의를 지향하고 있는가, 그리고 중국이 지향하는 민주주의는 어떤 것인가를 분석하고 있다. 필자는 현재까지 중국에서 공식적으로 강조되고 있는 중국 특색의 민주주의론의 특징을 살펴보면서, 인민민주주의나 신해혁명 이후 등장한 민주 공화제와는 구별되는 새로운 민주주의의 대안을 제시하는 수준으로까지 발전하지 못하고 있다고 주장한다. 다만 이것은 인민민주주의의 기본적인 제도적 틀을 유지하면서 통치 거버넌스 구조의 변화를 이끌어 내는 데 그치고 있다. 따라서 중국 특색의 민주주의론은 중국의 민주화에 대한 뚜렷한 청사진을 가지고 있지 않은 채, 현재의 정치 개혁 압력에 대응해 각종 정치제도의 완비와 통치 방식의 합리화를 통해 새로운 통치 방식을 모색하고자 하는 중국공산당의 의지의 표현이라고 주장한다.

이런 연구는 중국 역사에 등장한 적이 있는 대표적인 민주주의 모델과의 비교를 통해 중국 특색의 민주주의론을 분석함으로써, 현재 중국이 지향하고 있는 민주주의 모델이 어떤 것인가를 이해하는 데 도움을 줄 뿐만 아니라, 근대 이래 중국이 사고해 온 민주주의에 대한 거시적인 이해를 이끌어 내는 데에도 매우 유용하다.

2장 "중국 세대별 정치 엘리트와 민주주의: 제3·4세대를 중심으로"에서는 중국의 제3·4세대 정치 엘리트를 중심으로 민주주의에 대한 인식(정책)을 비교, 분석하고 있다. 필자는 세대별로 서로 다른 특성을 가지고 있다는 가정 아래, 정치 엘리트의 세대별 속성, 시대 상황 그리고 인식(정책) 간의 관계를 중심으로 분석 틀을 삼고 있다. 이런 분석 틀 아래, 구체적으로 제3세대와 제4세대의 특성이 어떻게 시대 상황과 상호작용하면서 각 세대의 민주주의에 관한 인식(정책)에 영향을 미쳤는가를 비교하였다. 또 이상의 분석 틀과 연구 결과에 기반을 두어 2012년 이후 중국 정치를 주도할 제5세대의 민주주의에 관한 인식(정책)의 변화에 관해 전망하고 예측하고 있다.

이 연구는 민주주의에 대한 인식이 세대별로 어떤 차이를 보이고 있는지에 대한 이해를 도모하고, 더 나아가 행위자의 특성이 구조적 요인 즉 시대 상황과 어떻게 상호작용하면서 행위를 초래하는지에 대한 실험적 분석을 시도했다는 점에서 그 의의가 있다.

3장 "중국공산당의 '당내 민주' 정책과 민주주의 발전: 제기 과정과 추진 내용, 추진 행태를 중심으로"에서는 비록 중국이 민주주의 건설을 정치체제 개혁의 주요 방향으로 설정하고 이를 위한 정책적 추진 방법으로서 당내 민주화를 제시하고 있으나, 당내 민주화를 통해 중국의 민주 발전을 추동한다는 정책적 방향에는 일정한 한계성이 내재해 있음을 고찰한다. 즉, 당내 민주의 제기 과정에서 나타나는 공산당 영도력 강화의 특징과, 추진 내용에서 나타나는 체제 내적 제도 개혁의 특징에 근거해 볼 때, 당내 민주는 중국의 민주 발전을 추동하는 직접적이고 본질적인 접근 방법이라기보다는 중국 정치체제의 가장 핵심적이고 근본적인 권력 주체인 공산당에 대한 개혁을 비켜가는 일종의 우회적 경로 선택의 산물이라 할 수 있다.

이와 같은 분석을 통해, 필자는 당내 민주와 관련된 논의나 정책적 추진이 사회 민주를 향한 주류적 방향으로 인정될수록 공산당의 권력 기반과 장악력의 강화로 환류될 가능성이 높으며, 이런 측면에서 당내 민주의 추진이 중국 사회의 민주 발전으로 이어지기보다는 신권위주의 체제의 지속적 유지와 같은 제한된 민주화에 그치게 될 가능성이 높음을 전망하였다.

4장 "경제성장과 정치발전에 대한 중국의 인식"에서는 중국의 경제성장과 정치발전에 대한 인식을 분석하고 있다. 여기서 중국이란 정계와 학계 등 엘리트를 지칭하는 것이다. 분석 결과, 중국은 경제성장에 대해 절대적 잣대와 상대적 잣대를 동시에 적용하고 있다. 특히 중국적 특수성을 강조하려 할 때는 상대적 잣대, 예를 들면 1인당 GDP(국내총생산)의 국제 순위 등을 사용한다. 또 정치발전에 있어 제도화 우선의 인식을 보이고 있다. 마지막으로 경제성장과 정치발전에 대해 대기론/단계론적 인식을 가지고 있는 것으로 드러났다. 즉 중국 경제가 민주주의를 추진할 만큼 충분히 발전하지 못했기 때문에 경제성장에 더욱 집중해야 하며, 민주화보다는 제도화에 더욱 집중해야 한다는 것이다.

이 연구는 중국의 엘리트들이 경제성장과 정치발전 그리고 이들 간의 관계에 대해 각각 어떻게 인식하고 있는지에 대한 이해를 도모함으로써 '중국 특색 민주주의'의 경로에 대한 토착적 시각을 확인한다는 데에 의의가 있다.

제2부 "중국 민주주의의 성장과 주요 쟁점"에서는 현재 중국 사회의 민주적인 변화를 진단하고 평가할 수 있는 다양한 쟁점들을 살펴보고, 이를 기초로 중국의 민주적 변화의 가능성과 전망을 이끌어 내는 데 초점을 두었다.

5장 "21세기 '중국 특색의 시민사회'의 변화와 발전에 관한 탐구: 국가-사회관계의 변화를 중심으로"에서 필자는 중국의 급속한 경제성장에 따른 시민사회의 발전이 시민 계층의 다원적 형성과 시민 의식 성장, 민권 의식 부상, 재산권 분쟁의 확대, 정치 민주와 제도 개혁의 요청, 기층(基層) 민주,

사회 민주, 당내(당내) 민주, 헌정 민주에 이르기까지 전 분야에 영향을 미침으로써 민주화를 촉진시키는 직간접적인 동력으로 작용하고 있다고 주장한다. 그리고 이런 시민사회의 발전과 더불어 국가의 사회에 대한 개입과 통치는 여전히 세련되면서도 효과적으로 행사되고 있다고 주장하고 있다. 그리하여 결과적으로 중국의 국가-사회관계는 시민사회의 재건과 강화에 대한 필요와 함께 자연스럽게 '강국가-강사회' 모델에 대한 요청으로 이어졌다. 이런 모델이 일반화되고 정당화되는 것은 이것이 중국 특색의 민주화 실현의 주객관적 조건이기 때문이다. 필자는 국가와 사회 양자 간 적극적인 상호작용이 가능한 '강국가-강사회' 모델이 중국의 독특한 민주주의 실현을 가능케 할 수 있는 필수 조건이라고 주장한다. 그러나 중국 특색의 민주화는 매우 독특한 국내 사정을 반영해 특수한 발전 경로를 걸을 수밖에 없을 것이다. 이런 '강국가-강사회' 모델은 또한 국가-사회 간의 협력과 공생 관계(symbiotic relation)를 보여 주는 중국의 독특한 거버넌스 모델이라고 주장하고 있다.

6장 "중국 도시 기층의 자율 공간 형성 가능성 탐색: 베이징시 따시양신청(大西洋新城), 스따이좡위엔(時代莊園) 업주위(業主委) 활동을 사례로"에서는 다양한 이익이 표출되는 사회 공간이자 국가와 사회가 마주치는 구체적 장소로 변화하고 있는 중국 도시 사구(社區)[3]의 등장에 주목하고 있다. 이 글은 특히 기층 자치 조직 활동을 중심으로 도시에서의 자율 공간 형성 가능성을 살펴본다. 필자는, 사구관리제도는 기본적으로 당정의 지도

3_원래 사구(社區)는 society의 중역인 사회(社會)와 구별 짓기 위한 community의 중문 번역이었으나 실제 중국 일반에서의 쓰임을 보면 거주지를 뜻하는 근린(近隣)이나 이전 주민위원회 관할 지역(小區)을 확대한 행정구역을 지칭한다. 자세한 내용은 6장 참고.

를 전제로 하고 있지만, 밑으로부터의 사회적 역량이 이를 자신들의 권익을 지키기 위한 민주적 토론과 자치활동의 장으로 탈바꿈시킬 수도 있다는 점을 강조하고 있다. 이는 과거 계획경제 시기에 비해 국가의 통제가 이완되었다고 해서 도시 기층을 비롯한 사회 각 부문에서의 자율 공간이 저절로 생기는 것이 아니라, 규칙 제정자이자 규제자인 국가로부터 자유로운 사회 역량의 노력이 필수적임을 다시 확인해 주는 것이다.

7장 "중국의 농민 저항과 당국가(黨國家)의 대응, 그리고 민주화"에서 필자는 민주화 과정의 필수적인 요소인 대중 저항에 대한 분석을 통해 중국 농민 집단 저항의 경향과 특징을 파악하고, 국가-사회관계의 변화라는 틀 속에서 그 내용을 담아냈다. 이런 작업은 한편으로 밑으로부터의 저항이 중국의 정치적 민주화의 기초로 작용할 것인지 아니면 일상적인 경제투쟁의 수준에 머물 것인지에 대한 진단을 가능케 할 것이며, 다른 한편으로는 당국가의 대응에 대한 분석을 통해 중국 국가-사회관계의 변화와 민주화의 방향성에 대한 예측을 제시할 수 있을 것으로 보인다.

당국가는 농민 저항을 전통적인 억제와 진압의 방식 대신, 자비로운 국가의 이미지 그리고 영리한 안정 구매 전략을 통해 무마해 왔다. 그럼에도 불구하고 지속적인 경제 발전과 현대화 과정에서 농민들의 상대적 소외는 쉽게 치유되지 않았고, 중국 농민 저항의 불씨는 쉽게 사그라지지 않았다. 최근에는 중국 농민 저항의 특징 역시 변화했다. 과거 산발적이고 간접적인 저항 방식이었다면, 최근에는 조직적이고 적극적인 저항 방식으로 변화하고 있다. 물론 아직까지 정부의 사회 통제력이 강하고 농촌 시민사회의 형성 기반이 약하기 때문에, 정부의 안정 구매 전략은 농민들의 불만이 체제 위협으로까지는 확대되지 않게 하고 있다. 당분간은 긴장과 충돌이 당국가로 하여금 국가-사회 간 상호작용을 제도화시켜 농촌 시민사회의 권력 성장을 억제시키고, 거리 투쟁을 제도 내 투쟁으로 유도할 가능성이 높다. 그러나 농민 저항은 점점 좀 더 영리한 엘리트의 주도하에 이뤄지고, 조직화·대형화되고 있다. 만일 당국가가 현재의 미봉책에 만족한다면, 농민 저항이 향후 직접적으로 당국가를 겨냥할 가능성이 높다. 바로 이 점 때문에 농민 저항의 확대가 중국의 새로운 민주화의 잠재적 자원이 될 수 있는 것이라고 주장하고 있다.

8장 "중국의 입법 개혁과 민주주의: 입법 주체, 입법기관, 법률 체계 개혁에 대한 시론적 평가"에서는 중국 법률 개혁의 성격과 내용을 입법 주체, 입법기관, 법률 체계 세 가지 측면에서 살펴봄으로써 기존의 보편주의적 시각과 특수론적 시각에 대한 평가를 시도하고 있다. 1978년 개혁·개방 이래 중국은 마오쩌둥(毛澤東) 시기 개인 통치의 폐해를 극복하기 위한 방편으로 정치의 제도화와 법제화를 적극 추진했다. 이후 경제의 시장화·개방화, 이에 따른 사회 계급·계층의 분화와 다양화를 배경으로 중국의 법률 개혁은 더욱 가속화됐다. 그런데, 이와 같은 중국의 법률 개혁에 대해 학계에서는 서로 상반된 주장을 제기하고 있다. 민주주의에 대한 보편주의적 시각에 기초한 학자들은 이 법률 개혁이 변화된 새로운 환경에서 반체제 세력 등에 대한 통제와 억압을 효과적으로 수행하기 위한 것으로 인식한다. 결국 중국의 법률 개혁은 민주주의 체제에서 강조하는 책임정치와는 거리가 멀다는 것이다. 반면, 민주주의에 대한 중국 특수론의 시각에서 중국 법률 개혁을 인식하는 학자들도 있다. 이들에 따르면, 법률 개혁을 지속적으로 추진함으로써 중국의 법률 체계와 정치체제는 점진적으로 대중의 요구에 더욱 민감하게 반응하고 또 대중에게 더욱 책임을 지는 정치를 실현해 가고 있다.

이런 분석 작업을 통해 필자는 법률 개혁 조치로 대중에 대한 정부의 책임성·반응성, 법치와 같은 민주주적 특징이 점진적으로 확대되고 있지만, 여전히 사회의 자율권 보장, 정부의 투명성 실현 등과 같은 영역에서 개선, 보완돼야 할 여지가 많음을 지적한다. 또한 그에 대한 사회적 불만도 상당하다는 점을 밝히고 있다. 결국 중국 특색의 민주주의의 성공 여부는 향후 사회의 요구 수준과 이에 대한 중국의 당국의 대응 방식에 따라 달라질 수 있음을 지적했다.

9장 "중국의 중앙–지방 관계와 민주적 거버넌스: 자율성과 책임성의 관점에서"에서는 중국의 정치체제가 어떻게 민주화 이행을 경험하고 있는지를 중앙–지방의 관계라는 측면에서 실증적으로 밝히고자 했다. 개혁·개방 이후 중국은 정치적으로는 권위주의 체제를 유지하면서, 중앙–지방 관계에서는 적극적인 분권화 정책을 시행함으로써 이른바 '분권화된 권위주의'(decentralized authoritarianism) 체제라는 평가를 받아 왔다. 그렇지만 중국공산당은 빠르게 변화하는 새로운 체제 환경에 적응하고 개혁에 대한 다양한 요구를 수렴하는 과정에서, '분권화된 권위주의' 체제를 위한 기존의 정치적 전략을 일정 정도 수정할 수밖에 없었다. 따라서 이 글에서 필자는 이런 정치적 전략의 수정이 중앙–지방 관계 속에서 어떻게 이뤄지는지를 거버넌스의 분석 틀에 근거하여 자율성과 책임성의 개념을 통해 분석했고, 이를 통해 이른바 '중국식 민주'의 실체에 접근하고자 하고 있다.

그동안 이뤄진 변화를 요약하면, 먼저 그 한계가 여전히 분명한 것도 사실이지만 다양한 선거 개혁과 기층 자치를 통해 지역사회의 정치적 자율성이 확대되어 권위주의 체제가 다소나마 이완되고 있다. 그리고 책임성의 측면에서는 과거처럼 지방 사무에 대한 단순한 관리적 책임성의 확보가 아니라, 지역사회의 이해관계를 합리적이고 민주적으로 반영할 수 있는 정치적 책임성의 제도화가 새롭게 시도되고 있다. 이런 자율성의 보장이나 정치적 책임성의 실현으로 중국이 본격적인 민주주의 체제로 이행되었다고 보기는 힘들지만, 기존의 관료화된 당정 지배 체제에 적지 않은 변화를 수반하고 있다는 점에서는 민주화의 전망에 대해 충분한 함의를 가진 것으로 평가할 수 있다.

이 책은 고려대 아세아문제연구소 중국연구센터 민주주의 패널이 일 년여 동안 진행해 온 세미나 결과를 종합한 것이다. 모든 학자들이 자신이 맡은 논문을 발표하고 토론해 가는 과정에서 중국의 민주주의에 관한 이해의 폭이 더 넓어지고 현실감을 체득하는 성과를 거두었다. 그리고 이런 성과를 책으로 묶어 낸 것이다. 민주주의 문제는 향후 중국 정치 연구의 핵심 어젠다가 될 것이기 때문에, 이 책은 중국 민주화에 대한 연구를 본격적으로 수행하기 위한 출발점이 될 것으로 본다.

2011년 12월 26일

제1부

민주주의에 대한 중국의 인식과 변화

1장

민주주의에 대한 중국의 인식

비교 역사적 관점을 중심으로

이정남

Ⅰ. 서론

급속한 경제성장에 기초해 이른바 G2로 부상한 중국의 민주화에 대한 관심은 그 어느 때보다 높다. 이는 중국 국내적으로는 지난 30여 년 동안의 경제성장과 경제체제 전환 그리고 이에 따른 사회적 변화에 정치체제가 조응하고 있지 못하다는 현실적인 평가에 기초하고 있다. 대외적으로는 권위주의 체제로부터 탈피해 민주화와 인권의 실현을 통해 정치적인 변화를 꾀하는 것이 중국이 강대국으로 부상하는 데 있어서 주변 국가의 거부감과 위기감을 제거할 수 있는 중요한 요건이기 때문이다.

• 이 논문은 『아세아연구』 제54권 30호에 발표된 것을 수정한 것이다.

그리하여 그동안 개혁·개방 정책의 성과를 평가하면서 민주화와 정치 개혁은 중국 내에서 중요한 화두가 되고 있다. 자유주의적인 학자들 사이에는 2010~20년 사이에 안정적이고 점진적인 정치 개혁과 민주화를 이룩하는가가 21세기 중국의 운명을 좌우할 것이라는 주장이 제기되고 있고(張旭昆 2008, 20-23/1-33(Bar)), 급기야 류샤오보(劉曉波)로 대표되는 자유주의적인 지식인 103인은 〈08헌장〉을 통해 일당독재의 폐지와 민주화를 주장하기에 이르렀다. 관변 학자들 역시 정치 개혁과 민주주의를 주요한 화두로 삼으면서 정치 개혁과 민주화를 향한 장기적인 개혁 일정을 모색하기 시작했다(周天勇·王長江·王安岭 2007, 2).

이런 관심은 학자들에 국한된 것이 아니다. 중국 정부는 2005년 10월 발행한 『중국민주정치 건설백서』(이하, 『백서』)에서, 민주주의와 인권을 자본주의와 사회주의를 비롯한 모든 체제에서 인류 역사가 창조한 보편적 가치로 간주하기 시작했다. 또한 2010년 원자바오 총리가 선전(深圳) 경제특구 설립 30주년을 앞두고 8월 20일 선전에서 행한 연설에서 "정치체제 개혁이 없으면 그동안 쌓아 온 경제개혁의 성과도 잃어버릴 것이다"라고 지적하면서 시작된 정치 개혁에 대한 논쟁[1]도 정치 개혁과 민주주의에 대한 중국 정부의 관심을 보여 주는 것이라고 볼 수 있다.

이처럼 정치 개혁과 민주주의에 대한 관심이 증가하고 있지만, 중국이 과연 민주화를 추진할 의지가 있는가에 대한 의구심은 여전히 일고 있다. 그 이유는 중국 정부가 다양한 수사를 통해 민주주의와 정치 개혁을 강조하고 있지만, 서구의 민주주의 모델과는 다른 중국의 역사적 조건과 현실

1_자세한 내용은 이정남(2010, 14-18) 참조.

에 적합한 민주주의 모델, 즉 '중국 특색의 민주주의 모델'을 수립할 것임을 천명하고 있기 때문이다. 이런 주장에 대해 그것이 민주주의를 추진하지 않기 위한 구실에 불과하며 근대 시기에 중체서용(中體西用)의 논리가 실패했듯 결국은 실패할 것이라는 반론도 있지만(許忠明 2008, 1-4/ 1-4(Bar)), 이런 주장은 여전히 주류 담론으로 자리하고 있다.

따라서 이 글은 중국 정부가 주장하고 있는 중국 특색의 민주주의에 대한 내용과 특징을 파악함으로써, 중국이 지향하는 민주주의는 어떤 것인가를 분석하고자 한다. 이를 위해 이 글은 전제군주제인 청조의 붕괴 이래 중국에 출현한 두 개의 민주주의 모델, 즉 신해혁명 직후 출현한 민주 공화제 모델과, 사회주의혁명의 성공 이후 등장한 인민민주주의(인민 민주 독재) 모델의 특징에 대한 분석을 진행하고, 중국 정부가 지향하고 있는 중국 특색의 민주주의가 이 두 모델과 어떤 연속성과 차이점이 있는가를 분석하고자 한다. 그 이유는 중국 역사에서 최초로 등장한 민주주의 체제인 민주 공화제와, 이른바 사회주의 민주주의로 대변되는 인민민주주의에 대한 이해에 기초해 중국 정부가 주장하고 있는 중국 특색의 민주주의를 비교, 분석한다면 그 특징과 내용을 보다 명확하게 이해할 수 있기 때문이다.

'중국 특색의 민주주의'에 대한 그동안의 연구는 크게 두 가지 경향으로 구분할 수 있다. 하나는 중국식 민주주의를 권위주의 체제의 한 형태로 간주하는 시각이고(Zhao 2006; Pei 2006; Diamond and Myers 2004, 1-21; Li 2008), 다른 하나는 대부분의 중국 관변 학자들의 의해 진행되고 있는 규범적인 연구로 중국의 특수성을 강조하고 중국 특색의 민주주의를 어떻게 모색해 갈 것인가에 초점이 맞춰진 연구이다(漢广 2008a, 1/1-12(Bar); 曾世逸 2007; 劉熙瑞 2007; 吳建民 2008; 閆健 2006). 이 글은 이 두 가지 시각에서 탈피해, 중국에 존재해 온 두 개의 민주주의 모델에 대한 비교 역사적 분석에 기초해 중국 특색의 민주주의론이 지닌 특징과 내용을 분석하고자 한다. 이런 연구는 현재 중국이 지향하고 있는 민주주의에 대한 이해뿐만 아니라, 근대 이래 중국이 사고해 온 민주주의에 대한 이해를 이끌어 내는 데에도 유용할 것으로 보인다.

II. 민주주의에 대한 개념 정의

민주주의를 주장하는 많은 학자들은 민주주의에 대한 명확한 개념 정의를 내리는 것을 피해 왔다. 그 이유는 민주주의가 '본질적으로 논쟁이 되는 개념'(essentially contested concept)이기 때문에(Collier, Hidalgo and Maciucwanu 2006, 211-221) 민주주의에 대한 논쟁을 유발하는 것을 피하고자 했기 때문이다. 그럼에도 불구하고 많은 정치학자들은 여전히 민주주의에 대한 개념을 표준화하려는 시도들을 하고 있다. 또한 이를 위해 많은 학자들은 로버트 달(Robert A. Dahl)과 조지프 슘페터(Joseph A. Schumpeter)의 정의에 기초해 절차적 최소 개념(procedural minimum)을 채택해 민주주의를 이해하고 있다. 즉 충분히 경쟁적인 선거와 연설, 집회·결사의 자유를 포함한 시민적 자유의 효과적 보장을 민주주의의 주요 내용으로 간주하고 있다(Collier and Levitsky 1997, 433-434).

이런 정의는 민주주의에 대한 측정을 용이하게 할 수 있다는 점에서 이점을 지니고 있지만, 다른 한편 민주주의를 순수하게 절차적인 형식으로만 이해하여 민주주의의 내용을 무시할 수 있다는 문제점도 동시에 지니고 있다. 그리하여 무엇이 민주주의인가에 대한 대답이 어려움에 따라 많은 학자들은 민주주의를 어떻게 얻을 수 있는가에 초점을 맞추기도 한다(Brien and Han 2009, 268).

절차적 정의의 반대편에 데이비드 헬드(David Held)가 정의하는 민주주의에 대한 포괄적 개념을 위치 지을 수 있다. 헬드는 자치의 기본 원칙을 뒷받침하는 민주주의에 도달하기 위해 자유주의의 통찰력과 마르크스주의를 접목시켰다. 그에 따르면 민주적인 자치라는 원칙을 수행하기 위해서는 국가가 고도의 책임성을 보유해야 하고, 동시에 시민사회가 민주적으로 재정비되어야 한다. 즉 이것은 시민들이 공동소유 기업을 자주적으로 관리하는 것은 물론 지역공동체의 제도에 실질적이고 직접적으로 참여하는 것을 의미한다. 이를 위해 시민들이 정치적 의제를 최종 통제할 뿐만 아니라, 개인의 선호와 참여를 위한 평등한 기회를 가질 수 있도록 하는 — 투표권 이상의 — 권리 법안이 요구된다. 또한 민주적 자치의 기반이 원천적으로 보장되기 위해서는 사회적, 경제적 권리도 포함된다. 튼튼한 사회경제적 권리 없이는 국가에 대한 권리를 충분히 누릴 수 없기 때문이다(데이비드 헬드 1989, 316-322).

민주주의에 대한 절차적 개념인 협의의 개념과 데이비드 헬드가 제시한 포괄적인 이해 간에는 민주주의가 무엇이고 무엇이어야 하는가에 대한 논쟁이 있을 수 있다. 이런 방법으로 민주주의를 살펴보면, 민주주의에 대한 여러 가지 다른 정의가 나왔던 것은 바로 민주주의의 역동적 속성 때문이며, 민주주의의 의미는 여전히 논쟁의 대상이라는 점을 이해할 수 있다. 이런 접근은 우리가 민주주의의 개념에 대한 이해의 틀을 형성하는 데 있어 각기 다른 측면이 강조될 수도 있음을 알 수 있게 해 준다.

그러나 다른 한편 민주주의의 의미에 대한 헬드의 시각은 특정 국가가 민주주의인지 아닌지를 판단하는 데 그다지 도움이 되지 못한다. 이런 판단을 하는 데에는 민주주의를 정치체제의 특정한 유형으로 보는 협의의 개념이 많은 도움이 될 수 있다. 넓은 개념의 민주주의는 정치체제일 뿐만 아니라 하나의 특정한 사회경제적 체제이다. 따라서 만약에 민주주의의 포괄적인 개념을 사용한다면 민주주의의 경험적인 사례를 찾아내는 데 어려움이 따른다. 그러므로 비록 협의의 개념이 민주주의에 대한 최선의 규범적인 선택은 아니라고 하더라도, 한 국가가 민주주의인지 아닌지를 분석하는 데 가장 중요한 출발점이 될 수 있다(게오르그 쇠렌센 1994, 36).

이런 의미에서 주어진 정치체제를 민주주의라고 규정할 수 있는지를 결정하는 데는 로버트 달이 제안한 민주주의의 정의, 곧 다두제의 개념을 적용하는 것이 적절해 보인다. 달에 따르면 다두정은 첫째, 효과적인 시민권이 대다수의 성인들에게 확대되어 있고, 둘째, 그들 시민권의 행사가 정부의 최고 엘리트들에 반대할 수 있고, 필요하다면 투표에 의해 그들을 축출할 수 있는 기회를 포함하는 체제를 말한다(Dahl 1989, 221). 이를 보다 구체화하면 정치적인 민주주의는 세 가지 주요 차원, 즉 경쟁, 참여, 시민적·정치적 자유를 보장하는 체제이다. 이런 점에서 정치적인 민주주의는 다음과 같은 세 가지가 보장되는 체제라고 정의할 수 있다(Diamond and Linz 1988, xvi).

첫째, 모든 정부 권력의 요직을 차지하기 위해, 폭력의 사용은 배제하되 규칙적으로 치러지는 개인들 또는 조직화된 집단들(특히 정당들) 간의 의미 있고 광범한 경쟁.

둘째, 지도자와 정책을 선택하는 데 있어 최소한 규칙적이고 공정한 선거를 통해 주요 사회집단(성인 집단)이 배제되지 않을 만큼 매우 포괄적 수준의 정치 참여.

셋째, 정치적 참여와 경쟁이 완전하게 이뤄지고 있음을 보증하기에 충분한 수준의 시민적, 정치적 자유(표현·결사·참여의 자유).

상술한 개념에 기초해 볼 때, 사회주의국가를 포함한 권위주의 체제로부터 민주주의 체제를 구분할 수 있다. 권위주의 체제는 시민적, 정치적 자유가 충분히 보장되지 못하며, 사회가 소수 특권층에 의해 통치되고, 시민들은 투표를 통해 최고 엘리트들을 권력에서 물러나게 할 수 없다. 아래에서는 상술한 민주주의의 개념에 기초해 중국 역사에 실재한 민주 공화제와 인민민주주의 체제의 특징을 분석하고, 이에 기초해 중국 특색의 민주주의의 특징을 규명하고자 한다.

III. 신해혁명과 민주 공화제 모델의 등장

19세기 중반 청조가 쇄락하면서 민족을 구원하고자 하는 지식인들의 고뇌 과정에서 중국에 민주주의 개념이 도입되기 시작했다. 당시 지식인들은 서구 주요 국가의 부강과 번영의 원인을 민주주의의 발전에서 찾으면서 서구식 민주주의에 관심을 가지기 시작했다(Zhao 2000, 3). 민주주의 개념이 중국에 도입된 구체적 시기는 아편전쟁 이후로, 중국의 민족적 위기가 심각해지면서 지식인들이 본격적으로 서구의 민주주의에 관심을 기울였기 때문이었다. 특히 1864년 〈만국공법〉의 출판은 권리, 군주, 민주주의 등 중국에 민주주의 담론 체계가 형성되는 데 결정적인 기여를 했다(王鐵郡 2008, 6-10/1-16(Bar)). 그 후 1870년대부터 1895년 청일전쟁 전까지 서방의 선교사들이 설립한 학교와 각종 학술지가 서방의 정치와 경제를 소개했고, 중국인의 외국 시찰 및 유학, 경제활동 역시 빠르게 증가하면서 민주주의 사상은 급속도로 전파되었다.

이런 상황에서 민주주의에 대한 지식인들의 연구도 빠르게 진행되었다. 당시의 지식인들은 민주주의 제도가 서방을 강한 국가로 만들었으며, 중국의 허약성은 민주주의가 아닌 전제군주제를 실시했기 때문이라고 인식했다(王鐵郡 2008, 11-16/1-16(Bar)). 특히 서방국가의 부국강병의 원인은 의회제를 실행한 데 있으며, 중국이 서방의 의회제를 도입함으로써 부국강병을 이룩해 민족 독립을 유지할 수 있다고 사고했다. 그리하여 청불전쟁(1884~85년) 이후에는 서방 의회제도에 대한 선전과 의회 설립에 대한 주장이 당시 사회 사조의 주요한 내용을 이루게 되었다(籲功秦 2011, 1-2/1-9(Bar)). 특히 1895년 청일전쟁에서 패배하자 유신파들은 일본의 승리 원인을 입헌에서 찾았고, 청 황실에 입헌의 실시를 학습할 것을 요구했다. 그리고 1905년 러일전쟁에서 러시아가 패배한 것도 입헌 통치에 대한 전제 통치의 패배로 간주하면서, 입헌 통치에 대한 주장은 광범위한 사회적 기반을 확보하게 되었다(胡繩武 2002, 275-276).

러일전쟁을 거치면서 입헌을 주장하는 지식인들은 다시 급진파와 입헌파로 분화되어, 1911년 신해혁명이 성공하기까지 청 왕조를 대체할 정치체제로 입헌군주제를 주장하는 입헌파와, 민주 공화제를 주장하는 혁명파들 간의 논쟁과 갈등이 치열하게 전개되었다. 혁명파와 개량파의 논쟁의 쟁점은 네 가지로 정리할 수 있다. 첫째, 혁명에 대한 시각으로, 개량파들은 혁명이 국내의 무질서로 인한 외세의 개입을 초래해 중국을 분할시킬 것이므로 청 왕조를 개선해 입헌군주제를 건설해야 한다고 주장했다. 이에 반해 혁명파는 혁명은 국내적인 일로 외세와는 상관이 없으며, 설사 외세가 개입을 한다고 하더라도 이는 국민적인 분노만 자극할 뿐이고 국제적인 상황도 중국의 분할을 요구하지 않을 것이라고 주장하면서, 청 왕조를 전복하는 것 외에 어떤 대안도 없다고 주장했다(張俊霞 1993, 157). 둘째, 만주족에 대한 시각으로, 개량파들은 중국이 외세에 저항하기 위해서는 에스닉 집단의 통합에 중점을 두어야 하며, 이를 위해 만주족과 한족은 정치적, 법률적으로 동등해야 한다고 주장했다. 반면 혁명파는 만주족을 배재하는 것이 나쁜 만주(청) 정부를 배재하는 것으로 정치적 혁명의 전제 조건이 되어야 하며, 만주족이 입헌을 제도화할 것이라고 기대하는 것은 불가능하다고 주장했다(Lu 2011, 32). 셋째, 인민의 권리에 대한 시각으로, 개량파는 중국인들이 공화제를 할 만한 자격이 없고 심지어 입헌군주제를 할 만한 자격도 없으므로, 10여 년간의 계몽적인 독재가 적절하다고 주장했다. 이에 반해 혁명파는 자유와 평등의 정신은 모든 인류가 공유해야 하는 것이라고 주장하면서, 인민들은 공화제를 할 만한 자질을 본래부터 타고나며, 인민의 능력이 결국은 정부의 능력을 능가할 것이라고 주장했다(陳永森 2004, 199-201; 이정남 2007, 145-147). 마지막으로 토지문제에 대한 시각으로 혁명파가 빈부 격차라는 사회적인 문제를 해결하기 위해 토지의 국유화를 주장한 반면, 개량파는 이에 대해 반대 시각을 견지했다(Lu 2011, 33). 이런 논쟁은 결국 혁명파의 우세로 귀결되었고 신해혁명으로 나아갔다.

신해혁명 이후 1911년 12월 29일 난징(南京)에서 쑨원(孫文)이 중화민국 임시 대총통으로 선출된 후(1912년 1월 1일 취임) 1912년 2월 두 번째 임시 대총통으로 선출된 위안스카이(袁世凱)가 정부를 구성하면서, 1912~13년 약 2년 동안 중국에 민주 공화제의 제도화가 시도되었다. 비록 당시의 정치적인 혼돈 속에서 '공화'라는 이름만 존재할 뿐 공화제의 실질이 무엇이고 어떻게 건설할 것인가에 대한 충분한 실천적인 고민이 이뤄지지 못했지만(李恭忠 2011, 59-90), 당시에 제정된 각종 법령과 정치적인 실천 행위에 대한 분석을 통해 신해혁명 이후 중국이 실현하고자 한 민주 공화제의 이상을 찾아낼 수 있다.

신해혁명 후 동아시아 최초로 시도된 민주 공화제의 이상은 인민주권, 삼권분립, 다당제, 정치적·시민적 자유의 보장 등을 주요 내용으로 하는 정치체제의 구현으로 집약할 수 있다. 1912년 3월 11일 공포된 〈중화민국임시약법〉(中華民國臨時約法, 이하, 〈약법〉)은 삼권분립의 원칙에 근거해 국가의 권력, 정부의 조직 형식, 인민의 권리와 의무를 규정하고 있다. 또한 〈약법〉은 중화민국이 전체 인민에게 속하며, 인민은 청원권, 선거와 피선거권, 언론·출판·집회·결사의 자유를 보유한다는 것을 규정하고 있다. 〈약법〉과 1913년 국회 헌법기초위원회가 마련한 〈천단헌법초안〉(天壇憲法草案)에 기초해, 당시 구현하고자 한 민주 공화제의 특징을 다음과 같이 요약할 수 있다.

첫째, 삼권분립에 기초한 민주적 공화제를 명확히 하고 있다. 〈약법〉 1장 1조와 2조는, 중화민국은 중화 인민에 의해서 조직되며, 주권은 국민 전체에 속한다고 규정하고 있다. 그리고 4조는 참의원, 임시 대통령, 국무원, 법원에 기초해 그 통치권을 행사한다고 규정하고 있다.

둘째, 입법기관인 의회를 중의원과 참의원 양원제로 하고, 정당 제도로 다당제를 규정하고 있다. 〈약법〉에서는 참의원이 입법권을 행사한다고 규정하고 있지만, 1913년에 기초된 〈헌법〉은 참의원과 중의원 양원제로 입법기관을 제도화했다. 또한 다당제를 제도화하여, 1912년 12월 10일 초선이 치러지고 1913년 1월 10일 복선이 치러진 중의원 선거와, 1913년 2월 10일 각 성의 의회, 중앙학회, 화교선거위원회와 1월 20일 멍구(蒙古), 신장(新疆), 칭하이(青海) 지역에서 진행된 참의원 선거에 참여한 정당 및 사회단체가 약 682개에 달할 정도로 정당이 범람했다(陳宇翔 2003, 35). 그러나 당시 두 선거에서 중의원과 참의원에 일정 수의 위원을 당선시켜 의회

표 1 | 2012~13년 제1기 참의원, 중의원 선거 결과를 통해서 본 정당 분포

	정당 분포와 중의원 선거 결과		정당 분포와 참의원 선거 결과
정당 분포	국민당: 269명 공화당: 120명 통일당: 18명 민주당: 16명 두 개 이상의 당적: 137명 미정자: 26명 총계: 596명	정당 분포	국민당: 123명 공화당: 55명 통일당: 6명 민주당: 8명 두 개 이상의 당적: 38명 미정자: 44명 총계: 274명[2]

자료: 劉景泉(1996, 285-286).

에서 활동한 대표적인 정당은 국민당, 공화당, 통일당, 민주당 등 네 개 정당이다(〈표 1〉 참조). 이처럼 정당정치가 제도화되면서 청 말의 개혁파와 혁명파 역시 의회정치에 참여했다. 량치차오(梁啓超)에 의해서 조직된 진보당은 당시의 정부를 지지하는 입장에 섰고, 국민당은 정부의 정책에 반대하는 입장에 섰다.

셋째, 선거를 통한 정치 참여가 제도화되었다. 우선 〈약법〉과 〈헌법〉은 인민의 선거권과 피선거권을 명확히 인정했다. 뿐만 아니라 인민들의 선거를 통한 정치 지도자의 선출을 제도화했다. 〈약법〉에 의하면, 의회는 참의원과 중의원으로 구성되고, 정치 세력을 대표하는 참의원은 각 성의 지방의회에서 간접선거를 통해 선출된 5인[단, 칭하이성(青海省)은 1인]의 대표를 파견해 구성됐다. 반면에 중의원은 인민의 직선에 의해 인구수에 의해 선출됐다. 또한 대통령은 참의원의 3/4 이상의 출석과 2/3 이상의 찬성에 근거해 참의원에서 선출한다고 규정하고 있다(殷嘯虎 1997, 277-281).

2_원래 정해진 참의원 수는 274명이지만, 중앙학회에 배당된 8명의 참의원이 선출되지 않았으므로 실제는 266명이 되었다.

넷째, 민주적인 제 권리를 제도화해 인민들의 자유로운 정치 참여를 보장했다. 〈약법〉은 신체, 거주, 재산, 종교의 자유뿐만 아니라, 언론·출판, 집회·결사, 소송의 자유 등 제반 민주적인 권리와 자유를 헌법으로 보장하고 있다.

상술한 점에 비춰 볼 때, 신해혁명 이후 동아시아 최초로 등장한 민주 공화제는 삼권분립, 다당제, 선거를 통한 정치지도자의 선출, 정치적, 시민적 자유의 보장 등을 내용으로 하고 있어, 서구의 민주 공화제와 본질적으로 차이가 없었다. 그러나 시민혁명 이후 서구 사회의 초기 민주화 과정에서 나타난 현상과 마찬가지로, 대중의 직선을 통한 정치 지도자의 선출 및 보통 참정권의 보장이라는 측면에서 볼 때, 신해혁명 이후 중국에서 정치 참여와 경쟁은 제한된 범위 내에서 이뤄졌다.

우선, 직선제를 통한 대중의 정치 참여가 전면적으로 이뤄지지 못했다. 중의원 선거만 직선제를 통해 이뤄졌으며, 참의원 선거와 대통령 선거는 간접선거를 통해 진행되었다. 〈헌법초안〉에 따르면 참의원은 법이 정한 최고급 지방의회 및 기타 선거 단체가 선출한 의원으로 구성되며[각 성에서 파견된 5인(단 칭하이성은 1인)의 대표를 통해 구성], 중의원은 각 선거구 인구 비례에 기초해 의원을 선출해 조직한다고 되어 있다. 또한 〈약법〉에 의하면 임시 대통령과 부통령은 참의원의 3/4 이상의 출석과 2/3 이상의 찬성에 근거해 참의원에서 선출한다(殷嘯虎 1997, 277-281). 〈헌법초안〉에서는 국회의원이 선거를 통해 대통령을 선출하는데, 선거인 총수 2/3 이상이 출석해 무기명투표로 3/4 이상을 득표하면 대통령에 당선되며, 두 차례의 투표를 통해서도 당선되지 않을 때는 제2차 투표에서 다수 득표자 2명을 결선에 진출시켜 이 중에서 과반수의 득표를 한 사람을 당선시킨다고 규정하고 있다(殷嘯虎 1997, 281-289).

다음으로, 신해혁명이 민주 공화제를 주장한 혁명파에 의해 주도되었지만, 혁명 이후 제정된 선거법은 혁명파가 주장해 온 보통 선거권이 아닌 입헌파가 주장한 제한된 선거권에 기초해 제도화되었다. 법률상으로 선거권과 피선거권의 범위를 제한함으로써 인민의 보편적인 정치 참여를 보장하지 않았다. 구체적으로 중의원 선거법은 성별이나 재산, 문화 정도에 따라 선거권이 제한된다. 즉 남자 만 21세 이상, 선거구 내 2년 이상 거주자를 기본적인 조건으로 하고 있다. 그 외에도 전답세, 소득세, 영업세로 구성된 직접세의 연 납부액이 2위안 이상인 자, 500위안 이상의 부동산 소유자, 소학교 졸업이나 그에 상응하는 자격을 보유한 자 등 세 가지 조건 중에서 반드시 하나를 충족시켜야 했다(徐矛 1992, 57-58). 참의원 선거법은 유권자 자격에 대해 문화 정도나 재산에 근거한 제한을 두고 있지는 않았지만, 참의원을 선출하는 지방(성)의회 의원선거의 선거권의 범위가 중의원 선거와 동일함에 따라, 중의원 선거와 마찬가지로 선거권의 범위에 제한이 주어졌다고 볼 수 있다(徐矛 1992, 58).

그 결과 1912년 12월 10일에 초선이 치러지고 1913년 1월 10일 복선이 치러진 중의원 선거와, 1913년 2월 10일 각성의 의회, 중앙학회, 화교선거위원회와 1월 20일 내멍구(內蒙古), 신장(新疆), 칭하이(青海) 지역에서 진행된 참의원 선거에서, 당시 전국의 총인구 4억 940만 65명 중 약 9.98%에 해당하는 4,086만 7,967명에게만 투표 자격이 부여됐다(張亦工 1984, 116-117).

상술한 내용에 기초해 볼 때, 대중의 직선을 통한 정치 지도자의 선출 및 보통 참정권의 보장이라는 측면에서 서구 자유민주주의의 초기 발전 과정에서 나타난 현상과 마찬가지로 정치 참여와 경쟁이 극히 제한된 범위에서 이뤄졌음을 알 수 있다. 그럼에도 불구하고 신해혁명 이후 동아시아 최초로 등장한 민주 공화제 모델은 삼권분립, 다당제, 정치적·시민적 자유의 보장 등을 주요 내용으로 하고 있어, 서구의 자유민주주의 체제와 본질적으로 차이가 없었다.

IV. 사회주의혁명의 성공과 인민민주주의 모델의 등장

신해혁명의 결과 등장한 민주 공화제의 건설은 1912년 1월 1일 쑨원의 임시 대총통 취임으로 낙관적인 분위기였지만, 곧 이어 제2대 임시 대총통으로 취임한 위안스카이의 쿠데타로 좌절되었다. 그 후 새로운 대안 세력으로 등장한 사회주의자들은 민주 공화제 이념에 기초한 민주주의 체제보다는 사회주의 체제를 중국을 구할 수 있는 대안으로 사고하기 시작했다. 그 결과 사회주의 민주주의 이념(즉, 인민민주주의)이 민주 공화제 이념을 대체했다(余盛 2008, 6/1-10(Bar)). 그러나 사회주의자들 역시 그 이전의 혁명파나 개량파들처럼 민주주의 자체가 목적이 아니라, 외부 세력에 의해 짓밟히지 않는 강한 국가를 만들기 위한 메커니즘으로 민주주의를 사고했다는 점에서 공통점이 있다(Thornton 2008, 2).

사회주의 민주주의론은 마르크스에서 이론적 뿌리를 찾을 수 있지만, 20세기 사회주의국가에서 발전되었던 민주주의 형태는 마르크스보다는 레닌의 이념에 더 영향을 받았다. 레닌은 민주주의를 계급독재를 실현하기 위한 국가형태로 간주했다(列宁 1972, 257). 그리고 민주주의의 실현 형식으로 파리 꼬뮨의 경험으로부터 주민자치에 기초한 직접민주제를 주장한 마르크스와는 달리, 레닌은 보다 현실적으로 소비에트 제도에 기초해 주민이 선거를 통해 자신의 의지를 반영하는 간접민주주의를 주장했다(叙東礼 2003, 20). 그는 자유민주주의를 '부르주아' 혹은 '자본주의적' 민주주의로 간주하고, 혁명을 통해 프롤레타리아 민주주의(독재)로 대체될 때 진정한 민주주의가 실현될 것이라고 주장했다. 또한 계급적 적대가 퇴색하고 완전한 공산주의 사회가 도래하게 될 때 프롤레타리아 국가가 사라질 것이라고 예언함으로써, 정부, 법, 정치에 대한 필요가 없어질 뿐만 아니라 민주주의가 불필요하게 될 것이라고 보았다(앤드류 헤이우드 2003, 154-155).

이처럼 사회주의 민주주의론은 정치적으로 '형식적 평등'을 강조하는 자유주의적 민주주의와는 달리, 민주주의를 한 계급이 다른 계급을 지배하는 계급 통치 형식으로 간주한다. 또한 프롤레타리아 민주주의를 부르주아 민주주의보다 진보적인 것으로 간주하고, 공산 사회로의 전환 후에는 계급과 국가의 사멸로 민주주의 역시 사라질 것으로 본다. 따라서 '순수한 민주주의' '일반적 민주주의'는 존재하지 않으며, 계급 민주주의만이 존재할 뿐이다(列宁 1972, 629). 이는 곧 민주주의를 인류 역사의 진보적 성과를 구현하고 있는 보편적 가치로 간주하는 시각과 모순된다.

마오쩌둥의 민주주의에 대한 인식 역시 레닌의 시각과 같다. 그는 민주주의를 계급독재를 실현하기 위한 국가형태로 간주했다. 그리고 사회주의 민주주의는 인류 사회에서 가장 발전된 유형의 민주주의로, 프롤레타리아 계급이 영도하는 노농동맹을 기초로 한 인민 민주 독재로 그 성격을 규정지었다(毛澤東 1977, 127). 이것은 자본주의국가의 민주주의와 비교할 때 훨씬 더 우월성을 지니고 있는 것으로 간주했다(毛澤東 1977, 127). 민주주의에 대한 이런 인식은 혁명 과정에서 신민주주의론으로 구체화되었다. 무산계급의 영도하에 노동자와 농민의 계급 연맹을 기초로 해 민족 자산계급을 포함하는 반제 반봉건 계급 연합 독재로 신민주주의 정권을 규정지음으로써(吳錦旗 2005, 19) 계급 민주주의 관점을 명확히 했다. 그 후 1949년 신중국이 수립되고 1956년 중국에 사회주의 개조가 완료되면서, 중국공산당은 신민주주의 정권이 노동자, 농민 계급의 독재인 인민 민주 독재(혹은 인민민주주의) 정권으로 대체되었다고 선언한다. 이는 노동자, 농민에게는 민주주의를 실시하지만, 여타 계급에게는 독재를 실시하는 인민 민주 독재 혹은 프롤레타리아독재를 의미한다(李艶 2004, 43).

인민 민주 독재의 성격에 대해 마오쩌둥은 "인민 내부에 대한 민주주의와 반동파에 대한 독재를 상호 결합한 것이 바로 인민 민주 독재이다"(毛澤東 1991, 115)라고 지적했다. 또한 그는 인민의 개념을 정치적인 개념으로 사용했다. 1949년 3월 마오는 "무산계급 영도는 노농동맹에 기초한 인민 민주 독재로, 우리 당은 진실로 전체 노동자계급, 농민 계급, 그리고 광범위한 혁명 지식계급이 일치단결할 것을 요구한다. 이들은 인민 민주 독재의 영도 역량이고 기초 역량이다" "동시에 또한 최선을 다해 우리들과 협력하는 도시 소자산계급, 민족 자산계급의 대표 인물, 그들의 지식인과 정치적 파벌이 협력해 적을 고립시키고 타도해 혁명을 승리로 이끌도록 해야 한다"라고 주장했다(毛澤東 1991, 1375). 결국 이런 언급들은 민주주의의 참여의 대상이 계급에 따라 다르며, 특정 계급은 참여시키고 특정 계급은 배제하는 논리에 기초하고 있다. 이처럼 계급에 기초해 정치 참여의 대상을 구분 짓는 것은 모든 대중의 자유로운 정치 참여라는 민주주의의 기본 원칙에 위배되는 것으로, 정치 참여가 특정 집단에게만 제한된다는 것을 의미한다.

다음으로 인민민주주의를 실현하기 위한 기본적인 제도적 틀로 인민대표대회제도, 공산당 영도의 다당합작제, 민족구역자치제도 등을 설립했다. 동시에 이런 기본적인 제도적 틀에 적합한 민주주의를 실현하는 구체적 형식으로 선거제도, 인민감독제도, 인민권리보장제도 등을 구비했다(王宗禮 2008, 9). 그러나 이런 제도적 형식과 실현 방식은 실천 과정에서 제대로 작동되지 못했다.

우선 선거제도의 경우, 정치 지도자를 선거를 통해 선출하는 범위를 지극히 제한함으로써 인민들의 정치 참여 기회를 제한했다. 비록 중국공산당이 혁명 시기에 보통·평등·직접·비밀 선거에 근거한 인민대표대회(이하, 인대)의 구성과 인대에 의한 각급 정부의 구성을 제기하면서 선거를 통한 정치 지도자의 선출을 강조했지만(黃衛平·汪永成 2003, 67-77), 신중국의 건설 이후에는 중국의 특수성을 이유로 선거에 대한 입장을 변화시켰다. 인구가 많은 낙후한 국가에서, 문맹률이 높으며 선거 경험이 부재하고 선거에 대한 관심과 적극성이 부재한 조건에서 당장 선거를 실시하는 것은 불가능하며, 장기간의 훈련을 통해 점차적으로 실시해야 한다는 것이다(劉少奇 1985, 54-55). 그리하여 1953년 신중국의 건설 후 최초로 실시된 인대 선거는 현급 이상에서 간접선거가, 향진급 이하에서는 직접선거가 실시되고, 선거 방법에서도 현급 이상은 무기명투표를 실시했지만 향진급 이하에서는 거수 방법을 통해 이뤄졌다. 그리고 후보자의 추천과 결정도 실질적으로는 중국공산당과 민주당파 그리고 인민 단체에 의해 결정됨에 따라 인민들의 자유로운 후보자 추천이 불가능했다(蔡定劍 2002, 5-6). 따라서 선거를 통한 정치 지도자의 선출과 이를 통한 인민의 정치권력 행사는 실질적으로 불가능했음을 알 수 있다.

두 번째, 최고 권력기관이면서 정치에 대한 인민의 감독과 권리를 법안으로 제도화할 수 있는 전국인대는 감독과 입법, 대의 기능이 거의 이뤄지지 못하고, 체제 유지 기능만 수행하는 정도의 역할에 한정되었다. 더군다나 문화대혁명을 거치면서 실질적으로 그 기능이 마비되어 개혁·개방 시기를 통해 재건되기까지 그런 상태로 유지되었다(조영남 1999, 32-38). 또한 정치협상회의 역시 1953년 인대에 최고 권력기관으로서의 역할을 양도한 이후 줄곧 제 기능을 수행하지 못했으며, 현재에도 다양한 정치적인 쟁점을 논의할 수는 있지만 의결권이 없어 민주적인 기능을 수행하는 기구로서 그 기능이 제한되어 있다.

세 번째, 민주주의를 실행하는 데 있어 가장 큰 장애물은 무엇보다도 공산당의 영도 체제이다. 중국의 헌법은 공산당도 헌법과 법에 의해 통제를 받아야 한다고 규정하고 있다. 그러나 중국의 공산당은 서구적 의미의 정치제도로서 정당이 아니라, 중국이라는 국가의 기둥으로 국가 위에 군림하고 있다. 공산당 영도의 필요성에 대한 주장은, 이론적으로는 인민들은 교육받지 못한 대중이고 따라서 그들은 당원 혹은 전위대인 공산당에 의해 교육되고 인도될 필요가 있다는 인식에 기반하고 있다(Lu 2011, 47-60). 그리하여 공산당은 정부에 대한 당의 지도력을 보장하기 위해 정부의 위계와 나란히 당 조직을 만들었고, 이런 조직들을 통해 관련된 정부 조직들을 직접 통치할 수 있도록 했다. 그리하여 당 중심적인 정치적 위계가 형성되었다. 이런 위계는 당과 정부의 성격을 변화시켰다. 즉 중앙위원회 정치국은 국가의 모든 주요한 문제를 결정했고, 지방의 모든 주요한 결정은 당위원회에 집중되었다. 그 결과 이론적으로 동일 위계의 정부는 같은 위계의 인대에 보고해야 하지만, 실제로는 같은 위계의 당 조직에 보고했다. 그리하여 결국은 공산당이 국가의 실질적인 주인이 되는 결과를 초래하게 되었다(Zheng 2010, 98-103).

네 번째, 민주주의를 실현하는 제도적 장치가 제 기능을 할 수 없게 된 또 다른 요인은 민주집중제 논리이다. 민주집중제는 인민들이 주권을 행사하기 위해 자신들의 대표인 공산당에 의존하지만, 공산당은 인민들의 권력을 민주집중제에 따라 실현한다는 논리다. 즉 민주에 기초해 집중하고, 집중의 지도하에 민주를 실행한다는 것이다. 그러나 실제 실천 과정에서 모든 권력이 공산당 중앙위원회에 귀속되고, 더 나아가 공산당 중앙위원회 정치국, 정치국 상무위원회, 최고 지도자(당시 마오쩌둥)에 귀속되는 결과가 초래되었다(湯明珠 2003). 그 결과 공산당과 최고 지도자들이 민주주의를 위한 제도적 틀을 무력화시켰고, 민주주의를 실현하기 위해 구상된 제도들은 어떤 역할도 할 수가 없게 되었다.

덩샤오핑(鄧小平)의 등장 이후, 그는 마오쩌둥 시기에 최고 지도자 1인에게 지나치게 권력이 집중됨으로써 초래되었던 정치적 재앙을 피하기 위해 다양한 정치 개혁을 추진하고자 했다. 무엇보다도 그는 문화대혁명기의 역사적 교훈에 기초해 형식적 측면에서 민주주의의 제도화와 법제화를 강조했다. 그는 민주주의의 제도화와 법제화만이, 지도자의 변화로 제도가 바뀌고 지도자의 시각과 관심의 변화로 제도가 변화하는 것을 막을 수 있다고 주장하면서, 영도 체제와 조직 제도에 대한 철저한 개혁을 주장했다(鄧小平 1994, 146). 이를 위해 그는 문화대혁명기에 기능이 중단된 인민민주주의를 실현하기 위한 기본적 형식, 즉 인민대표대회제도, 공산당 영도의 다당합작제, 정치협상회의의 기능을 회복시키고 제도적 틀을 정비했다. 동시에 당의 정부에 대한 직접적인 통제를 지양하는 당정 분리를 강조하고, 기층 선거제도를 완비하며, 간부의 종신제를 폐지하고, 법치주의 원리를 관철시키기 위한 일련의 시도를 실행했다(王宗禮 2008, 9).

비록 이런 조치들은 획기적인 정치 개혁을 의미하는 것이었지만, 덩샤오핑 역시 계급 민주주의 관점에 기초해 민주주의를 이해하고 실천하고자 했다는 점에서 마오쩌둥과 근본적으로 차이가 나지는 않는다. 그는 프롤레타리아독재(혹은 인민 민주 독재), 인민에 대한 정치적(계급적) 인식, 당의 정치에 대한 영도 원칙과 민주집중제에 기초한 실천 원칙을 여전히 강조했다. 또한 그는 "자본주의 민주주의는 자본가계급의 민주주의이며, 다당제, 삼권분립, 양원제 등 그 어떤 형태든 이것의 본질은 독점자본의 민주주의에 불과하다"고 비판하면서 프롤레타리아계급 민주주의로서의 중국 민주주의의 우월성을 강조했다(이정남 2007, 17).

상술한 내용에 기초해 볼 때, 마오쩌둥이나 덩샤오핑은 계급 민주주의적 관점에 기초해 민주주의를 이해했고 계급적 기초에 따라 정치 참여를 제한했다. 또한 정치 참여에서 당의 영도 원칙과 민주집중제 원칙에 기초한 상명하달식의 정치적 실천 행위를 통해 각종 민주적인 제도의 기능을 무력화시키고, 국가에 대한 당의 실질적인 통제를 이끌어 냈다. 이런 의미에서 이른바 인민 민주 독재는 정치 참여와 경쟁, 민주적 권리의 보장 등 민주주의의 기본 조건에 전혀 부응하지 못하는 비민주적인 전체주의 체제로 간주할 수 있다.

V. 민주주의에 대한 인식 전환과 '중국 특색의 민주주의론'의 등장

민주주의에 대한 중국의 인식에서 커다란 변화는 장쩌민(江澤民) 시기로 거슬러 올라갈 수 있으며, 후진타오 시기에 이르러서 하나의 큰 전환점이 나타나고 있다고 볼 수 있다. 우선 장쩌민은 법에 의한 통치(依法治國)를 사회주의 민주주의의 핵심 내용으로 간주하면서, 당의 영도, 인민민주주의, 법치의 엄격한 실행을 유기적으로 결합시키는 것을 공산당 집권 방식의 새로운 창조로 보고 이를 실현할 것을 강조했다(李艷 2004, 44). 이런 주장은 공산당 영도, 인민민주주의, 법치와 제도화를 강조하고 있다는 점에서 마오쩌둥이나 덩샤오핑 시기의 민주주의 인식과 본질적인 차이가 없어 보인다. 그러나 그가 제기한 이른바 '3개 대표론'[3]은 공산당 영도와 인민민주의 성격에 대한 근본적인 변화를 이끌어 내는 결과를 초래했다.

장쩌민은 그의 지도사상으로 '3개 대표론'을 통해 사영 기업주나 지식인의 공산당 가입을 인정함으로써, 인민의 전위대로서의 공산당의 성격을 부정하고 집권 정당 혹은 국민정당으로 공산당의 성격 전환을 이끌어 냈다. 뿐만 아니라 인민민주주의 혹은 인민 민주 독재의 대상이던 지식인이나 사영 기업을 인민 민주 독재의 통치 권력의 주체로 수용하는 결과를 초래했다. 그리하여 인민(노동자 농민)이 아닌 지식인이나 자본가계급에게도 정치 참여의 기회를 공식적으로 인정했다는 점에서, 인민이라는 계급적인 범주에 한정됐던 정치 참여의 범위의 제한을 해제하는 커다란 변화를 이끌어 냈다.

민주주의에 대한 인식에서 또 다른 큰 변화는 2002년 16차 당대회를 통해 후진타오 체제가 등장하면서부터이다. 후진타오의 등장 이후, 계급과 체제를 초월한 민주주의의 보편적 가치를 공개적으로 인정하기 시작하면서 민주주의에 대한 일련의 시각의 변화가 있었다. 후진타오는 2006년 미국 방문에서 민주주의를 인류 역사의 공동의 가치로 언급했고(漢广 2008b, 3-4/1-10(Bar)), 또한 원자바오는 2007년 2월 전국인대 정치 보고에서 "민주주의를 보편적 가치로 인정하며, 민주주의, 법, 자유, 인권 등은 자본주

3_장쩌민이 제기한 3개 대표론은, 중국공산당은 선진사회 생산력 발전 요구, 선진 문화 발전 요구, 광대한 인민의 근본 이익을 대표해야 한다는 내용을 중심으로 하고 있으며, 중국공산당의 중요한 사상으로 간주되고 있다.

의만이 독특하게 가지고 있는 것이 아니라 인류가 긴 역사 속에서 공동으로 추구한 가치이고, 공동으로 창조한 문명의 성과"라고 언급했다(漢广 2008b, 6, 9/1-10(Bar)). 비록 역사적으로 다른 시기와 다른 지역이나 국가에서 등장한 민주주의이지만, 민주주의는 이들 모두에서 공통적으로 포함된 가치라는 것이다(房宁·藩維·楊鵬 2008, 4/1-16(Bar)).

이처럼 민주주의를 보편적 가치로 인정하게 됨으로써, 그동안 계급독재의 형식이라는 계급 민주주의 관념을 뛰어 넘는 새로운 변화를 이끌어 냈다. 그리하여 집권당으로서의 공산당의 영도하에 계급적인 제한을 초월한 모든 인민들이 참여하는 보편성을 띤 민주주의가 공식적으로 인정된 셈이다. 따라서 이제 주요한 관심사는 중국이 어떤 형식의 민주주의를 건설하고자 하는가이다. 이것과 관련해 중국 정부는 중국의 역사와 현실에 기초해 서구와 다른 중국적 특색의 민주주의 모델을 창조해야 한다고 주장한다.

2005년 출판된 『백서』는 민주주의를 인류 문명 발전의 성과이고 세계 각국 인민의 요구라고 지적하면서도, 각국의 특징에 맞는 민주주의의 발전을 주장하고 있다. 그리고 중국의 민주주의 건설은 중국의 국정으로부터 출발해야지, 다른 나라의 정치제도 모델을 모방해서는 안 된다고 지적하고 있다(『中國的民主政治建設白皮書(全文)』 2005, 16/1-17(Bar)). 많은 중국의 학자들 역시 중국은 서구의 국가와 다른 실천적 경험에 기초해 중국의 실정에 맞는 민주주의 모델을 모색해야 한다는 점을 강조하고 있다.

따라서 중국 정부가 주장하고 있는 중국 특색의 민주주의의 주요 내용에 대해 분석하는 것은 중국이 어떤 민주주의를 추구하고 있는지, 그리고 그것을 민주주의 체제로 특징지을 수 있는지에 대한 출발점이라고 볼 수 있다. 중국 정부가 주장하는 중국 특색의 민주주의는 2005년 중국의 국무원이 발행한 『백서』를 통해서 알 수 있다. 『백서』는 중국 특색의 민주주의를 네 가지로 설명하고 있다. 첫째, 공산당 영도하의 인민민주주의이다. 중국의 인민민주주의 정치제도는 중국공산당의 영도하에 중국 인민이 설립한 것으로, 민주정치의 제도적 완비는 공산당의 영도하에 실현된 것이며, 공산당의 영도적 지위가 인민이 주인이 되는 것을 보장한다고 주장하고 있다. 둘째, 광범위한 인민이 주인이 되는 민주주의로, 이 점을 중국의 민주주의의 본질로 규정짓고 있다. 셋째, 인민 민주 독재를 보장하는 민주주의이고, 넷째, 민주집중제를 근본적인 조직 원칙과 활동 방식으로 하는 민주주의이다(『中國的民主政治建設白皮書(全文)』, 2005, 3/1-17(Bar)).

또한 향후 민주주의 발전을 위해 나아가야 할 방향으로 네 가지의 원칙을 제시했다. 첫째, 중국공산당의 영도 원칙, 인민이 주인이 되어야 한다는 원칙, 법에 근거한 통치 원칙 등 세 가지 요소의 유기적인 통일을 견지해야 한다. 둘째, 사회주의 제도의 특징과 우세를 발휘해야 한다. 셋째, 사회 안정과 경제 발전, 인민 생활수준의 부단한 제고에 유리한 영향을 미쳐야 한다. 넷째, 국가주권, 영토 보전, 존엄을 지키는 데 유리한 영향을 미쳐야 한다. 이를 위해 점진적이고 질서 있는 발전 원칙에 부합해야 한다고 지적하고 있다(『中國的民主政治建設白皮書(全文)』 2005, 16-17/1-17(Bar)).

『백서』에서 주장하고 있는 중국 특색의 민주주의는 공산당의 영도 원칙, 인민 민주 독재, 민주집중제에 기초한 조직과 활동 방식을 들고 있다는 점에서 마오쩌둥 시기의 민주주의에 대한 설명 방식과 차이가 없으며, 또한 법치주의와 제도화에 기초한 민주주의를 강조한 덩샤오핑의 주장과도 차이를 발견하기 어렵다. 그러나 앞에서 지적한 바와 같이 세 가지의 대표론을 통해 자본가와 지식인 등을 포괄하는 국민정당으로 공산당의 성격이 전환되었고, 계급 지배의 한 형태가 아닌 보편적 가치로서 민주주의가 인정된 이상, 인민 민주 독재의 논리 역시 실질적인 의미를 담보하기가 어렵다. 이런 분석에 기초해 볼 때, 중국 특색의 민주주의는 국민정당으로서의 공산당 일당의 영도와, 민주집중제에 기초한 조직 활동 방식, 법치의 결합 등으로 그 특징을 요약할 수 있다.

그런데 2007년 17차 당대회의 보고서를 통해서 보면, 민주주의 실현을 위한 기본적인 방식으로 민주집중제가 아닌 기층군중자치제도 및 인민 참여, 견제와 감독 등을 강조하고 있어 새로운 변화를 찾을 수 있다. 우선, 민주주의 실현을 위한 기본적, 형식적 틀로서 과거에는 인대, 공산당 영도의 다당합작제 및 민족구역자치제도를 언급했다면, 처음으로 기층군중자치제도를 중국 민주주의 실현의 주요한 형식 중의 하나로 언급했다(胡錦濤 2007, 29).

또한 민주주의의 발전 방향에 대한 언급에서 정치 참여의 제도화와 감독 기능의 강화 등을 언급함으로써 『백서』보다 상당히 진전된 변화를 보여준다. 구체적으로 ① 인민주권의 원칙하에 민주적 제도를 완비하고, 다양한 민주주의의 형식을 모색하며, 민주주의의 경로를 넓혀, 사회의 각 영역과 계층으로부터 공민들의 정치 참여를 확대해야 한다. 이를 위해 선거제도를 완비해 도시와 농촌의 주민이 인구 비례에 근거한 인대 선거제도를 확립해 인민민주주의의 평등 원칙을 구현한다. ② 법에 기초한 민주적인 선거, 민주적 정책 결정, 민주적 관리, 민주적 감독, 인민의 알 권리, 표현권, 참여권, 감독권을 보장해야 한다. ③ 기층 민주주의를 더욱더 발전시키고, 인민이 법에 기초해 민주적 권리를 직접 행사하도록 하고, 기층 공공사무와 사업을 관리하도록 하며, 자주적인 관리, 서비스, 교육, 감독을 실행해 인민들의 간부에 대한 감독을 강화한다. ④ 권력 제한과 감독 기제를 발전시켜 인민이 부여한 권력을 인민을 위해 사용할 수 있도록 한다.

마지막으로, 민주주주의 발전을 위한 시민 의식 성장의 필요성을 지적했다는 점이다. 민주주의가 발전하기 위해서는 제도적인 완비만이 아니라 법치, 자유와 평등, 정의 등에 대한 시민 의식의 제고가 필수적이라는 점을 지적했다(胡錦濤 2007, 29).

17차 당대회 보고에서 민주주의에 대해 언급된 상술한 세 가지 내용은, 구체적인 실행 여부를 떠나서 중국 정부가 민주주의에 대해 과거보다는 더 진전된 인식의 전환을 이루고 있음을 이해하게 해준다. 우선 기층군중자치제도를 민주주의의 중요한 제도적 구성 요소로 인정하고 있어, 비록 민주주의 실현을 위한 형식적인 틀로서 인대, 공산당 영도의 다당합작제 및 민족구역자치제도 등 기존의 인민 민주 독재하의 제도적 틀과 별다른 변화를 나타내고 있지 않지만, 기층군중자치제도를 중국의 민주주의를 실행하는 제도적 형식의 일부로 인정했다는 것이 중요한 의미가 있다고 볼 수 있다. 둘째, 경쟁적인 선거와 광범위한 대중의 평등한 정치 참여, 민주적 제반 권리의 보장, 권력에 대한 인민의 감독과 견제의 강화, 법치의 실시 및 민주적 시민 의식의 성장 등을 강조하고 있는 점은, 민주집중제에 기초한 조직 활동 방식이 아닌 선거를 통한 참여와 감독, 견제와 균형 등의 절차적 민주주의에 기초한 정치 참여 방식을 강조한 것이라는 점에서 중요한 진전이라고 볼 수 있다.

따라서 지금까지 중국 당정에 의해 제시된 중국 특색의 민주주의 특징을 다음 세 가지로 요약할 수 있다. 첫째, 국민정당으로서 공산당 일당의 영도와 법치주의 원칙이 통일되어야 한다. 둘째, 민주주의를 실행하는 제도적 형식으로, 인민대표대회제도, 공산당 영도하의 다당합작제와 정치협상제도, 민족구역자치제도, 기층군중자치제도 등을 구성 요소로 한다. 셋째, 경쟁적인 선거(비록 기층 수준에 제한되고 있지만)와 광범위한 대중의 평등한 정치 참여, 민주적 제반 권리의 보장, 권력에 대한 인민의 감독과 견제의 강화, 법치의 실시 및 민주적 시민 의식의 성장 등 민주적인 실현을 절차적으로 제도화하는 방향으로 진전시켜 가야 한다.

결국 중국 특색의 민주주의를 실행하는 제도적 형식이 실질적인 내용을 담보하기 위해서는 공산당의 영도적 지위와 현재 제한적으로 추진되고 있는 민주적 절차의 제도화를 어떻게 확대해 실행할 것인가에 달려 있다고 하겠다. 그러나 이 두 가지 점에서 중국공산당은 본질적인 변화를 이끌어 내는 개혁을 할 의지가 없어 보인다.

우선 중국공산당은 시장경제의 발전과 사회의 다원화에 따라 정치 개혁의 불가피성은 인정하지만, 공산당의 일당적인 지위를 포기하고 다당제의 방식을 통해 다양한 정치 세력의 정치 참여를 이끌어 내려는 개혁 의지는 없어 보인다. 16차 당대회 이래 중국공산당은 정치 개혁의 돌파구로 당내 민주화를 강조하고 있다. 이처럼 당내 민주화를 강조하는 것은, 개혁·개방 정책의 추진으로 사회가 다원화되고 사회적 갈등이 증폭되면서 나타난 민주적인 권리 의식의 신장으로 정치 개혁이 불가피한 상황에서, 당내 민주화를 공산당이 선택할 수 있는 중요한 개혁의 돌파구로 간주하고 있기 때문이다. 즉 중국 내의 유일한 집권당으로서 정치권력을 장악하고 있는 공산당의 민주화를 통해, 공산당의 통제하에 정치적인 안정을 유지하면서 점진적으로 정치 개혁을 추진하고자 하는 의지의 표현으로 볼 수 있다(이정남 2009, 51-52).

다음으로 민주적인 절차의 제도화와 관련해 중국 정부는 여전히 실질적인 조치를 취하고 있지 않다. 중국 정부는 그동안 촌민위원회나 도시사구 주민위원회의 직선제 실시를 통해 기층 사회의 지도자를 선출하고 자치를 강화하고자 하는 노력을 해왔다. 그리고 현급 인대의 대표를 직선을 통해 선출하도록 하고 있으며, 일부 지역에서 향진의 수장까지 직선을 실시하는 시험적인 시도를 해왔다. 이런 과정에서 인민들의 민주적인 권리와 시민 의식의 성장을 이끌어 낸 것도 사실이다. 언론에서 주요한 정치 지도자가 인터넷을 통해 네티즌들과 대화를 한다는 보도를 종종 볼 수 있듯이, 인터넷 매체나 시민사회가 활성화되면서 정부와 공산당에 대한 비판의 목소리에 귀를 기울이는 것도 사실이다. 뿐만 아니라 전국인대의 감독과 견제 기능을 강화하려는 개혁적 조치들이 취해지고, 정치협상회의 역시 다양한 정치적인 쟁점들을 활발하게 논의함으로써 사회적 문제들에 대한 공론의 장으로 발전하고 있는 것도 사실이다. 이런 점에서 볼 때, 민주주의를 실현하는 절차적 제도화가 부분적으로 진행되고 있음을 부정할 수 없다.

그러나 이런 제도화는 극히 부분적인 것으로 절차적 민주화와는 상당한 거리가 있는 것이 현실이다. 우선 인민들의 직선제 실시 범위는 현급 이하의 기층 혹은 준기층 단위에 제한되어 있으며, 언론·출판·집회·결사의 자유 등 민주적 제반 권리가 실질적으로 보장되지 못해 실질적인 자유경쟁 선거가 실시되지 못하고 있다. 또한 사법부의 독립이 여전히 보장되지 않으며, 인대나 정치협상회의도 정부에 대한 감독과 견제의 역할을 하기에는 여전히 한계가 있다.

결국 상술한 내용들에 기초해 볼 때, 현재까지 나타난 중국 특색의 민주주의는 공산당 일당제에 기초해 민주적 절차의 부분적이고 제한적인 제도화를 이끌어 냄으로써, 보다 효율적이고 대중에 반응적인 거버넌스 구조로의 전환을 꾀하고자 한 공산당의 의지의 반영이라 볼 수 있다.

VI. 평가와 결론

중국 역사에서 등장한 적이 있는 두 개의 민주주의 모델, 즉 민주 공화제 모델이나 인민민주주의 모델과 비교할 때, 중국 특색의 민주주의론은 인민 민주 독재로부터 일정한 변화를 꾀하고 있지만, 민주 공화제 모델과는 여전히 상당한 거리가 있다.

첫째, 민주주의를 계급 통치의 형식 혹은 계급독재로 간주하던 시각에서 탈피해, 계급을 초월해 모든 인민의 보편적인 참여에 기초한 정치발전 모델로 간주한다. 즉 민주주의를 계급 통치의 형식이 아니라 체제와 계급을 초월한, 인류가 이룩한 진보로서 보편적인 가치를 지닌 것으로 간주할 뿐만 아니라, 프롤레타리아계급정당으로서 공산당의 성격도 국민정당 혹은 집권 정당으로 변화를 꾀했다. 이것으로써 노동자 계급의 전위대로서 공산당이 영도하는 인민 민주 독재 혹은 계급독재라는 과거의 민주주의에 대한 인식은 사실상 부정된 것이다. 이 점에서 중국 특색의 민주주의는 신해혁명 이후의 민주 공화제와 공통점을 지니고 있으며, 인민민주주의와는 본질적으로 다르다.

둘째, 주권재민의 원칙을 분명히 하고 보편 선거권을 주장하고 있다는 점이다. 비록 중앙 수준의 정치 지도자를 선출하기 위한 선거는 실시되지 않지만, 현급 이하 인대 선거나 일부 지역에서 시범 시행되고 있는 향진장 선거, 기층 자치단체의 정치 지도자를 선출하고자 하는 선거에서 과거 계급 성분에 기초한 정치 참여의 제한을 철폐하고 모든 성인 남녀의 보편 선거권을 보장하고 있다. 이런 점에서 민주 공화제 시기의 성별, 재산, 학력에 기초한 제한된 참정권이나, 인민 독재 시기의 계급에 기초한 참정권의 제한에 비해 본질적으로 확대된 정치 참여를 인정하고 있다고 볼 수 있다.

셋째, 법치의 제도화, 권력에 대한 감독, 언론·출판·집회·결사의 자유를 중심으로 한 시민적 자유의 보장이라는 측면에서 민주적 공화제 시기와 비교할 때 제한된 수준의 제도화가 이뤄졌지만, 인민 민주 독재 시기와 비교할 때 상당한 진전이 있는 것이 사실이다. 또한 최고 지도자의 정치적인 의지에 따른 통치가 아니라 법치를 통한 통치의 제도화, 인대에 의한 감독 기능의 강화, 기층 선거를 통한 견제와 감독 등에서 상당한 진전이 있는 것이 사실이다.

그럼에도 불구하고 이 글에서 제시한 민주주의의 세 가지 기준에서 볼 때, 현재까지 제시되고 있는 중국 특색의 민주주의는 여전히 민주주의 이상형과는 상당히 거리가 멀다.

첫째, 정부 권력 요직을 선출하는 데 있어, 개인들 또는 조직화된 집단들 간의 의미 있는 경쟁이 이뤄지지 못하고 있다. 국가주석, 총리와 부총리, 전국인대 상무위원장 등 권력기관의 주요 요직의 선출은 공산당에 의한 지명과 전국인대를 통한 승인 형태를 띤다. 물론 최근 들어 당내의 지도자 선정 과정에서 파벌간의 경쟁과 선거를 통한 선출 과정이 나타나는 경우도 있지만(Zheng 2010, 195-196), 이는 아주 제한된 범위에서 진행된 경쟁이고, 또한 아주 한정된 사례에 불과하다. 더 나아가 최고 권력기관이자 인민들의 이익대표 기관인 전국인대 및 지방인대 대표의 선출에서도 현급 이하를 제외하고는 직선에 기초한 자유로운 경쟁이 보장되고 있지 못한 상황이다. 이런 점에서 중국의 정치체제는 현재 다원적인 정치 세력 간의 권력을 향한 경쟁이 보장되지 못하고, 공산당 일당독재의 틀 내에서 아주 제한된 범위의 정치적 경쟁이 이뤄지고 있다고 할 수 있다.

둘째, 지도자와 정책을 선택하는 데 있어 포괄적인 수준의 정치 참여가 이뤄지고 있지 못하다. 현재 중국 내에서는 현급 인대 선거, 기층 자치단체

선거(촌민위원회와 도시사구주민위원회)가 정기적으로 진행되고 있고, 일부지역의 향진장선거가 시범적으로 진행되기도 하였다. 그리고 이들 선거는 주민들의 공개적인 후보 추천과 직선을 통한 선출이 이뤄지도록 하고 있다. 그러나 이들은 기층 혹은 준기층 단위라는 제한된 공간에서 이뤄지는 선거이고, 상층 지방정부 및 중앙 수준으로는 확대되지 않고 있다. 따라서 규칙적이고 공정한 선거를 통해 주요 사회집단(성인 집단)이 배제되지 않을 만큼 정치 참여가 자유롭게 이뤄지는 것은 아직 어려워 보인다.

셋째, 정치적 경쟁과 참여가 완전하게 이뤄지고 있음을 보증하기에 충분한 수준의 시민적·정치적 자유(표현·결사·참여의 자유)의 보장 역시 이뤄지고 있지 못하다.

따라서 각국의 민주주의 실현 형식의 특수성을 강조하고 중국식의 민주주의를 주장하면서, 공산당 영도하의 다당합작제와 인대, 기층 자치제도를 기초로 한 민주주의의 제도적 틀을 강조하고 있지만, 이런 제도들이 어떻게 민주적으로 운영될 것인가는 아직 불명확하다. 중국 특색의 민주주의가 삼권분립, 다당제, 자유로운 선거를 통한 최고 지도자의 선출 등을 특징으로 하는 서구식 민주주의와 다르다는 점을 강조하고 있지만, 중요한 것은 존재하고 있는 중국식 민주주의 제도들이 어떻게 민주적으로 작동하는가이다. 이런 점에서 볼 때, 유일한 통치 정당인 공산당을 국가권력으로부터 어떻게 분리시키고, 다양한 정치 세력을 결집시킬 수 있는 다원적인 정치 세력의 조직화를 어떻게 이뤄 낼 것인가, 인대가 인민들의 정치 참여와 경쟁을 실질적으로 보장해 주는 제도적인 통로로서 어떻게 작용할 것인가, 정치협상회의가 실질적으로 다원적인 사회단체나 이익집단 간의 정치적인 심의 공간으로 기능할 것인가 등은 여전히 미지수로 남아 있다.

그리고 현재 정치 개혁이라는 이름하에 다양한 개혁적인 시도들이 이뤄지고 있지만, 현재 정치 개혁의 주된 관심사는 민주적 개혁의 전면적 추진이라기보다는, 정치제도의 제도적 완비와 법치주의 원칙에 입각한 통치 방식의 민주화, 절차화, 효율성 제고를 중심으로 한 행정개혁의 추진에 초점이 맞춰져 있다. 이는 현재 중국 정부가 추진하고 있는 정치 개혁의 핵심은 민주화가 아니라, 제도 완비와 통치 방식의 합리화를 통해 통치 효율성을 제고시켜 새로운 현대적 거버넌스 구조를 창출하고자 하는 데 있음을 의미한다.

결국 현재까지 나타난 중국 특색의 민주주의론은, 인민민주주의나 공화제 민주주의와 구별되는 새로운 민주주의의 대안을 제시하는 수준으로까지 발전하고 있지 못하다. 다만, 계급독재로서 인민민주주의의 기본적인 성격이 부정되고, 혁명 정당이 아닌 국민정당 혹은 집권당으로서 공산당이 일당 지배를 유지하면서 통치 거버넌스 구조의 변화를 꾀하는 정도라고 볼 수 있다. 또한 이런 과정은 공산당의 영도적인 지위를 유지하면서 점진적이고 안정적으로 진행하려 한다. 따라서 중국 특색의 민주주의론은 민주화에 대한 뚜렷한 청사진을 가지고 있지 않은 채, 공산당이 현재의 정치 개혁 압력에 대응해 각종 정치제도의 완비와 통치 방식의 합리화를 통해 새로운 통치 방식을 모색하고자 하는 의지의 표현으로 보인다.

중국적인 특색을 갖는 민주주의는, 중국적인 상황에 맞는 민주주의의 제도적 형식을 마련하고 이 형식에 기초해 대중의 실질적인 정치 참여와 경쟁을 보장하며, 대중이 직접 정치 지도자를 선출하고 지도자들도 대중에 대해 책임성을 가지는 방향으로 개혁이 이뤄질 때 가능할 것으로 보인다. 이런 점에서 볼 때 중국은 멀고도 험한 민주화의 길을 남겨 놓고 있다. 그러나 이 과정을 통해 중국이 중국적인 특색을 지닌 새로운 민주주의 모델을 마련할 수 있을지는 여전히 흥미로운 관심사가 될 것이다.

2장

중국 세대별 정치 엘리트와 민주주의

제3·4세대를 중심으로

주장환·유은하

Ⅰ. 서론

최근 중국에서는 정치 개혁 논쟁이 뜨겁다. 2010년 9월 선전시(深圳市)를 방문한 원자바오 총리가 정치 개혁의 필요성을 강하게 주장한 것에 대해 『광밍일보(光明日報)』와 『난팡일보(南方日報)』가 각각 찬반 논쟁을 벌였고, 이에 대해 여러 학자들 역시 각기 입장을 표명하고 있다. 이런 상황은 흡사 개혁·개방 초기인 1980년대의 상황을 보는 듯하다(咼中校 2010). 또 후진타오 역시 인민의 알 권리, 참정권 그리고 표현의 자유 등을 보장해야 한다고 언급하여 중국에서 본격적인 민주화가 진행되는 것이 아

• 이 글은 『중국 연구』 제50권(2010년 11월)에 실린 것을 수정, 보완한 것이다.

니냐는 관측을 자아내고 있다.[1] 특히 후진타오의 발언은, 물론 현실적인 정책으로 외화되어야 하겠지만, 마오쩌둥 이후 형성된 중국의 권위주의 정치체제 내에서의 의미 있는 변화를 측정할 수 있는 중요 지표로 작용할 수 있다. 권위주의를 '경성'(hard)과 '연성'(soft)으로 나누었을 때, 연성 권위주의는 사회경제적 자유뿐만 아니라 국민의 정치 참여와 관련된 권리를 일부 보장하는 체제라고 볼 수 있기 때문이다.[2]

중국 현 지도부의 정치 개혁 및 민주주의에 대한 관심은 이들이 집권한 2003년 이후 꾸준히 그리고 매우 활발하게 존재했고 표출되어 왔는데(Lee 2010), 이런 움직임은 장쩌민을 중심으로 하는 이전 지도부와는 사뭇 다른 것이다. 장쩌민을 중심으로 한 이전 중국의 지도부는 정치 개혁과 민주화에 관한 논의가 정치적 안정을 해칠 수 있다고 간주하고 이를 철저하게 봉쇄하는 태도로 일관했다. 따라서 민주화 내지 민주주의에 대한 논의는 극히 제한적이었고, 그 입장 역시 매우 보수적이었다(조영남 2006, 44-45).

그러면 후진타오를 중심으로 한 현 지도부가, 이전 세대 지도부와는 달리 민주주의나 정치 개혁에 대해 인식의 전환을 하게 된 배경은 무엇인가? 이에 대해서는 여러 가지 요인이 제시될 수 있겠지만, 본 연구는 그중에서도 중국 정치 엘리트 집단의 '속성'(traits)의 영향에 주목하고자 한다. 즉 세대별로 중국의 정치 엘리트들이 민주주의에 대해 가지는 인식에 어떤 차이가 있는지 살펴보고, 이런 민주주의에 대한 인식의 변화와 정치 엘리트의

1_이와 관련된 보다 구체적인 사항은 후진타오의 선전 특구 지정 30주년 기념식 연설문을 참조(http://news.xinhuanet.com/politics/2010-09/06/c_12523818.htm/ 2010년 9월 24일 인터넷 검색).

2_중국 권위주의의 경성/연성에 대한 분류의 도입과 적용에 관해서는 Scalapino(1998); Pei(2000) 등을 참조.

속성의 변화가 어떤 연관이 있는지 탐색해 보고자 한다. 본 연구는 따라서 구조의 변화에 대해 행위자를 중심으로 파악하고자 하는, 사회과학의 주요 접근법 중의 하나인 미시적 접근과 그 궤를 같이 한다고 할 수 있다.[3] 기실 이 접근은 인간을 본격적인 분석 대상으로 설정한다는 측면에서, 그 선호와 속성을 완벽하게 추출해 내고 또 행위와의 연관성을 입증해 내는 데 일정한 한계가 있다. 따라서 본 연구에서는 제2절에서 상세히 설명하겠지만, 이전 시기 국정 운영의 인식과 정책의 소산이자 엘리트의 속성과 상호작용하는 요소로 시대 상황을 설정함으로써 이런 한계를 극복하려고 시도한다.

보다 구체적으로 본 연구는 세대별 정치 엘리트의 속성과, 이들의 집권 시기에 표방된 민주주의의 개념, 형식에 대한 인식과 입장을 비교한다. 비교 대상은 장쩌민을 중심으로 하는 제3세대와 후진타오를 중심으로 하는 제4세대 중국 정치 엘리트이며, 이들이 각각 집권했던 중국공산당 제14, 15기 중앙위원회 시기(1992~2002년)와 제16, 17기 중앙위원회 시기(2003년~)를 비교할 것이다. 이 두 시기를 택한 이유는 이 시기에 들어서 비로소 중국 정치에서 세대 간 권력 이양이 정상적·규칙적으로 이뤄졌고, 따라서 구조 변화에 대한 행위자 측면에서의 기초를 파악하는 데 적합하다고 판단하기 때문이다. 제5세대는 아직 집권하지 않은 관계로 이들이 민주주의에 대해 어떤 인식을 가지고 있는지가 불명확하기 때문에 본 연구의 본격적인 분석에서는 제외한다.

본 연구는 중국의 정치 변화를 야기하는 여러 요인 중 행위자를 중심으로 분석하고 있다. 이는 건국 이래 레닌주의적 당-국가(party-state) 체제를

3_중국 정치 연구에서 이러한 접근법을 채택한 최신 연구로는 Shih(2008); Li(2008) 등을 들 수 있다.

유지하고 있는 중국 체제의 특성을 고려할 때 상당히 유의미하다고 판단된다. 또 거시적 변화의 미시적 기초를 규명하려는 시도는 중국 정치 변화의 메커니즘에 대한 이해와 함께 이에 대한 예측력을 제고해 줄 것으로 사료된다. 2절에서는 본 연구의 주요 개념과 연구 대상에 대해 설명하고 분석 틀을 제시한다. 3절에서는 각 세대별 정치 엘리트의 민주주의에 대한 개념과 형식에 대한 인식과 입장을 비교하며, 4절에서는 각 세대별로 상이한 민주주의에 대한 인식의 배경을 엘리트 속성과 시대 상황의 측면에 초점을 맞춰 규명한다. 결론에서는 연구 결과에 대한 정리와 더불어 본 연구의 분석 틀을 바탕으로 제5세대 정치 엘리트 시기의 중국 민주주의에 대해 전망한다.

II. 연구 대상 및 분석 틀

본 연구에서 '정치 세대'(political generation)의 개념은 매우 중요하다. '정치 세대'는 단순히 출생 연도만을 기준으로 나눈 동년배(kinship) 세대와는 달리 공통된 정치·사회적 경험을 가지고 있기 때문에, 특정한 정치·사회적 사건이나 경험이 매우 중요하다. 또 이 개념은 공통된 정치·사회적 경험이, 유사한 정치·사회적 태도를 형성시킨다는 가정에 기초하고 있는데(Pilcher 1994, 483-484), 이는 실증적으로도 증명된 사실이다(Russell 1987). 이런 측면에서 봤을 때, 정치 세대의 구분은 특정한 정치·사회적 사건에 대한 공통의 경험이 연령대의 동일성보다 상대적으로 더욱 중요하다. 이런 점을 바탕으로 본 연구에서는 당대 중국의 정치 세대를 다섯 개로 분류한다.[4]

제1세대에서 가장 중요한 사건은 1934~35년까지 지속된 중국공산당의 '대장정'이다. 당시 연령대는 다양했지만 이 사건을 공통적으로 경험한 이들 중 생존한 이들은 1949년 중화인민공화국 건국 이후 곧바로 최고 정치 엘리트가 되었다. 마오쩌둥과 저우언라이(周恩來) 등이 대표적 인물이다. 제2세대는 1937~45년까지 계속된 '항일투쟁' 시기에 본격적으로 중국공산당 활동을 한 이들로서 덩샤오핑, 후야오방(胡耀邦), 자오쯔양(趙紫陽) 등을 들 수 있다.[5] 당시 중국 사회가 급변기였기 때문에 이런 측면에서 제1세대와 2세대는 동일 연령대보다는 동일 경험 여부를 중심으로 분류되고 있다.

제3~5세대는 제1, 2세대에 비해 상대적으로 안정된 사회에서 성장했기 때문에 약 15년을 한 세대로 보는 동일 연령대의 특성이 부각되고 있다고 할 수 있다. 제3세대는 1949~58년까지 진행된 '사회주의 개조' 시기에 본격적인 정치 활동을 시작한 이들로서,[6] 핵심 인물로는 장쩌민, 리펑(李鵬), 주룽지(朱鎔基) 등을 들 수 있다. 3세대의 연령대별 특성은 출생 연도

4_이 분류법은 중국 관방과 일부 학자들의 견해를 종합한 것이다. 이런 견해의 대표적 연구 성과로 Li(2001)를 들 수 있다. 물론 학자들마다 이런 정치 세대의 구분법과 종류는 상이하다. 참고로 Cherrington(1997)은 당대 중국 정치 세대를 4개(장정, 사회주의 개조, 문화대혁명, 개혁 세대)로 구분한다.

5_덩샤오핑과 후야오방은 대장정에도 참가했었다. 그러나 덩샤오핑은 스스로를 제2세대라고 분류했으며, 후야오방의 경우 대장정 생존자 중 18세로 가장 어린 나이였기 때문에 '본격적'으로 활동했다고 보기 어렵고, 문화대혁명 종결 이후 구성된 지도부에서 핵심적인 역할을 했기 때문에 제2세대 정치 엘리트로 볼 수 있다(鄧小平 1993, 309-314; 주장환 2008, 56).

6_'본격적인' 정치 활동이란 최종 학력을 이수한 이후의 활동을 가리키며, 물론 일부 엘리트들은 1949년 이전에 학생운동이나 공산당 청년 조직에서 활동했거나 입당한 경우도 있으나 이 경우는 본격적인 정치 활동이라 보기 힘들다고 본 연구는 판단한다. 또 전체 중복 인사를 빼더라도 제14~15기의 정치국원 모두를 제3세대라고 보기 힘든데, 그 이유는 정치국의 구성이 이전 세대/ 주도 세대/ 차세대로 이뤄지기 때문이다. 예를 들면 이 시기에는 제2세대/ 제3세대/ 제4세대가 정치국을 구성했다.

가 1920년대 중반 이후부터 1930년대까지라는 것인데, 이 같은 기준에 의거하면 본 연구의 구체적인 제3세대 엘리트의 분석 대상은 모두 13명이다. 여기에는 제14, 15기 중국공산당 중앙위원회 정치국원 각각 20과 22명 중 중복된 인물은 제외되었다.

제4세대는 대부분 1940년대에 출생해 1966~76년까지 지속된 '문화대혁명' 시기에 본격적으로 정치 활동을 시작한 이들이며, 대표적 인물로는 후진타오, 원자바오, 쩡칭훙(曾慶紅) 등을 들 수 있다. 이런 기준에 따라 추출한 본 연구의 제4세대 정치 엘리트 분석 대상은 모두 14명이다. 제16, 17기의 정치국원 각각 24명과 25명 중 중복 인사를 제외했다. 한편 제5세대는 1950년대에 출생해 '문화대혁명' 시기에 '홍위병', '지식청년' 등으로 활동했던 경험이 있는 이들로서 시진핑(習近平), 리커창(李克强) 등이 대표적 인물이다.

본 연구에서 각 세대의 정치 엘리트 전체가 아니라 이들을 대표할 것으로 사료되는 해당 시기 중국공산당 중앙위원회 정치국 위원들을 연구 대상으로 선정한 이유는, 본 연구의 초점이 엘리트와 민주주의의 관계를 살펴보는 것이기 때문이다. 중국의 특수성상 이런 문제를 언급하거나 다룰 만한 최고위급 정치 지도자들에 대한 분석이 매우 중요하다고 판단되기 때문이다. 또한 중국 정치 체계에서 중국공산당 중앙위원회 정치국은 정상적인 경우 1년에 한 차례 열리는 중앙위원회 전체회의 폐회 기간의 모든 업무를 책임지는 최고 권력 기구이기 때문에, 이 기구의 구성원은 사실상 중국 정치에서 일상적인 국정 운영을 관할하고 책임지는 중국 최고의 정치 엘리트로 보기에 손색이 없다고 할 수 있다.[7]

그렇다면, 이렇게 분류할 수 있는 중국의 세대별, 특히 제3세대와 4세대 정치 엘리트와 각 시기별 민주주의에 대한 인식의 변화를 어떤 틀로 바라볼 것인가? 이와 관련해 본 연구에서는 엘리트의 속성과 함께 시대 상황이 매우 중요한 역할을 한다고 보고 있다. 즉 시대 상황은 구조와 행위자 간의 순환 고리이자 칼 포퍼(Karl Popper)가 말한 행위를 제약하는 '상황의 논리', 즉 구조적 상황이라고 할 수 있다.[8] 이런 측면에서 시대 상황과 엘리트 속성은 연구 주제에 따라 그 우선순위는 달라질 수 있겠지만, 모두 행위를 설명하는 주요 독립변수로서 기능한다 하겠다.

이를 중국 정치 엘리트의 전환과 관련해 설명하면 다음과 같다. 주지하는 바와 같이 중국은 건국 이후 단 한 번도 정권 교체를 경험한 바 없이 공산당이 집권해 왔다. 따라서 중국에서는 공산당의 목적의식적 의도가 전일적으로 엘리트의 순환과 충원 과정에 반영되어 왔다고 할 수 있다. 실례로, 1978년 개혁·개방을 기점으로 주도 엘리트 유형이 당시 '혁명 관료'(revolutionary cadre)에서 '기술 관료'(technocrats)로 변화했으며, 2008년부터의 제17기 중국공산당 중앙위원회에서는 '일반 관료'(generalist cadre)의 부상이 시작되었다. 이에 대해서 공산당의 간부 정책의 변화가 가장 중요한 요인으로 지목되고 있다(주장환 외 2010, 113-116). 이런 중국공산당의 간부 정책 변화를 야기하는 중요한 요인으로 해당 시기 정치 엘리트의 속성과 함께 작용하는 것이 시대 상황인 것이다. 즉 각각의 엘리트 유형의 전환은 모두 각각의 시대 상황과 해당 시기 엘리트의 속성이 상호작용한 결과인 엘리트에 대한 인식과 정책으로 인해 진행된 것이다.

7_중국공산당 중앙위원회 정치국의 위상에 대해서는 최신 중국공산당 규약 제3장 제22조를 참조.

8_김용학(1996, 44-45). 한편 중국의 정치 변화가 거시적 환경으로부터 제약받았음에 대해서는 김재철(2002, 263-264)을 참조.

그림 1 | 본 연구의 분석 틀

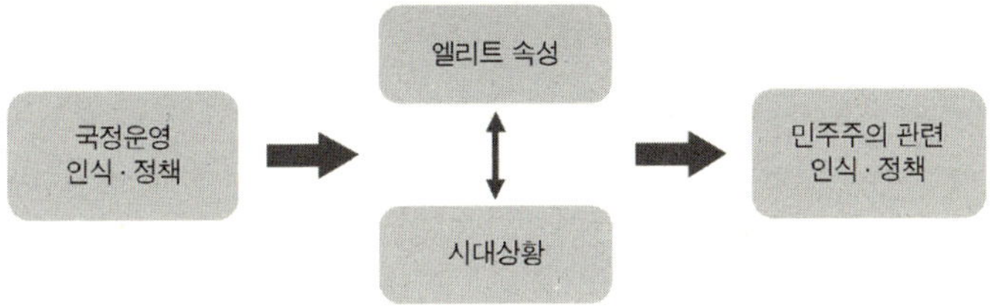

물론 여기에서 시대 상황과 엘리트 속성의 '상호작용'이 논쟁이 될 수 있다. 즉 이 두 요인의 선후(先後)와 중요도에 대한 이견이 존재할 수 있다. 그러나 이 문제는 흡사 사회과학계의 '행위자'와 '구조' 간의 논쟁처럼 좀처럼 그 결론을 쉽게 내릴 수 있는 성격이 아니다. 다만 해당 연구 주제나 연구자의 선호에 따라 일정한 '관점'이 채택된다고 할 수 있다(김용학 1996, 21-30). 이런 측면에서 보면 본 연구는 구체적인 시대 상황보다 엘리트 속성을 더 중요한 변수로 상정하고 있다고 할 수 있다. 예를 들면, 유럽 근대화 과정에서 프랑스, 독일, 영국 등 국가들이 상이한 체제 전환의 방식을 보인 원인을 엘리트 유형으로 규명한 학술적 시도와 그 입장을 같이 한다고 할 수 있다(Michael and John 2001, 182-183).

이상을 정리한 본 연구의 분석 틀은 다음과 같다. 중국의 정치 엘리트는 자신들의 집단적인 속성을 바탕으로 집권 시기 시대 상황에 조응해 중국의 주요 현안과 문제에 대한 인식을 정립하고, 관련 정책을 생산 및 집행한다. 민주주의와 관련해서도 마찬가지이다. 주의할 것은 이 과정은 기본적으로 반복 및 순환된다는 것이다. 즉 이전 시기 정치 엘리트의 각종 현안 및 문제의 총합으로서의 전반적인 국정 운영 인식과 정책(〈그림 1〉의 '국정 운영 인식·정책')은 이 순환의 초기 조건으로서 해당 시기 정치 엘리트의 속성과 시대 상황에 공히 영향을 준다. 이 해당 시기의 속성과 시대 상황은 상호작용하면서 해당 시기 특정 문제(본 연구에서는 민주주의)에 대한 인식과 정책(〈그림 1〉의 '민주주의 관련 인식·정책')에 영향을 준다(〈그림 1〉 참조).

III. 세대별 정치 엘리트의 민주주의에 대한 인식

이 절에서는 3·4세대 정치 엘리트들이 민주주의에 대해 어떤 인식을 가지고 있는지 민주주의의 개념과 형식의 측면에서 살펴보기로 한다.

1. 민주주의 개념에 대한 인식

먼저 3세대 정치 엘리트들은 앞의 세대와 마찬가지로 민주주의를 계급 지배의 통치 형식으로 간주했고, 체제와 계급을 초월한 인류 역사의 보편적 가치로는 인정하지 않았다. 3세대의 지도자들은 민주, 자유, 인권 같은 개념은 절대적인 것이 아닌 상대적인 것이라고 했다. 즉 세계의 민주주의는 추상적·절대적인 것이 아닌 구체적이고 상대적인 것으로 보고, 모든 민주주의의 본질과 내용 및 형식은 모두 그 국가의 사회제도로부터 결정되며, 국가의 경제와 문화가 발전함에 따라 발전하는 것이라고 보고 있다. 중국이 택한 사회주의 민주는 공산당이 집권해 인민이 국가권력을 장악하고 행사하는 것을 지도하는 것으로 인민이 법에 의한 광범한 권리와 자유를 누리는 것을 보장한다는 것이다(江澤民 1998).

또한 한 국가의 사회 형식은 그 나라의 여러 가지 조건에 맞게 스스로 선택하는 것인데, 일부 서방국가들이 그들의 민주, 자유, 인권이라는 관념과 자신들의 정치체제 모델을 가지고 타국에 영향력을 행사하려 한다고 비난했다. 인권 문제를 예로 들면 중국의 경우 최대의 인권은 생존권과 발전권으로 가장 중요한 것이 거대한 인구의 의식(衣食) 문제를 해결하는 것이라고 하면서, 향후 중국이 심화시킬 정치체제 개혁은 중국의 국정에 맞는 민주적 사법제도를 강화하는 것이지 서방의 정치제도를 들여오는 일은 절대 없을 것이라고 단정했다(江澤民 1993a).

또한 사회주의는 인민이 주인이기 때문에 인민민주주의는 사회주의의 본질적 요구이자 내재된 속성이며, 이런 민주주의가 전체 인민의 이익을 실현하는 길이라고 주창했다. 따라서 사회주의 민주가 가장 폭넓은 인민민주이며, 소수만이 향유하는 자본주의 민주와는 본질적 차이가 있다고 보았다(江澤民 1993b). 이에 사회주의 민주정치를 발전시키는 것은 당의 일관된 목표로서 중국공산당 80년 투쟁의 역사에서 인민민주주의를 쟁취, 보호, 발전시키는 것은 매우 중요한 목표이며(江澤民 2001), 그렇기 때문에 중국 정치체제 개혁의 목표는 절대 서구의 삼권분립이나 다당제, 의회제도 등의 도입이 아니라 중국 특색의 사회주의 민주정치를 건설하는 것이라고 강조했다(江澤民 1992).

그러나 4세대에서는 민주주의의 기본 개념에 대해 일부 인식의 전환을 보이고 있는데, 무엇보다 4세대 정치 엘리트들은 3세대와는 달리 민주주의의 보편성을 부정하지 않는다. 2005년에 중국 국무원에서 처음으로 『중국 민주정치 건설백서』(이하, 『백서』)가 발간되었는데, 이는 중국 최고위 지도층의 민주주의에 대한 인식이 반영, 정리된 것으로 2000년대 이후 중국 학계에서 활발히 진행되고 있는 민주주의 관련 논의에 대해 중국 정부가 공식적인 입장을 피력하면서 적극적으로 주도해 나가겠다는 의지를 반영한 것으로 볼 수 있다. 『백서』 첫 문장에 "민주주의는 인류 정치 문명 발전의 성과이며, 세계 각국 인민의 보편적 요구이다"라고 규정하고 있는바, 민주주의를 인류의 보편적 가치로 인정하고 있음을 보여 주고 있다.[9] 즉 민주주의, 자유, 인권 등은 자본주의만이 갖고 있는 고유의 개념들이 아니라 전체 세계가 오랜 역사 과정에서 공동으로 형성한 문명 성과이자 인류가 공동으로 추구해 온 가치관이라는 시각을 드러내고 있는 것이다.

다만 각국이 역사 발전 과정과 수준이 다르기 때문에 민주주의의 형식과 경로가 서로 다를 뿐이라고 간주하고 있다. 중국의 사회주의 민주는 인민이 주인이 되는 것으로 이를 실현하기 위해서는 인민의 민주적 선거, 민주적 정책 결정, 민주적 관리, 민주적 감독의 권리가 보장되어 인민이 정부를 감독하고 비판할 수 있도록 하는 여건이 조성돼야 한다고 보고 있다. 아울러 중국의 민주주의 경험이 아직 부족하기 때문에 다른 선진 문명의 성과들을 학습하되 이를 중국의 실정과 결합시켜 중국식 민주주의의 길을 모색할 것이라고 했다(溫家寶 2007b).

그리고 인민민주주의를 사회주의의 생명이라고 언급하면서도 중국 특색의 사회주의 정치발전, 즉 사회주의 민주정치를 발전시킬 것을 강조하고 있다. 이들이 내세우는 중국 특색의 사회주의 민주정치는 당의 영도(共產黨的領導), 인민주권(人民當家作主), 법에 의거한 통치(依法治國)가 유기적으로 통합된 것으로 인민대표대회, 공산당 영도하의 다당합작제 및 정치협

9_http://politics.people.com.cn/GB/1027/3783369.html (검색일: 2010/09/05).

상제도, 민족구역자치제도와 기층군중자치제도가 그 주요 형식을 이루고 있다(胡錦濤 2007).

요컨대 3세대 정치 엘리트들은 계급을 초월한 절대적·추상적 측면에서의 민주주의를 부정한다. 서구 국가들이 민주주의와 인권 같은 개념들을 앞세워 중국의 체제를 위협한다고 여기고 있으며, 서구가 전 세계에 보편화시키려는 정치체제인 민주주의를 역사와 여건이 다른 국가들에 똑같이 적용할 수는 없다고 보고 있다. 이들은 중국에 가장 적합한, 중국인들의 이익을 실현할 수 있는 통치 형식은 인민민주주의이며, 앞으로 이를 계속 공고하게 발전시켜야 한다고 주창했다. 이에 반해 4세대 정치 엘리트들은 계급과 체제를 초월한 민주주의가 인류의 보편적 가치임을 인정하기 시작했다. 그러나 서구의 민주정치 체제를 도입하는 것은 여전히 부정적인 가운데 당의 영도 하에 각 분야에서 민주적 제도를 완비한 중국 특색의 사회주의 민주정치의 개념을 강조하고 있다.

2. 민주주의 형식에 대한 인식

민주주의의 형식, 즉 제도적 장치나 민주주의의 발전 방향 및 과정 등에 대해서도 3·4세대가 다소 차이를 보인다. 3세대 정치 엘리트들은 인민민주주의의 실천을 위한 법률 제정(民主法制)과 법률에 의거한 통치, 대중노선 등을 강조하고 있다. 먼저 민주주의는 법률제도와 불가분의 관계에 있기 때문에 법제의 형태에 따라 민주주의의 형식이 형성된다고 보고 있다. 따라서 사회주의 민주는 사회주의 법제와 결합되어 있기 때문에 사회주의 민주의 제도화 및 법률화를 공고히 해 국가 지도자의 교체나 지도자

견해의 변화에 따라 제도와 법률이 변하지 않도록 해야 한다고 강조했다(江澤民 1998). 예를 들면 법 앞의 평등을 실현해 어떤 개인이나 조직도 초법적 특권을 누리지 않도록 하며, 사법 개혁을 추진해 사법 기구의 심판권과 검찰권을 제도적으로 보장해야 한다는 것이다. 또한 민주적 선거, 민주적 정책 결정, 민주적 관리 및 민주적 감독 제도를 실행하는 등 사회주의 민주를 발전시키기 위해서는 근본적·전국적·안정적·장기적인 제도들을 안착시키는 것이 필수적이라고 보고 있다(江澤民 1997b).

한편 사회주의 민주의 본질적 내용은 인민 군중이 주인이 되는 것이기 때문에, 이들이 여러 형식과 경로를 통해 국가 대사에 참여하고 집권당과 정부 인사들을 감독하면서 사회주의 건설 과정에서 적극성과 능동성을 발휘할 수 있도록 해야 한다고 보았다. 이런 군중 중심의 관점은 중국의 민주정치와 밀접한 관계가 있는 것으로, 군중 노선의 기치 아래 민주정치를 구현하는 것과 민주정치 구현 과정에서 군중 관점을 구체화하는 것이 중국 민주정치의 뚜렷한 특징이자 고유한 장점이며, 중국 민주정치 발전에 있어 필연적 경로이자 기본 방식이라고 했다(李瑞還 1994).

한편, 4세대 정치 엘리트들은 앞 세대가 강조한 민주 법제와 의법치국의 기초 위에서 기층 민주와 당내 민주의 확대 및 민주적 제도 확립 등을 보다 강조하고 있다. 먼저 16차 당대회에서 처음으로 기층 민주주의의 발전을 사회주의 민주정치 발전의 기초로 간주하고 중점적으로 추진할 것을 천명했다. 즉 기층의 당 조직이 영도하는 기층 자치 메커니즘을 확충해 자치 범위를 확대하고, 직공대표대회를 기본 형식으로 하는 기업·사업 단위의 민주적 관리 제도를 완비하며, 향진 기구 개혁을 심화시켜 기층 정권 건설을 강화함으로써 '정부 행정관리'와 '기층군중자치' 간의 양성(良性) 상호작용을 도모할 것을 주문했다. 또한 당내 민주주의 실현을 통해 사회 전체의 민주주의를 발전시킨다는 민주주의 확대 경로를 상정하고, 이를 실현하기 위해 당원의 주체적 지위 존중과 민주적 권리 보장, 당무 공개, 당대표대회 대표의 임기제, 당내 선거제도 개혁, 당내 기층 민주주의의 다양한 형식 확대 등을 제기하고 있다(胡錦濤 2007).

민주정치 실현을 위한 발전 방향에 관해 구체적 내용도 제시했는데, 민주적 제도의 확충, 민주주의 형식의 다양화, 민주주의 경로의 확대와 함께 인민의 알 권리, 참여권, 표현권, 감독권을 보장해야 한다고 했다. 아울러 점차 도시와 농촌의 인구 비례에 근거한 인민대표대회 선거제도를 실행하고, 정책 결정의 투명도와 대중의 참여도를 제고해 주민 이익과 밀접한 관계가 있는 법률·법규 및 공공 정책을 제정할 때는 원칙상 공청회(聽證會)를 열어 의견 수렴을 하도록 하는 한편, 사회주의 민주정치, 자유와 평등, 정의 등에 대한 주민 의식 교육을 강화할 것을 요구하고 있다(溫家寶 2007a). 한편 『백서』에서는 인류의 정치 문명 발전 역사를 볼 때 어디에나 보편적으로 적용할 수 있는 유일하고 절대적인 민주주의 모델은 없다고 단정하고, 중국 민주정치의 건설의 네 가지 원칙을 제시하고 있다. 첫째, 중국공산당의 영도, 인민주권, 법에 의거한 통치가 유기적으로 통일되어야 한다. 이는 중국의 사회주의 민주정치 발전에 있어 가장 중요하고도 근본적인 원칙이다. 둘째, 사회 안정, 경제 발전, 주민 생활수준 향상에 유리해야 한다. 셋째, 국가주권과 영토 보전과 존엄을 지키는 데 유리해야 한다. 넷째, 점진적이고 질서 있는 발전 규율에 부합해야 한다고 명기하고 있다.

요약해 보면 3세대 정치 엘리트들은 군중 노선을 최대한 활용하면서 인민(계급)민주주의의 실현을 위한 사항들의 법률화 및 제도화를 통해 통치자 개인이나 정치적 상황에 흔들리지 않도록 인민 민주의 기초를 공고히 다지고자 한 것으로 분석된다. 4세대 정치 엘리트들은 민주주의의 보편적 가치를 인정하면서도 민주주의의 발전 방향이나 형식적 측면에서는 중국 특색의 사회주의 민주정치를 주창하면서, 사회주의 범위 안에서의 민주적 제도 완비와 기층 민주 및 당내 민주의 확대 등을 통해 이른바 중국식 민주주의의 길을 모색하고 있는 것으로 판단된다.

따라서 전반적으로 이들 제3 및 4세대 중국 정치 엘리트들은 '민주화가 아닌 제도화'라는 새뮤얼 헌팅턴(Samuel Huntington)의 정치발전 모델을 수용하고 있는 것으로 판단할 수 있다(Huntington 1968, 4-5). 그러나 제4세대는 제3세대에 비해 민주주의의 개념과 형식에 대해 공세적이고 적극적으로 접근하고 있는 듯 보인다. 그 대표적인 예는 이른바 2004년 조슈아 쿠퍼 라모(Joshua Cooper Ramo)의 "베이징 컨센서스"(Bejing Concensus) 출간 이후 활기를 띤 중국 발전 모델과 더불어 진행되고 있는 중국식 민주주의 정립 시도를 들 수 있다(조영남 2009, 58-59). 이런 시도는 중국의 특수성을 보편화하려는, 또는 그 저변을 넓히려는 것으로 이해할 수 있다.

IV. 세대별 정치 엘리트의 속성과 시대 상황 그리고 민주주의

1. 세대별 정치 엘리트의 속성과 시대 상황[10]

먼저 제3세대 정치 엘리트는 연령별로 봤을 때 출생 연도가 장쩌민이

10_이 부분의 개별 엘리트 관련 자료는 中共中央組織部·中共中央黨史硏究室(2004)의 관련 부분을 참조했다.

태어난 1926년에서 리톄잉(李鐵映)이 출생한 1936년까지 분포되어 있고, 모두 한족(漢族)이며 남성이다. 입당 연도는 리펑이 입당한 1945년에서 뤄간(羅幹)이 입당한 1960년까지 분포되어 있다. 이들 중 10명의 학력(정식 활동 이전)이 대학 졸업, 즉 학사이고, 리루이환(李瑞環), 장춘윈(薑春雲) 등의 2명은 정식 활동 이후 전문대를 졸업했으며, 셰페이(謝非) 1명만 고등학교 졸업이다. 대졸 이상 인물들의 전공은 2명을 제외하고는 모두 이공 계열이고, 리란칭(李嵐清)이 기업관리, 천시퉁(陳稀同)이 중문학이다. 또한 6명이 유학 경험을 가지고 있었는데, 리톄잉은 체코슬로바키아, 뤄간은 동독에서 유학했고, 나머지 4명은 소련에서 공부했다.

이들의 주요 경력을 보면 중앙정부(소속 국유 기업 포함)가 가장 많은 8명이고, 지방정부 4명, 전국총공회 등 군중 조직이 1명(리루이환)이다. 특기할 만한 사항은 지방정부에서 주요 경력을 쌓은 천시퉁, 탄샤오원(譚紹文), 셰페이, 장춘윈 등 4명은 각각 베이징, 톈진, 광둥(廣東), 산둥(山東)등 모두 연해 지역에서 활동했다는 점이다. 제3세대 정치 엘리트 중 '기술 관료'라고 할 수 있는 이들은 모두 8명이며,[11] 장쩌민, 리펑, 셰페이, 탄샤오원을 제외한 9명은 문화대혁명 시기 노동 개조 혹은 하방을 당했다.

제4세대 정치 엘리트는 우관정(吳官正)이 출생한 1938년에서 류윈산(劉雲山)이 태어난 1947년 사이에 출생했다. 후이량위(回良玉) 1명을 제외하고 모두 한족이며, 입당 연도는 우관정이 입당한 1962년부터 류치(劉淇)가 입당한 1975년까지 분포되어 있다. 이들 중 11명의 학력(정식 활동 이전)

11_본 연구는 대학에서 자연과학, 응용과학, 재정과 경제 등 전문 기술 교육을 받고, 관련 분야에서 종사한 경험이 있는 이들을 '기술 관료'라고 규정하고 있으며, 이 같은 정의는 Li and White(1990)를 참조했다.

은 대학 졸업 이상이며, 류치, 우관정, 원자바오 등 3명은 석사 학위를 취득했고, 후이량위는 전문대 졸업, 왕러취안(王樂泉)과 류윈산은 고등학교 졸업이다. 대졸 이상의 학력 소유자들 중 철학을 전공한 왕강(王剛) 한명을 제외하고는 모두 이공계를 전공했으며, 4세대 정치 엘리트는 전부 유학 경험이 없다.

이들의 주요 경력은 중앙정부(소속 국유 기업 포함)가 왕자오궈(王兆國), 류치, 왕강, 저우융캉(周永康) 등 4명, 지방정부(소속 국유 기업 포함)가 10명이다. 눈에 띄는 점은 이들의 활동 지역이 다양하다는 것인데, 물론 베이징, 상하이, 산둥 등도 있지만 다수가 지린(吉林), 후베이(湖北), 안후이(安徽), 랴오닝(遼寧), 장시(江西), 신장(新疆), 구이저우(貴州), 간쑤(甘肅) 등 중서부 지역에서 경력을 쌓았다. 이들 제4세대는 이런 점 이외에 후진타오, 왕자오궈, 왕러취안, 류윈산 등이 중앙과 지방의 공산주의 청년단 활동을 했다는 것도 특징적이다. 또 이들 중 6명이 대학 졸업 후 곧바로 직장에 배치받지 못하고 학교에서 일정 기간 대기한 경험이 있고, 왕러취안, 후이량위, 류윈산, 왕강 등 4명은 기술 관료라고 할 수 없다.

이상의 내용을 바탕으로 3·4세대 정치 엘리트 속성을 비교해 보면 다음과 같다. 먼저 민족 구성면은 4세대에 와서 소수민족 출신(후이량위)이 포함되었고, 학력 수준은 4세대가 약간 더 높은 수준이다.[12] 각 세대 중 '기술관료'의 비율은 3세대(61.5%)에 비해 4세대(71.4%)가 다소 높은 편이다. 이런 학력 수준과 기술 관료 비중의 변화는 덩샤오핑의 간부의 혁명화, 연소화, 지식화, 전문화를 의미하는 '간부사화'(幹部四化) 정책의 효과로 볼 수

12_참고로 학력 수준은 고졸-1, 전문대졸-2, 대졸-3, 석사이상-4로 점수를 주어 전체 명수를 나누어 평균을 구했다. 그 결과는 제3세대가 2.54, 제4세대가 2.86으로 나왔다.

있을 것이다. 실제로 제4세대 엘리트들은 대부분 1982년 '간부사화'가 당 규약에 삽입된 이후 지방 간부에서 공산당 중앙위원회 위원(후보 위원 포함) 등 중앙 간부로 발탁되었다.[13] 그리고 전체 수준에서의 중국 정치 엘리트의 학력 수준은 계속 높아지고 있는 추세이다(주장환 2009, 89).

다음으로 이들 두 세대 간에 가장 차별성을 보이는 속성은 해외 유학 경험의 유무이다. 3세대는 절반에 가까운 46.2%가 구 사회주의권 국가에서의 유학 경험을 가지고 있는 반면 4세대는 유학 경험이 전무하다. 그리고 주요 경력의 측면에서 보면 3세대의 61.5%가 중앙정부(소속 국유 기업 포함)에서 활동한 반면 4세대는 71.4%가 지방정부(소속 국유 기업 포함)에서 활동해 3세대에 비해 제4세대는 내륙 지역을 중심으로 경력을 쌓았다고 볼 수 있다.

이상을 토대로 이들 두 세대의 속성을 다음과 같이 정리할 수 있겠다. 중국의 제3세대와 4세대 정치 엘리트는 기본적으로 기술 관료가 그 주도 유형이라고 할 수 있는데, 일반적으로 기술 관료는 자신들의 전공을 배경으로 경제성장과 기술 발전을 중시하는 경향을 가진다고 할 수 있다. 그러나 동일한 기술 관료라 하더라도 3세대와 4세대는 집단적 속성 측면에서 대별되는 차이점을 가진다. 해외 유학 경험에서 볼 수 있듯이 건국 초기인 사회주의 개조 시기에 해외 유학을 간다는 것은 일반인에게는 불가능했던 일이라고 볼 수 있으므로, 다수가 유학 경험이 있는 3세대는 보다 '엘리트주의자'(elitist)적 경향이 강한 반면 4세대는 상대적으로 '대중주의자'(populist)적 경향이 강하다고 할 수 있다. 또 주요 경력의 측면에서 볼 때도 4세

13_이 같은 과정에 대해서는 Li(2001, 2장)를 참조.

대가 주로 낙후된 지방 내륙 지역을 중심으로 활동한 반면 3세대는 중앙정부 혹은 개혁·개방의 수혜를 가장 많이 받은 지역을 중심으로 활동했다는 점도 이런 경향을 강화시킨다고 할 수 있겠다.

마지막으로 이 두 세대는 모두 문화대혁명으로 인해 피해를 입었다. 그러나 그 정도는 본격적인 정치 활동 도중에 박해를 받은 3세대가 더욱 심한 것으로 여겨지는데, 4세대는 대부분 대학 졸업 이후 다른 동급생들과 같이 직장 분배를 받지 못했기 때문이다. 따라서 문화대혁명이라는 사건, 즉 마오쩌둥 식의 평균적 사회주의에 대한 반감은 3세대가 더욱 컸을 것이라고 추정해 볼 수 있으며, 같은 맥락에서 개혁·개방 노선 즉 불균형 발전의 당위성에 대한 긍정과 지지도는 3세대 정치 엘리트들이 더 높았을 것으로 판단된다. 따라서 제3세대는 상대적으로 '엘리트주의자' 경향의, 제4세대는 '대중주의자' 경향의 기술 관료라고 규정해 볼 수 있겠다.[14]

또 이들 제3, 4세대 중국 정치 엘리트들이 직면한 시대 상황을 살펴보면 다음과 같은 차이가 있다. 우선 제3세대는 1989년 톈안먼사건 등 개혁·개방 노선 초기의 시행착오 속에서 자칫하면 자신뿐만 아니라 공산당의 집권 기반까지 빼앗길 수 있다는 절박한 상황이 존재했고, 이런 상황은 제3세대 정치 엘리트들이 지속적인 경제 발전을 추진하기 위해서는 정치 안정이 필요하다는 논리를 받아들이게 만들었다(서진영 2008, 460-461). 한편 제4세대가 직면한 상황은 이후 제3세대 엘리트들이 집권한 제13~15기, 즉 1987~2002년의 기간으로, 급속한 경제성장을 주요 특징으로 하는 '외형적

14_이런 의미에서 제3세대 정치 엘리트가 더욱 기술 관료의 원래 개념 즉 '전문'(specialist) 관료에 가깝다고 할 수 있고, 제4세대 지도자는 그 반대 개념인 '일반'(generalist) 관료에 가깝다고 할 수 있다.

성장'의 시대라고 할 수 있다. 그러나 경제성장은 결과적으로 사회 전체의 부는 확대시켰지만 도농 간 및 지역 간 소득 격차를 심화시키고 간부의 부패 현상 역시 확대시켰는데, 4세대가 직면한 이런 시대 상황은 새로운 발전관 수립에 대한 필요성을 강하게 요구했다(Fewsmith 2004, 1-11).

2. 세대별 정치 엘리트와 민주주의

그렇다면 앞 장에서 살펴보았듯이, 각 세대별 민주주의 개념과 형식에 대한 인식의 차이는 어떻게 형성된 것인가? 이를 본 연구의 분석 틀에 비춰 설명하면 다음과 같다. 먼저, 제3세대 집권기의 시대 상황은 '중국 사회주의의 위기와 이에 대한 보수적 대응의 필요성 제고'로 규정할 수 있다. 즉 이들이 집권하기 시작한 1989년은, 국내적으로 1978년 이후 10여 년 동안 추진해 왔던 개혁·개방 정책의 부작용에 대한 불만이 누적되어 톈안먼사건이라는 대대적인 체제 변혁적 사건이 발생한 직후였다. 또 국제적으로는 구소련과 동구권 사회주의의 붕괴가 현실화되고 있었다. 이에 대해 중국 지도부는 당내의 급진 개혁파인 자오쯔양 등을 실각시키고 사회주의 체제의 고수를 최대 목표로 삼았다.

이런 시대 상황과 상호작용하는 제3세대 정치 엘리트는 세대적으로 정치적 혼란에 대한 거부감을 공유하고 있었고, 중앙 단위에 집중된 경력과 해외 유학 경험에서 영향을 받은 것으로 보이는, 엘리트주의 경향이 강한 기술 관료의 속성을 가졌다. 따라서 이 시기에는 전반적으로 정치 개혁이나 민주주의에 대한 논의는 극도로 제한된 가운데 경제적인 발전과 성장에만 역점을 두었다.[15] 즉 엘리트주의적인 속성이 기존의 기득권에 대한 보존적인 경향의 인식을 가지게 하고, 기술 관료의 속성이 경제와 기술의 발전이라는 측면을 강조하는 인식을 가지게 해 그에 연관된 정책을 집행하게 되었다는 것이다. 결국 3세대 정치 엘리트가 가졌던 민주주의 개념과 형식에 대한 인식을 정리하면, 기존 사회주의 체제를 굳건히 하는 차원에서 기존의 인민민주주의 즉 계급 민주주의를 강하게 옹호하고 군중 노선을 중시했으며, 다른 한편으로는 국가 체제의 안정적 작동을 위해서 법률화와 제도화를 강조하는 입장을 나타냈다고 분석할 수 있다.

이에 반해 제4세대가 직면하고 있는 시대 상황은 '개혁·개방 노선 성공의 이면에 대한 적극적 대응의 필요성 제고'로 요약할 수 있다. 대내적으로 중국은 제3세대 집권 시기를 거치면서 외형적 성장을 거듭해 왔지만, 지역 간 및 도농 간, 계층 간 격차는 매우 심각한 상황이다. 대외적으로는 2001년 WTO(세계무역기구) 가입을 필두로 현재 제2위의 세계경제 대국으로 발돋움했으나 끊임없는 '중국 위협론'에 시달리고 있다. 이에 대해 제4세대 정치 엘리트는 제3세대에 비해 상대적으로 다양한 지방 단위에서의 활동 경험과 마오쩌둥 노선에 대한 상대적으로 덜한 거부감 등을 바탕으로 형성된 대중주의자적 기술 관료의 속성을 가지고 국정을 운영하고 있다. 즉 이들은 기술 관료이기는 하나 내륙 등 낙후 지역과 지방 단위에서의 활동 경험으로 인해 중국의 불균형 발전의 부작용에 대한 보다 현실적인 이해를 할 수 있었다. 또 제3세대와는 달리 평균주의적인 마오쩌둥류의 노선에 대해서도 그 거부감이 덜하기 때문에, '균형'과 '조화'와 같은 정치적 수사에 대해 친화력을 가질 수 있었다고 분석된다.

15_이런 체제적 특성은 '신권위주의'라고 규정할 수 있다. 중국의 신권위주의에 관한 보다 자세한 내용은 王浦劬·謝慶奎(2003); 何增科(2004) 등을 참조.

결국 이들은 대내적으로는 과학적 발전관이라는 지속 가능한 발전 전략을 내세우면서, 전체 사회 측면에서의 균형 발전을 강조하는 조화 사회(和諧社會) 건설을 최우선 국정 과제로 설정하고 있다. 또한 대외적으로는 이전 시기의 소극적 대응에서 벗어나 '화평 발전'(和平發展) 등을 주창하면서 국제적 사안에 대해 적극적으로 자기 목소리를 내고 있다. 이 같은 맥락에서 4세대는 민주주의에 대해서도 인류 보편의 가치 차원에서 접근하기 시작했다고 볼 수 있을 것이다. 다만 중국 발전의 현 단계와 상황에 맞는 민주주의의 길을 적극적으로 모색하고 있는 것으로 보인다.[16]

V. 결론

본 연구는 민주화와 정치 개혁에 대한 중국 정치 엘리트들의 인식 변화의 요인에 대한 분석을 진행했는데, 특히 세대별 정치 엘리트의 속성의 차이에 초점을 맞추었다. 연구 결과 3세대는 중국 사회주의의 위기와 이에 대한 보수적 대응의 필요성 제고라는 시대 상황에 엘리트주의 기술 관료라는 속성이 상호작용하면서, 계급 민주주의로서의 인민민주주의를 강조했다. 또한 국가체제의 안정적 작동과 운영에 주안점을 두면서 민주주의와 정치 개혁에 대해서는 상대적으로 소극적·방어적이었다고 볼 수 있다. 또한 문화대혁명 시기에 인치(人治)로 인한 폐해를 뼈저리게 겪은 3세대는

16_실제로 중국 학계에서도 제4세대 집권기에는 중국적 민주주의와 관련된 다양한 논의들이 진행되고 있다. 주요한 것들로는 高放(2006); 兪可平(2004); 潘維(2003) 등을 들 수 있다.

법치(法治)의 중요성과 필요성을 절감하고, 이의 안착을 위한 방안으로 민주 법제와 의법치국 등을 강조한 것으로 판단된다.

반면 제 4세대는 개혁·개방 노선 성공의 부작용에 대한 적극적 대응의 필요성 제고라는 시대 상황에 대해 대중주의 기술 관료적 속성이 상호작용하면서, 민주주의의 보편성은 인정하면서도 이에 중국의 특수성을 결합시키려는, 상대적으로 적극적인 정책과 인식을 표현하고 있다. 또한 4세대 시기에는 '인민'의 범위가 더욱 확대되면서 이전보다 계급의식이 더 약화되었고, 중국의 국제적 위상과 영향력이 커지면서 특히 서구를 중심으로 중국의 정치적 민주화에 대한 관심과 요구가 증대된 환경에 노출되었다. 이에 대해 4세대 엘리트는 이전 세대에 비해 보다 자신감 있게 적극적으로 대처하면서 관련 논의도 주도하고 있다. 여기에는 중국이 경제성장을 바탕으로 국력이 크게 증강되었던 상황과 함께, 해외 유학 경험 없이 국내의 중앙과 연해뿐만 아니라 지방과 내륙에서도 주요 경력을 쌓아 중국의 특수한 상황에 보다 정통하다고 여겨지는 4세대의 속성 또한 반영된 것으로 보인다. 그리고 이런 대중주의자적 속성은 민주주의의 발전 과정에 있어서도, 중국적 맥락에서 당내 민주나 기층 민주의 확대를 중요시하는 것에 일정 정도 영향을 미친 것으로 판단된다.

물론 제4세대에서도 민주화나 정치 개혁에 대한 명시적이고 실질적인 변화는 나타나고 있지 않다고 할 수 있다. 최근의 노벨 평화상 후보로 뽑힌 반체제 인사 류샤오보(劉曉波) 사건이 그 대표적인 예이다. 또 국제적인 수준에서 중국의 민주화 수준에 대한 평가 역시 변화가 나타나고 있지 않다.[17] 그러나 중국 정치에서 내부적으로 아무런 변화가 없다고 평가하는 것은 정치체제 내부의 역동성을 인정하지 않는 편향이라고 할 수 있다.[18] 즉 다당제의 도입과 직접선거제도의 확대 등이 이뤄지지 않았다고 해서 중국

내 민주주의와 정치 개혁 측면에서 변화가 없는 것은 아니라는 의미이다. 즉 현재까지 기본적인 인식과 실제 행동에서 커다란 차이가 없다고 할지라도, 향후 민주화와 정치 개혁이 전면화될 가능성은 높아졌다고 판단된다. 이런 판단은, 그동안 중국이 정치 개혁 및 민주화 지체의 주요 원인으로 들어 왔던 경제 발전이 일정 수준에 도달했다는 데에서 기인한다. 실제로 중국은 덩샤오핑에 의해 제창되었던 '3단계(三步走) 발전'론의 1, 2단계인 원바오(溫飽)와 샤오캉(小康) 단계의 목표를 달성하고, 사회주의 강대국을 건설해야 하는 제3단계에 돌입한 상태이다(王蒙奎 2002). 따라서 이제껏 미뤄왔던 정치 개혁과 민주화와 관련된 조치를 고민이 아닌 실행에 옮길 시기가 된 것이라 할 수 있다.

또 이런 시대 상황과 상호작용하는 요소인 엘리트 속성이 변화했다는 것이 매우 중요하다. 즉 일반적으로 3세대의 주축인 기술 관료인 경우, 조직의 관리나 운영에는 능숙할지 몰라도 변화나 개혁에는 취약하다는 평가를 받고 있다(Lee 1991, 402-404). 그러나 같은 기술 관료라 하더라도 대중주의자적 속성이 강한 제4세대의 경우 체제 고수와 유지보다는 개혁과 변화에 대해 상대적으로 보다 더 적극적이라고 할 수 있다. 또 이런 속성은, 상술한 바와 같이 민주주의에 대한 인식과 정책에 있어 상대적으로 더 적극적이고 주동적인 변화로 현상화됐다고 분석된다.

17_국제적인 민주주의 평가 기관 프리덤 하우스에 따르면, 2003년부터 2010년 현재까지 중국의 민주화 수준은 여전히 최하위로서 구체적인 수치에서도 변화가 없다. 자세한 상황은 프리덤 하우스 홈페이지(http://www.freedomhouse.org)를 참조.

18_이와 같은 관점에서 중국 정치의 변화를 일부 학자들은 '권위주의적 탄력성'(authoritarian resilience), '탈전체주의적'(post-totalitarian), '협상적'(consultative), '연성적'(soft) 권위주의 등의 개념을 사용함으로써 인정하고 있다(Nathan 2008; Shambaugh 2008).

그렇다면 이런 제3, 4세대 정치 엘리트 이후 중국을 이끌어 나갈 제5세대 정치 엘리트 집권 시기의 민주주의는 어떠할지, 어떻게 전망할 수 있을까? 개혁·개방 이래 확립된 중국 정치의 순환 규칙에 따르면, 제5세대 정치 엘리트는 다가오는 2012년 제18차 공산당 전국대표회의 직후부터 향후 10년간 중국을 이끌어 나간다. 또 이들 중 최고 지도자급 인물은 이미 제17기에서부터 중국 정치의 각 영역에서 그 활동의 비중을 높여 나가고 있다.

최근의 한 연구에 따르면, 이들 5세대 정치 엘리트는 우선 99%가 대졸 이상의 학력을 가졌으며, 사회과학 분야를 전공한 이들이 가장 많았다. 또 전체의 48.5%가 공청단(共青團) 경험을 가지고 있는데, 특히 공청단 경험을 가진 이들은 대부분 중앙과 기층에서 당과 정부의 선전부, 조직부 같은 분야에서 주로 활동했다. 따라서 전반적으로 제5세대에서는 기술 관료의 쇠락과 일반 관료의 부상이 눈에 띈다고 할 수 있다. 또 이 세대 정치 엘리트의 54%가 문화대혁명 시기 농촌이나 산간 오지로 하방(下放)을 경험했고, 16.5%는 서구 국가에서의 유학 경험을 가지고 있다(Li 2008, 100-107). 이렇게 봤을 때 속성의 측면에서 제4세대가 기술 관료지만 대중주의자적 경향을 가졌다면, 제5세대는 일반 관료가 주도 유형으로 자리 잡으면서 그 대중주의자적 경향은 더욱 강화될 것으로 예상할 수 있다. 즉 경제성장 지상의 효율을 중시하는 외형적 측면보다, 사회 내부 모순의 해결을 우선시하고 균형을 중시하는 내실의 측면을 강조할 것으로 보인다.

또 시대 상황의 측면에서도, 실제로 개혁·개방의 부작용으로 빚어진 각종 영역의 불균형 문제를 해결하지 않고서는 중국의 지속적인 성장은 기대하기 힘든 상황이기도 하다. 결국 터져 나오는 사회 각계의 불만, 특히 개혁·개방의 피해 계층인 사회 약자층과 상대적으로 낙후된 지역의 이해와 요구를 받아 안는 방향으로 국정 운영을 해나갈 것으로 분석된다. 이런 상황하에서 민주주의에 대한 인식과 그 형식에 있어서도 일정한 변화가 예상된다. 제4세대와 마찬가지로 매우 적극적으로 민주주의에 대한 논의를 진행하면서, 중국적 민주주의에 대한 일정한 담론을 넘어 공식(共識)을 만들어 내기 위해 노력할 것이며, 이에 걸맞게 경제개혁뿐 아니라 정치 개혁의 측면에서도 그 시험을 확대해 나갈 것으로 보인다. 특히 이미 공론화되고 있는 당내 민주화는, 그간의 중국 사회의 변화로 인해 공산당이 계급 정당으로만 머물 수 없다는 점,[19] 정치적으로 통제 가능한 공간이라는 점 등을 고려했을 때 상당한 진척을 이룰 수 있을 것으로 전망된다.

그러나 제5세대의 집권기에 이런 당내 민주화 영역 등에서의 변화가 중국 전체 사회로 확대되어 갈지는 미지수다. 당내 민주화 등은 결국 엘리트 내부에서의 권력 승계와 분점, 그리고 갈등 해결의 효율화 측면에서 중요한 문제이기 때문이다. 이는 특히 삼권분립, 다당제, 직선제 등 서구적 의미에서의 민주주의와는 상당히 거리가 있을 것이고, 현재 중국의 기본 정치제도와 배치되는 부분이 많을 뿐 아니라 정치 엘리트들이 강조하는 '중국적 민주주의'의 주장과도 상치하는 것이다. 이런 점들을 감안하면 결국 아래로부터의 저항의 조직과 그 강도가 중국적 민주주의의 실제 내용을 좌우할 중요한 요인이라고 할 수 있다.

19_참고로 2004년에 이미 중국 사영 기업가의 34%가 입당했으며, 2006년 기준 500대 부자의 35%가 공산당원이다("我國1/3私企老板是黨員," 『南方都市報』(2005/02/13); "我國1/3以上的500大富翁是共産黨員," 『重慶日報』(2006/11/11).

3장

중국공산당의 '당내 민주' 정책과 민주주의 발전

제기 과정과 추진 내용, 추진 행태를 중심으로

하도형

Ⅰ. 서론

지난 30여 년간 중국이 개혁·개방 정책의 지속적인 추진을 통해 고도의 경제성장을 이룩해 왔음은 주지의 사실이다. 그리고 이와 같은 급격한 경제성장은 비록 사회주의라는 단서가 붙어 있기는 하지만, 시장경제의 운용을 통한 체제 전환이 중요한 역할을 했다고 할 수 있다. 단순한 경제적 성장과는 달리 이와 같은 체제 전환에 따른 급격한 경제성장은 경제 영역뿐만 아니라, 국가 전반에 걸쳐 변화와 개혁을 불러일으키는 요소로 작용했다. 이런 측면에서 살펴보면 중국의 거대한 변화를 가져온 가장 주요한 요인은 경제 영역에서 기인한 것으로 판단해 볼 수 있으며, 실제로도 지난 30여 년간 여러 가지 영역 중에서 가장 큰 변화가 있었던 것이 바로 경제 영역이었다.

그러나 사실 이런 큰 변화의 시작에 대해 좀 더 거슬러 올라가 따져 보면, 정치 영역의 변화가 경제 영역의 변화에 우선해 이뤄졌음에 주목할 필요가 있다. 즉, 1978년 11기 3중전회를 통해 계급투쟁의 강령으로부터 사회주의 현대화로 정치 노선이 전환되는 변화가 발생했고, 이런 정치 노선의 전환이 경제체제 전환을 이끌어 낸 기반이 되었다고 할 수 있다. 비록 체제적 전환에 따른 성과가 확연히 나타나고 있는 경제 영역에 비해 정치 개혁의 성과가 많이 미약한 것은 사실이지만, 결국 정치 노선의 전환이 중국 사회의 전반적인 체제 전환을 이끌어 내는 출발점이 되었다는 측면에서, 정치체제 개혁의 방향성에 대한 고찰은 향후 중국의 변화 방향을 고찰해 볼 수 있는 매우 중요한 요소가 된다. 더욱이, 중국의 체제 전환이 결국은 중국공산당의 노선 변화에서부터 출발했을 뿐만 아니라 공산당이 중국의 모든 부문에서 가장 강력한 권력을 행사하고 있다는 측면에서, 공산당의 변화 방향에 대한 연구는 대단히 중요한 의미를 가진다.

이런 측면에서 최근의 변화들을 살펴볼 때, 정치체제 개혁의 방향성에 있어 특히 주목할 부분은 '민주주의'와 '당내 민주'라고 할 수 있다. 중국은 2005년 『중국민주정치 건설백서』(이하, 『백서』)의 서언 첫머리에서 "민주는 인류 정치 문명의 발전 성과이자 세계 각국 인민의 보편적인 요구"라고 명시함으로써, 민주주의에 대해 계급 지배의 형식, 또는 통치 형식이라고 인식했던 기존의 입장과 다소 차별화된 인식을 보여 주고 있다. 이는 곧 계급적 측면으로 제한했던 기존의 틀을 벗어나, 민주주의의 개념적 범위를 인류 공동의 문명적 유산이라는 보편성의 차원으로 확대시켰음을 의미한다.

이와 함께 주목해 볼 필요성이 있는 또 하나의 중요한 요소는 민주주의 건설의 출발점을 '당내 민주'로 설정했다는 점이다. 중국은 2002년 제16차 당대회에서 "당내 민주는 당의 생명이며, 인민 민주에 대해 중요한 시범적,

인도적 작용을 한다"[1]라는 입장을 밝힌 바 있다. 그리고 2007년 제17차 당 대회에서는 이보다 한 걸음 더 나아가 "인민 민주는 사회주의의 생명이며, 당내 민주의 확대를 통해 인민 민주를 인도하고, 당내 조화의 증진을 통해 사회 조화를 촉진시킨다"[2]라는, 민주주의 추진을 위한 구체적 경로를 제시하기에 이르렀다. 이런 경로 제시를 앞에서 언급한 정치체제 개혁의 방향성과 연관시켜 보면, 중국공산당은 우선적으로 당내 민주화를 추진하고, 이에 대한 확대를 통해 사회 민주화를 촉진시켜 민주주의 체제 수립을 달성하겠다는 정치체제 개혁의 방향성을 제시한 것으로 볼 수 있다.

그러나 『백서』가 발표된 시점과 비교해 볼 때, GDP 세계 제2위로 도약한 경제 영역과는 상반되게, 정치 영역에서 당내 민주의 추진을 통한 사회 민주화 촉진의 흐름을 찾아보기 어려운 것은 물론이며 당내 민주의 추진 자체도 큰 성과를 가져왔다고 보기 어렵다. 이런 측면에서 본 논문에서는 당내 민주의 추진이 지지부진한 원인을 찾아보고자 한다. 이를 위해 '당내 민주' 정책의 제기 과정과 추진 내용, 추진 행태의 세 가지 요소에 대한 비판적 검토를 통해, 각각의 요소에서 나타나는 특징을 고찰해 봄과 동시에 이에 따른 문제점을 분석해 보고자 한다.

본 연구는 중국 학자들의 논의에 대한 분석을 바탕으로 당내 민주가 사회 민주화로 확대되기 어렵다는 기존 연구의 시각에 대해 기본적으로 동의한다(이정남 2009). 하지만 이와 같은 연구를 통해 당내 민주 정책의 추진에

1_〈全面建設小康社會, 開創中國特色社會主義事業新局面——在中國共産党十六全國代表大會上的報告〉, 2002年11月18日.

2_〈高擧中國特色社會主義偉大旗幟 爲奪取全面建設小康社會新胜利而奮斗——在中國共産党第十七次全國代表大會上的報告〉, 2007年10月15日.

대한 현실적 상황을 파악하기는 어렵다는 측면에서, 담론적 차원의 논의에서 벗어나 실제로 추진되고 있는 당내 민주의 정책적 측면에 대해 집중적으로 분석해 보고자 한다. 이를 통해 첫째, 중국공산당의 당내 민주 제기 과정에서 공산당의 영도력 강화라는 특징이 나타나고 있으며, 둘째, 추진 내용에서 체제 내적 제도화의 특징이 나타나고, 셋째로 추진 행태에 있어 소극적 운용이라는 특징이 나타나는 등 문제점이 있음을 주장해 보고자 한다. 그리고 마지막 결론 부분에서 이와 같은 당내 민주의 추진이 중국의 민주주의 체제 수립에 미칠 영향에 대해 종합적으로 전망해 보고자 한다.

II. 당내 민주의 제기 과정과 공산당 영도력 강화의 특징

서론에서 언급한 바와 같이, 중국은 2007년 제17차 당대회에서 정치체제 개혁을 위한 사회 민주 확대의 구체적 방법으로서 당내 민주를 제기한 바 있으며, 이런 방향에 대해서는 2002년 16차 당대회에서도 이미 언급된 바 있다. 그런데 사실, 당내 민주가 2002년 16차 당대회에서 처음으로 제기된 것은 아니며, 오히려 16차 당대회에서 제기한 내용보다 훨씬 구체적일 뿐만 아니라 17차 당대회에서 제기된 내용에 필적하는 내용이 이미 1987년 제13차 당대회에서 공식적으로 제기된 바 있다. 13차 당대회 보고에서는 당내 민주를 통해 인민 민주를 추동한다는 언급과 더불어, 중앙정치국, 중앙정치국 상임위원회, 중앙서기처의 제도화 및 표결 제도, 선거제도, 선거의 후보자 선출 절차 및 경쟁 선거, 당원의 권리 보장 등을 제기하고 있다.[3]

이와 같은 공식적 입장의 표명과 더불어, 당내 민주주의를 통해 사회민주주의를 추진해야 한다는 지식인들의 시각이 제기된 시기도 13차 당대회 이후인 1980년대 후반 무렵이었다. 당시에 당내 민주주의론을 주장하던 학자들은 현실적인 조건에서 권력을 장악하고 있는 공산당을 통하지 않고는 민주의 추진이 불가능하며, 따라서 당내 파벌 합법화가 이뤄진다면 '전면적인 서양화 방식'의 민주주의를 대체함으로써, 중국이 서방화의 길로 가는 것을 피할 수 있다고 주장했다. 그러나 당시 신권위주의와 민주파의 논쟁이 벌어지고 있었던 상황에서 이 같은 주장은 별로 주목을 받지 못했다(蕭功秦 2004).

이와 더불어 1989년 톈안먼사건이 발발하면서, 중국의 민주주의 체제 수립에 대한 논의는 물론, 당내 민주에 대한 논의도 한동안 그 모습을 감추게 되었다. 이후 당내 민주에 대한 논의가 다시 시작된 것은 1998년 2월 하버드대 옌칭연구소에서 푸단(复旦)대학의 후웨이(胡偉) 교수가 "중공의 당내 민주주의와 정치발전"이라는 주제로 발표를 하고, 이를 수정해 1999년에 중국 국내 잡지에 실으면서였다. 이 글에서 그는 당내에 다양한 파벌이 존재하고 이들 파벌에 기초해 당내의 경쟁적 민주주의 메커니즘이 도입된다면, 다원 사회의 이익 통합에 긍정적인 영향을 미칠 뿐만 아니라 다당제에 기초한 민주화 방식을 대체할 수 있다는 점을 주장했다(胡偉 1999).

이런 상황에 근거해 보면, 개혁·개방 정책 추진 초기인 1987년에 이미 공식적으로 천명되었던 당내 민주의 추진은 톈안먼사건을 거치면서 수면 아래로 잠복했다가, 10여 년이 지난 1990년대 후반에 지식인들의 논의를

3_〈沿着有中國特色的社會主義道路前進——在中國共産党第十三次全國代表大會上的報告〉, 1987年10月25日.

통해 다시 언급되기 시작했다. 그리고 2002년 16차 당대회에서 당내 민주에 대한 간략한 입장이 재천명되는 과정을 거쳐, 거의 20년이란 긴 시간이 지난 2007년에 이르러서야 공식적인 재등장이 이뤄진 것으로 볼 수 있다. 그런데 당내 민주에 대한 공식적 제기라는 측면에서는 동일한 입장 표명이라고 할 수 있지만, 구체적인 상황적 맥락을 파악해 보면, 13차 당대회와 17차 당대회에서 제기된 당내 민주가 함의하는 바는 다소 차이가 있다.

우선 두 당대회에서 제시한 정치체제 개혁의 맥락적 측면에 비춰 볼 때, 13차 당대회 보고는 당정 분리에 중점을 둔 정치 개혁 방향을 제시함으로써 당내 민주의 중요도가 그리 높지 않은 반면, 17차 당대회 보고에서는 정치체제의 개혁 방향에 있어 민주를 전면에 내세움으로써 당내 민주의 중요도가 상대적으로 높다고 볼 수 있다. 그러나 정치체제 개혁 방향에 있어 차지하는 비중이 높다고 해서 그것이 곧 훨씬 더 진전된 내용을 갖추고 있다고 단정하기는 어렵다. 비록 두 당대회의 보고에서 당내 민주가 '당 건설'이라는 제일 마지막 항목에서 제시된 것은 동일하지만, 이보다 앞부분에 제시되어 있는 정치체제 개혁에 관한 맥락에 근거해 볼 때, 당내 민주가 함의하고 있는 바는 상당한 차이점이 있다.

이런 차이점을 요약적으로 제시해 보면, 13차 당대회 보고 내용에서 제기된 당내 민주는 정치체제 개혁의 핵심 방향인 공산당의 권력 이양(權力下放)을 추진하기 위한 조치였지만, 17차 당대회 보고에서는 민주정치의 추진에 있어 당의 핵심적 작용을 강조하는 가운데 당내 민주가 제기됨으로써, 당내 민주가 공산당 영도력 강화를 위한 정책적 수단으로 작용하고 있다. 우선 13차 당대회의 정치체제 개혁에 관한 당시 보고 내용을 살펴보면, 가장 우선적으로 제기되었던 것이 당정 분리였다. 그리고 이를 추진하기 위한 구제적 방안으로 권력의 이양, 당정 분리에 따른 정부 기구 개혁 및 간부 인사 제도의 개혁, 사회협상대화제도 수립, 시민과 기업의 권리 등과 같은 방침이 제기되었는데,[4] 이는 곧 정치체제 개혁의 핵심적 측면이 당정 분리를 통한 공산당 권력의 이양에 초점이 맞춰져 있음을 의미한다. 즉 지나치게 집중된 당의 권력을 축소하고 이를 행정부와 사회, 기업 등으로 이양하는 데 정치체제 개혁의 초점이 맞춰져 있었으며, 이런 내용에 비춰 보면 보고의 마지막 부분인 '당 건설'에서 제기된 당내 민주는 공산당 권력의 하부 이양과 더불어 추진되어야 할 부수적인 정책적 방향이라는 차원에서 파악해 볼 수 있다.

한편 17차 당대회 보고의 정치체제 개혁 부분에서 강조되고 있는 것은, 13차 당대회 보고 내용과는 달리 인민 민주 및 사회주의 민주정치를 전면에 내세웠다는 점이다. 그런데, 이와 동시에 중국 특색의 사회주의 정치발전의 길을 견지하는 데 있어 당의 영도와 인민의 주인 의식(人民当家作主), 법에 의한 통치(依法治國)를 언급하고 있는데, 이 가운데 당의 영도를 가장 우선적으로 제기했을 뿐만 아니라 공산당의 핵심적 작용에 대해서 재삼 강조하고 있다.[5] 이는 비록 17차 당대회에서 정치 개혁의 핵심적 방향으로 민주정치의 추진을 제시하고 있지만, 정책 추진이 지향하는 바는 공산당의 영도력 강화에 있음을 의미한다. 또한 17차 당대회에서 제기된 당내 민주 추진의 맥락적 기반도 13차 당대회에서 제기되었던 권력 이양과는 서로 상

4_〈沿着有中國特色的社會主義道路前進——在中國共産党第十三次全國代表大會上的報告〉, 1987年10月25日.

5_17차 당대회 보고에서 당의 영도를 재삼 강조하는 내용은 다음과 같다. "要堅持党總攬全局, 協調各方的領導核心作用, 提高党科學執政′ 民主執政′ 依法執政水平, 保証党領導人民有效治理國家." 〈高擧中國特色社會主義偉大旗幟 爲奪取全面建設小康社會新胜利而奮斗——在中國共産党第十七次全國代表大會上的報告〉, 2007年10月15日.

반되는 것으로 분석해 볼 수 있다. 즉, 비록 표면적으로는 당내 민주를 통한 사회 민주의 추동을 표방하고 있지만, 사회 민주를 추동하는 데 있어 공산당의 영도력 강화가 중시되고 있다는 정치체제 개혁의 핵심적 방향을 고려해 보면, 당내 민주 역시 공산당 영도력 강화의 틀을 벗어날 수 없다.

이상의 내용을 정리해 보면, 13차 당대회에서 제기된 당내 민주는 공산당의 권력 이양을 보완하는 차원의 정책적 함의를 가지는 반면, 17차 당대회에서 제기된 당내 민주는 공산당 영도 강화를 위한 정책적 함의를 내포하고 있다는 특징이 있다. 이는 곧 표면적으로는 민주주의 건설을 위해 당내 민주로써 사회 민주를 확대한다는 정책적 방향을 표명하고 있지만, 궁극적으로는 이 같은 민주주의 건설의 중심에는 당의 영도가 견지되어야 하고, 이와 더불어 당의 영도력을 강화하는 차원에서 당내 민주를 추진해야 한다는 의도가 더 강하게 내포되어 있음을 의미한다.

결국 13차 당대회가 공산당의 권력 집중에 대한 개혁을 정면으로 제기했던 반면, 17차 당대회에서는 이에 대한 직접적 개혁을 우회하면서 오히려 공산당의 역할과 작용을 강화시키는 상반된 방향성이 나타나고 있다. 13차 당대회 시기에 비해 현재의 정치 개혁이 크게 진전되지 못하거나 오히려 퇴보했다는 한 중국 학자의 평가도(王小魯 2011) 이와 같은 정치체제 개혁의 방향성과 연계해서 생각해 볼 수 있다. 즉, 정치체제 개혁의 방향성에 있어 민주 발전을 지향하는 큰 변화가 발생했음에도 공산당의 권력적 지위를 오히려 강화시키는 전략적 방법을 선택함으로써, 이 전략이 정치체제 개혁의 획기적 진전을 가져오기에는 한계가 있을 수밖에 없다. 그리고 이와 같은 근원적 한계를 고려해 볼 때, 당내 민주 정책도 사회 민주의 추진에 대한 표면적이고 간접적이며 우회적인 경로에 그치며, 실질적으로는 공산당의 영도력 강화에 대한 수단이 된다는 근원적 한계가 내재되어 있다.

III. 당내 민주의 추진 내용과 체제 내적 제도화의 특징

앞에서 살펴본 당내 민주의 제기 과정과 공산당 영도력 강화의 특징은, 다른 한편으로 핵심 권력에 대한 직접적이고 급진적인 개혁보다는 정치적 안정과 질서를 유지하는 가운데 공산당의 영도력에 근거한 점진적 개혁을 지향하는 것이라 할 수 있다. 그리고 이와 같은 점진적 개혁 방식은 대다수 중국 지식인들의 주류적 시각이라 할 수 있으며, 이런 측면에서 사회 민주를 추동하기 위한 다양한 경로 가운데서도 당내 민주 정책의 추진에 대한 중요성이 특히 강조되고 있다. 비록 추진 내용이나 방법에 있어 일정한 견해차가 존재하지만, 이와 같은 주류적 시각을 크게 벗어나는 것으로 보기는 어렵다. 예를 들면 앞에서 잠깐 언급했던 후웨이 교수의 소위 '당내 파벌론'[6] 주장 또한 파벌의 인정을 통한 다원적 경쟁 메커니즘의 당내 도입을 주장하고 있음으로 인해 추진 내용과 방식에 있어 다소 차이가 있긴 하지만, 기본적으로 공산당 영도의 공고화와 효율성 도모를 주장하고 있다는 측면에서는 큰 차이가 없다고 볼 수 있다. 그는 전략적으로 중국의 민주는 체제 외적 경로보다는 체재 내적 경로를 통하는 것이 훨씬 유리하다는 관점하에, 당내 민주의 추진이 다당제에 따른 경쟁을 대체하고, 공산당 주도하의 안정적인 정치적 민주화 추진에 도움을 줄 수 있음을 주장한다. 그리고 일당체제 내에서 다원적인 이익을 반영하는 민주정치를 시도함으로써 정치 안정에 유리하고, 이를 통해 당 외부로부터의 정책적 압력도 효과적으로 해소할 수 있음을 주장하고 있다(胡偉 1999). 이와 같은 주장은 곧 당

6_당내 파벌론은 儲建國(2011); 徐劍鋒(2011); 王飛淩(2000) 등에서도 주장되고 있다.

내 민주가 공산당 영도의 공고화와 효율성 강화를 위한 수단이라는 II절의 내용에 대한 중요한 근거가 될 뿐만 아니라, 이를 통해 당내 민주를 통한 사회 민주의 추동이 체제 내적 경로에 기반을 두고 있다는 특징을 발견할 수 있다.

당내 민주의 내용 및 실천 방안에 대한 중국 학자들의 주장에 대해 좀 더 구체적으로 살펴보면, 당원의 평등성과 주체적 지위 존중(王貴秀 2001; 唐曉淸 2008), 민주집중제에 기초한 당의 제도 규정과 활동상의 구현(林尙立 2002, 4), 당내 선거와 정책 결정의 과정(張榮臣 2008; 尹學明·任中平 2008) 등을 강조하는 견해차가 나타나고 있지만, 기본적으로 제17차 당대회 보고에서 제시하고 있는 내용의 범주를 크게 넘어서는 것은 아니라고 볼 수 있다. 당내 민주의 추진 내용을 제시하고 있는 중국공산당 제17차 당대회 보고에서 이와 같은 내용을 포괄적으로 담고 있기 때문이다. 구체적으로 17차 당대회 보고에, 당원의 주체적 지위 존중과 당원의 민주적 권리 보장, 당무 공개, 당내 민주적 토론 환경 조성, 당대표대회의 제도적 완비, 당대표대회의 임기제 실시, 기층 부문의 당대표대회 상임제, 지방 각급 당조 조직 전체위원회와 상무위원회의 업무 기제 완비, 집단 영도와 개인분담책임제의 결합, 개인 혹은 소수 지도자의 전횡 방지, 표결제, 중앙위원회 전체회의 및 지방 당위원회 전체회의에 대한 중앙정치국 및 지방 각급 당 상무위원회의 정기적 보고 및 감독 역할 수용, 당내 선거제도의 개혁 등이 이미 포함되어 있으며,[7] 이와 관련한 여러 가지 개혁 조치가 추진되어 왔다(蔡霞 2008). 이런 내용에 근거해 볼 때 중국의 학자들이 주장하는 당내 민

7_〈高擧中國特色社會主義偉大旗幟 爲奪取全面建設小康社會新胜利而奮斗——在中國共産党第十七次全國代表大會上的報告〉, 2007年10月15日.

주의 내용 및 실천 방안 역시 공산당의 정책적 방향을 크게 벗어나지 않으며, 따라서 기본적으로 공산당 영도라는 체제적 특징의 범위 내에서 제도적 혁신을 추구하는 것에 제한돼 있다고 볼 수 있다.

한편 이와 같은 정책적 조치들 가운데 비교적 적극적인 추진이 이뤄진 분야는 선거 및 기층 부문의 당내 민주화라고 볼 수 있는데, 이와 관련한 성과들을 간략하게 살펴보면 다음과 같다. 우선 중국공산당의 당내 선거제도와 관련된 제도의 수립은 1980년 제11기 5중전회에서 통과된 〈당내 정치 생활에 관한 약간의 준칙〉(關于党內政治生活的若干准則)을 통해 이뤄졌으며, 이를 바탕으로 당내 선거제도가 회복되기 시작했다. 이후 1985년 중앙조직부가 하달한 〈당의 지방 각급 대표대회의 약간의 구체적 문제에 관한 일시적 규정〉(關于党的地方各級代表大會若干具体問題的暫行規定)이 당내 선거 업무의 실질적인 조례 역할을 했다. 1988년에는 중앙조직부에서 〈성, 자치구, 직할시 당대표대회 경쟁 선거 실행에 관한 일시적 방법〉(關于党的省, 自治區, 直轄市代表大會實行差額選擧的暫行辦法)을 발표함으로써 차액 선거(差額選擧)의 범위가 확대되기 시작했다. 1990년에는 지방당 조직의 선거제도에 대한 중공 중앙의 규정이 발표되었으며, 이어 1994년에 〈중국공산당 지방조직선거업무조례〉(中國共産党地方組織選擧工作條例)가 발표됨으로써, 성, 지구, 현의 당대표대회 및 위원회와 기율검사위원회 전체회의의 선거 업무에 대한 공식적 규정이 마련되었다. 16차 당대회 이후에도 〈중국공산당 당원권리보장조례〉(中國共産党党員權利保障條例)와 〈당정영도간부 선발임용업무조례〉(党政領導干部選拔任用工作條例) 등을 통해 선거제도와 관련한 제도적 규정이 보완되었다(季正矩·彭曉 2010).

또한 이런 제도적 규정에 따라 선거가 가장 활발하게 이뤄진 곳이 바로 기층 부문이다. 1991년 초 산시성(山西省) 허취현(河曲縣) 청관진(城關鎭) 다이위에(岱岳)촌에서 처음으로 '양표제'(兩票制)를 통해 촌당지부의 선거가 진행된 이후, 기층급에서 다양한 형태의 경쟁 선거 방식이 광범위하게 진행되기 시작했다. 이를 바탕으로 90년대 후반에는 경쟁 선거를 통한 당내 민주화의 추진이 향진급으로 확대되기 시작했으며,[8] 2000년대에 접어들어서는 현급으로 확대되는 현상도 나타나고 있다(童慶平 2010).

그러나 이와 더불어 많은 문제점도 노출되고 있다(季正矩·彭曉 2010). 우선 선거와 관련해서는 첫째, 전체 당의 선거 업무를 관할하는 조례가 제정되어 있지 않으며, 선거와 연계된 임기, 면직, 사직, 파면 등의 관련 제도가 없다. 둘째, 선거와 관련한 불투명성으로서, 2004년의 조사 내용에 따르면 전체 응답자의 56.4%가 당내 권력 운영이 공개돼 있지 않다고 생각하고 있으며, 29.18%는 표면적으로 공개되어 있으나 실제로는 공개되고 있지 않은 것으로 인식하고 있다. 셋째, 직접선거 및 경쟁 선거의 실시 범위가 좁고 실시 비율도 높지 않으며, 지방에서 상임위원의 선출은 경쟁 선거로 진행되지만 부서기나 서기에 대해서는 그렇지 못하다. 그 외에도 후보자 선출 과정이 단일한 방식으로 진행되고 있다는 문제점이 존재한다. 한편 기층 부문의 당내 민주 건설에 있어서도 당원의 주체적 지위가 명확하게 확립되어 있지 못하며, 지방 당 조직의 전반적 직권이 서기나 최고위급 지도자에게 집중되어 있는 현상이 보편적으로 나타나고, 당내 민주건설과 관련한 여론 환경도 제대로 형성되지 못하고 있다(張錦明 2010). 이는 비록 선거가 실시되고 있지만, 이를 통해 당내의 하향식 권력 행사 및 지배

8_향진 영도간부의 선거에 대한 문제점은 劉藝明(2009)을 참조.

구조가 상향식으로 변화되는 수준에는 이르지 못하고 있음을 의미하는 것이다.

이상의 내용에 근거해 당내 민주의 추진 내용에 대한 특징을 한마디로 개괄해 보면, 체제 내적 제도화의 특징이 나타나고 있음을 지적해 볼 수 있다. 첫째, 여론 주도층인 지식인들의 주류적 관점에서도 나타나고 있듯이, 중국 정치체제에서 차지하고 있는 공산당의 권력과 영향력, 또는 영도적 지위에 대한 인정이 당내 민주의 추진 배경으로 작용하고 있다. 그리고 이와 같은 배경 속에는 정치 개혁이 공산당의 주도하에 추진될 때 안정적인 민주적 정치 개혁이 진행될 수 있다는 현실적 판단도 내재되어 있다고 볼 수 있다. 이와 같은 배경과 현실적 판단은 곧 공산당이 주도하고 있는 체제적 범위 내에서 당내 민주가 추진되고 있음을 의미하는 것이다. 둘째, 경제 영역에서 다양한 체제 외적 요소를 흡수하는 가운데 생산력의 발전이 추진되었던 것과는 달리, 정치 개혁의 추진에 있어 당내 민주가 체제 외적 요소의 유입을 대체할 수 있다는 인식이 나타나고 있다. 이는 당내 민주가 이른바 다당제에 따른 경쟁을 대체하고, 당 외부로부터의 정책적 압력도 효과적으로 해소할 수 있는 방안으로 인식되고 있다는 측면에서, 이와 같은 체제 외적 요소의 유입을 방지하기 위한 의도가 내재된 정치 개혁 방안이라고 볼 수 있다. 이런 점은 경제 영역에서 사회주의 공유제에 기반을 두지 않은 향진 기업, 외자 기업, 사영 기업 등과 같은 체제 외적인 요소들이 개혁·개방 정책의 추진과 경제성장의 과정에서 큰 동력으로 작용한 사례와도 상당한 거리가 있다. 경제나 사회 영역에서는 계획경제 및 공유제와 같은 사회주의의 핵심적 요소들을 대체해 시장경제의 실시 및 다양한 소유제의 인정과 같은 체제 외적 요소를 도입하는 과감한 개혁을 단행했지만, 정치 영역에서는 공산당의 영도적 지위를 일관되게 유지해 왔던 것이다. 결국 이와 같은 체제 내적 제도화로 인해, 중국의 당내 민주를 포함한 정치 개혁이 경제 영역이나 사회 영역보다 훨씬 더디게 진행된 것으로 파악할 수 있다. 그리고 활발한 정책적 추진이 진행되었던 각종 선거가 당내 민주와 관련해 뚜렷한 성과를 만들어 내지 못했던 점도 이런 맥락의 연장선상에서 이해될 수 있다.

결국 지금까지 살펴본 당내 민주 추진의 두 가지 특징에 근거해 보면, 당내 민주가 중국의 민주 발전을 추동한다는 정책 방향에는 일정한 한계성이 내재해 있다고 할 수 있다. 즉, 당내 민주의 제기 과정과 내용에서 공산당 영도력의 강화와 이에 근거한 체제 내적 제도 개혁의 특징이 나타나고 있다는 점은, 중국 정치체제의 가장 핵심적이고 근본적인 권력 주체인 공산당과 이에 기반을 둔 공산당 영도의 원칙에 대한 개혁을 비켜 가고 있으며, 이런 측면에서 당내 민주는 중국의 민주 발전을 추동하는 직접적이고 본질적인 접근 방법이라기보다 간접적이고 우회적인 경로 선택의 산물이라고 할 수 있다. 그리고 공산당의 역할과 작용에 대한 적극적 전환을 모색했던 13차 당대회의 정치체제 개혁 방침이 중단되고 공산당의 영도적 지위 강화로 선회하는 과정에서, 이에 대한 대안적 방안으로 당내 민주가 부상한 것으로 해석할 수 있다. 그러나 이런 해석에도 불구하고, 이와 같은 당내 민주의 추진이 사회 민주의 발전과 아무런 관련이 없다고 보기는 어렵다. 이와 같은 당내 민주의 시험적 실시 과정을 통해 습득될 수 있는 당원 및 일반 대중들의 민주에 대한 학습 효과까지도 부정할 수는 없기 때문이다. 이런 측면에서, 당내 민주가 사회 민주에 대한 직접적·적극적 추진 방안은 될 수 없지만 간접적·소극적 추진 방안이 될 수 있는 여지는 여전히 남아 있다.

IV. 당내 민주 추진 행태와 소극적 운용의 특징

지금까지의 논의를 통해 당내 민주가 사회 민주를 추진하는 직접적 요소로 보기에는 일정한 문제점이 있으며, 소극적이고 저변적인 추진 방안이라는 한계가 있음을 살펴보았다. 이와 더불어 당내 민주의 추진이 지지부진한 원인에는 추진 행태에 있어서의 소극적 운용이라는 특징도 나타난다.

첫째, 역사적 측면에서 당내 민주의 추진이 지속적으로 제기되어 왔으나 실제 그 성과는 상당히 미미했다. 당내의 민주 문제는 일찍이 1945년 제7차 당대회부터 제기되어 왔으나 개혁·개방 이전까지는 실질적으로 추진되었다고 보기 어려우며, 실질적인 시행과 조치는 개혁·개방 정책의 추진과 더불어 시작된 것으로 볼 수 있다. 우선적으로 비교적 활발하게 추진된 선거제도의 경우를 살펴보면, 1980년 제11기 5중전회에서 통과된 〈당내 정치 생활에 관한 약간의 준칙〉에서 이른바 차액 선거[9]가 제기되었으며, 각종 선거 관련 규정을 통해 차액 선거제도 실시의 확대가 언급되어 왔다.[10] 그러나, 차액 선거 규정이 통과된 지 30년이 지난 지금까지도 상임위원회와 부서기, 서기 선거는 여전히 등액 선거(等額選擧)[11]로 실시되고 있을 뿐만 아니라, 대부분의 차액 선거가 예비선거나 비정식 선거 단계에서 실시되고 있다(季正矩·彭曉 2010). 개혁·개방과 더불어 당내 민주의 추진에 있어 가장 우선적으로 추진되었던 정책이 이처럼 지지부진한 성과에 직

9_차액 선거는 경쟁 선거를 의미하는 것으로서, 당선자의 수보다 후보자의 수가 많은 것을 의미한다.

10_선거제도의 역사적 과정에 대해서는 季冬曉(2009) 참조.

11_등액 선거는 후보자와 당선자의 수가 같다.

면해 있다는 점은, 당내 민주를 통한 민주주의의 추동이 얼마나 지난한 과제인지를 단적으로 보여 주는 사례라고 할 수 있다. 즉 당내 민주의 추진 자체가 각종 문제에 직면해 있는 상황에서, 이를 통한 민주주의의 추동은 상당히 요원한 과제일 수밖에 없다.

둘째, 당내 민주와 관련한 여러 가지 정책 추진 내용이 여전히 시험적 단계에 머무르고 있다는 점이다. 당내 민주의 추진에 있어 가장 활발한 양상을 보이는 기층 부문의 선거에서도 여러 가지 문제점이 나타나고 있음은 이미 앞장에서 살펴본 바 있으며, 이런 문제점은 제도적 측면과 실질적 운영의 측면 모두에서 나타나고 있다. 여전히 실시 범위와 지역이 일정 수준에 국한되어 있으며, 실질적 운영 과정에서 경선 활동 보장이나, 간부 임용 및 관리 제도, 인사 제도에 대한 개혁이 동반되지 않음으로 인해, 선거를 통한 당내 민주의 확대가 구조적 제약에 직면해 있다. 이는 결국 선거제도의 실시 자체가 여전히 본격적인 궤도에 진입하지 못했음을, 또한 당내 민주도 제도적 모색기에 머물러 있음을 의미하는 것이다.

또한, 이처럼 당내 민주와 관련해 가장 활발한 분야인 선거제도 분야가 시험적 단계에 머물러 있다는 것은, 당내 민주와 관련된 여러 가지 다른 분야들은 더욱 심각한 상황에 직면해 있음을 의미한다. 예를 들면, 당대표 상임제, 당대표 임기제, 표결제 등이 그러한 경우에 해당한다. 당대표 상임제[12]는 13차 당대회 이후인 1988년부터 기층에서 시험적으로 실시되기 시작했고, 2002년 16차 당대회에서 시와 현으로의 시험 실시 범위 확대가 제기되었다. 또한 이에 대한 보완 차원에서 당대표 임기제도 시행되었는데,

12_당대표 상임제 및 임기제에 대해서는 熊光清(2011)을 참조.

17차 당대회 보고에서 일부 현(시, 구)에 대한 선택적인 시험적 실행이 제기됨과 더불어 당 헌장에도 삽입되었으며, 2008년 7월 〈중국공산당 전국대표대회와 지방각급대표대회 대표임기제 임시조례〉, 2009년 17기 4중전회에서 통과된 〈새로운 형세하 당 건설 강화와 개진의 일부 중대 문제와 관련한 중공 중앙의 결정〉에서도 재차 강조되었다. 그러나 이와 같은 제도적 규정에도 불구하고, 이와 관련된 실질적 조치가 제대로 추진되지 않고 있음으로 말미암아 가시적 성과를 찾아보기 어렵다. 비록 일부 지역에서 당대표 연락 사무실의 설치와 같은 조치들이 있었지만 여전히 당위원회의 영도하에 있으며, 대표대회의 상설 기구가 갖춰지지 않은 상황에서 대표대회의 최고 권력적 지위는 전혀 보장되지 못하고 있다. 또한 이로 인해 당대회 폐회 기간에 당대표의 활동이 진행되지 못하는 문제점도 여전히 개선되지 못하고 있다. 이는 당내의 각급 지도자들에게 집중된 권력 구조에 대한 개선이 진행되지 않고는, 정책 결정 과정에 대한 민주적 참여는 물론이고 관리와 감독의 역할도 제대로 진행될 수 없음을 의미한다. 또한, 이와 같은 구조적 문제로 인해 당내 민주와 관련해 많은 관심을 끌고 있는 표결제 역시 제대로 시행되지 못하고 있으며, 시험적 시행 과정에 있어서도 상부의 의견에 반하는 의견 제기가 현실적으로 어렵다는 문제점이 존재한다.[13] 뿐만 아니라 일반적인 정책 추진에 있어 문제가 발생했을 경우, 이와 관련한 책임 문제에 있어 행정관리에 대한 문책은 이뤄지지만 당 간부에 대한 문책은 찾아보기 어렵다는 문제점도 나타나고 있다. 2003년에 발생한 전염병 사스(SARS)에 대한 대응 과정에서 행정관리에 대한 문책은 이뤄졌지만,

---

13_당내 민주와 관련된 각종 정책 추진의 문제점에 대해서는 江田憲治(2010); 王長江(2011); 李凡(2009) 참조.

실제로 행정 부문을 관할하고 있는 당위원회 지도자에 대한 문책이 없었던 점은 이에 대한 전형적인 예라고 할 수 있다(王全宝 2011).

셋째, 무엇보다도 가장 심각한 문제는 당내 민주 추진의 소극적 상황이 사회 민주를 가로막는 요인으로도 작용했다는 점이다. 예를 들면 90년대 말에 중국의 일부 지역에서 시도된 향진장의 직선제 추진이 공산당에 의해 중단되었는데, 이와 같이 기층 행정 부문의 민주적 선거제도 실시가 발목을 잡힌 배경에는 당내 민주의 지지부진한 추진이 작용했다는 지적이 제기되고 있다. 이에 대해 구체적으로 살펴보면 첫째, 제도적 측면에서 공산당이 영도하는 사회주의국가로서 중국은 '당의 간부관할'(黨管幹部)이라는 간부선발제도를 시행하고 있으며, 따라서 향진장의 인선은 상급 당 조직의 추천을 통해 이뤄져야 한다는 점이 발목을 잡았다. 둘째, 정치적으로 향진장의 직선이 이뤄질 경우 상급 당 조직에서 임명하는 향진 당서기의 정치적 정통성이 상대적으로 약화될 수 있으며, 이는 향진 당위원회의 권위가 약화되는 결과를 초래할 수 있다는 것이다(黃衛平·鄧杰文 2010).

이와 같은 문제점들에 근거해 볼 때 당내 민주의 추진은 정책적 추진 과정 자체에서도 상당한 문제점이 나타나고 있을 뿐만 아니라, 사회 민주의 추진을 저해하는 요인으로도 작용하고 있다는 상당히 심각한 문제가 내재해 있다. 이는 곧 당내 민주가 사회 민주를 추동할 수 있는 일정한 수준에 도달하지도 못하고 있을 뿐만 아니라, 도리어 사회 민주의 진전을 가로막는 장애 요인으로도 작용하고 있음을 의미한다.

V. 결론

중국공산당은 "당내 민주를 통해 인민 민주를 작동시킨다"는 방침을 지속적으로 강조해 왔다. 그렇다면 중국공산당이 이와 같은 당내 민주화를 강조하고 추진하는 이유는 무엇인가? 그리고 이런 당내 민주화의 추진이 중국의 정치에 어떤 변화를 가져올 것인가? 이런 질문에 대해 지금까지 언급한 내용에 근거해 필자의 주장을 제시해 보면 다음과 같다. 당내 민주화의 추진은 공산당에 대한 중국 인민의 지지도와 신뢰도를 높이기 위한 하나의 방안으로서, 공산당의 권력 강화 및 심화를 통한 지속적인 권력 유지의 의도가 내포되어 있다. 이런 의도가 비교적 순조롭게 추진될 경우, 중국의 정치체제는 전반적인 민주화의 방향으로 가기보다는 신권위주의적 통치체제로 제한될 가능성이 높다.

이에 대해 구체적으로 살펴보면, 당내 민주화 추진에 있어 공산당은 이중적 의도를 가지고 있으며, 이는 표면적 의도와 궁극적 의도라는 두 가지 방향으로 나누어 접근해 볼 수 있다. 우선적으로 표면적 의도에 대해 살펴보면, 공산당은 당내 민주의 추진을 통해 중국의 민주주의를 발전시키기 위한 현실적 접근 방법을 추구하고 있다. 진안핑(金安平)은 중국의 개혁·개방 이후 30여 년의 사회주의 정치체제 개혁 실천 경로를 일곱 가지로 정리하고 있다. 첫째, 경제체제 개혁의 명의하에 정치체제 개혁의 경로 추진(예를 들어 승포제 추진을 통해 인민공사 해체), 둘째, 기층 민주의 발전이 상층 민주를 추동하는 경로, 셋째, 인민대표대회제도 완비(견제 역할)를 통한 헌정 민주의 추진 경로, 넷째, 법치 건설을 통한(독재나 인치가 아닌) 법치 민주의 경로, 다섯째, 시민사회 배양(국가-사회관계)을 통한 국가 민주 촉진 경로, 여섯째, 위기관리와 굿 거버넌스(good governance)를 통한 민주 거버넌스의 경로, 일곱째, 당내 민주의 시범을 통한 인민 민주의 작동(帶動) 경로이다. 그리고 이들 경로 가운데 중국 학자들의 주류적 경향성은 당내 민주의 현실적 의의와 중요성을 언급하는 데 있음을 지적하고 있다. 즉 중국은 공산당이 집권 정당일 뿐만 아니라 대부분의 국가기관과 인민 단체, 사회 조직의 주도적 역할을 담당하고 있으며, 중요한 사회적 자원을 대부분 장악, 지배하고 있다. 이로 인해 중국공산당의 정치, 사회 발전 중의 영도적 지위가 중국의 민주정치 발전의 경로와 모델, 목표를 결정하며, 당내 민주의 발전이 국가 민주정치의 발전 정도에 직접적인 영향을 미치는 요소이고, 따라서 당내 민주가 인민 민주의 시범과 인도 역할을 한다는 현실적인 논리가 작용한다는 것이다. 뿐만 아니라 이런 방법이 중국 정치 민주 실현을 위한 적은 위협과 많은 효과를 얻을 수 있는 경로임을 언급하고 있다(金安平 2009). 앞에서도 언급한 바 있지만, 당내 민주의 시험적 실시 과정을 통해 습득될 수 있는 당원 및 일반 대중들의 민주에 대한 학습 효과까지도 부정할 수는 없으며, 이런 측면에서 인민들의 권리 의식과 이익 주체로서의 인식이 확대될 가능성을 완전히 배제할 수는 없다. 결국 이와 같은 가능성에 근거해, 대부분의 중국 학자들이 사회 민주에 대한 당내 민주의 시범적, 인도적 작용에 초점을 맞추고 있으며,[14] 이런 논리가 곧 당내 민주를 통한 사회 민주 발전의 표면적 의도라고 할 수 있다.

그러나 본 논문에서 분석한 바와 같이 이와 같은 논리의 핵심에는 공산당의 현실적 영도 지위에 대한 인정이라는 전제가 자리 잡고 있으며, 따라서 공산당의 영도적 지위를 자연스럽게 인정하는 효과가 발생하게 되고,

14_이와 같은 견해에 대해서는 童慶平(2010); 兪可平·裴智勇(2008); 許耀桐·孫忠法(2010); 金安平(2009); 吳桂韓(2009) 참조.

이런 효과가 바로 당내 민주를 통해 사회 민주를 발전시킨다는 정책적 방향에 내재된 궁극적 의도라고 할 수 있다. 그리고 이의 실현을 통해 공산당은 자신의 영도적 지위를 위협할 정치 개혁의 체제 외적 요인을 차단하고, 체제 내적 개혁을 추진함으로써 권력을 공고화할 수 있는 토대를 마련할 수 있다. 앞에서 언급했던 기층 행정 부문의 향진장 직선을 중단시켰던 것도 따지고 보면 공산당의 정치적 정통성을 훼손시킬 가능성이 있기 때문이며, 이는 곧 사회 민주의 발전보다는 공산당의 영도적 지위 강화가 당내 민주 추진의 궁극적 목표임을 보여 주는 좋은 예가 된다. 이런 상황에 근거해 보면 당내 민주란 공산당의 지지 기반 강화가 그 궁극적 의도이며, 당내 민주를 통한 국가 민주정치의 발전은 이와 같은 궁극적 의도를 담고 있는 상자나 포장지에 해당한다고 볼 수 있다.

이와 같은 중국공산당의 당내 민주화에 대한 의도를 종합해 볼 때, 당내 민주와 관련한 논의나 정책적 추진이 사회 민주를 향한 주류적 방향으로 인정될수록 공산당에 대한 인민들의 지지가 제고되고, 이는 다시 공산당의 권력 기반과 장악력의 강화로 환류될 가능성이 높다. 이런 작용은 공산당을 민주화와 시장경제를 지향하고 추진하는 신권위의 상징으로 인식하게 되는 효과를 발휘함으로써 거대 집권 정당의 지속적인 권력 장악력 확대로 이어지게 될 가능성이 높으며, 따라서 중국의 정치체제는 신권위주의의 지속적 유지와 같은 제한된 민주화에 그치게 될 가능성이 높다.[15]

그렇다면 당내 민주가 사회 민주의 발전을 추동시킬 가능성은 요원한 목표일 뿐일까? 이에 대해서는 앞에서 언급했던 진안핑의 일곱 가지 정치

15_신권위와 신권위주의에 대해서는 서진영(2008, 447-483)을 참조.

체제 실천 경로에 주목할 필요가 있다. 앞에서 언급했던 일곱 가지의 정치 체제 실천 경로는 상호 모순되는 개념이 아니며 민주주의의 실천에 있어 모두 필요한 요소이다. 이 가운데 당내 민주는 유일하게 권력의 핵심인 공산당 스스로가 자신을 제약하는 요소인데, 사실 거대하고 강력한 권력의 주체가 스스로 자신의 권력을 제약할 가능성은 그리 높지 않다. 따라서 당내 민주를 제외한 나머지 경로를 통해 민주의 제고가 추진되고, 이에 따라 민주에 대한 요구가 증대됨으로써 발생하는 공산당에 대한 압박과 이에 대한 당의 반응으로서 실질적인 당내 민주가 추진될 때, 당내 민주는 사회 민주의 실현을 위한 관건적 요소로 작용하게 될 것이다.

4장

경제성장과 정치발전에 대한 중국의 인식

주장환

Ⅰ. 서론

경제성장과 민주화를 포함하는 정치발전과의 관계는 1960년대 이래 현재까지 사회과학에서 논쟁이 지속되고 있는 주제이다. 시모어 마틴 립셋(Seymour Martin Lipset)을 위시한 이른바 근대화론자들은 민주화를 핵심 요소로 하는 정치발전의 전제 조건으로 경제성장을 제시했다(Lipset 1959, 69-105; Needler 1967, 889-897; Burkhart and Lewis-Beck 1994, 903-910). 이에 대해 일부 학자들은 경제성장이 민주주의 체제의 발생이 아닌 '유지'의 조건이라고 반박했다(Przeworski and Limongi 1997, 155-183). 한편 이런 상반

• 이 글은 『中國學論叢』 제33집(2011년)에 수록된 "경제성장과 민주주의: 중국의 인식"을 수정, 보완한 것이다.

되는 견해에 대해 경제성장이 민주주의 체제의 유지와 발생 모두에 영향을 주는 요인이라고 주장하는 견해도 존재한다(Boix and Stokes 2003, 517-549). 한마디로 경제성장과 정치발전과 관련되어 일정한 학술적 견해가 정립되어 있지 못한 상황이다. 이런 혼란스러운 상황을 해결하기 위해서는 경제성장과 민주화라는 의미에서의 정치발전 등에 대한 분명한 개념 규정, 통계 기법과 변수의 통제 등 여러 문제를 해결하는 것과 동시에, 보다 많은 사례와 시기에 대한 분석이 이뤄져야 한다고 판단된다(Heo and Tan 2001, 463-473).

이런 맥락에서 중국의 사례는 매우 중요하다. 왜냐하면 중국은 급속한 경제성장을 거듭하고 있으면서도 민주화의 진전은 매우 더딘 상황이기 때문이다. 실제로 2002년부터 2009년까지 중국의 GDP(Gross Domestic Product, 국내총생산)의 연평균 명목 성장률은 16.48%로 같은 시기 세계에서 가장 급속한 경제성장을 이룬 나라 중의 하나이다.[1] 그러나 정치적 권리와 시민의 자유 차원의 민주화 수준은 각각 7과 6으로 여전히 세계적으로 최하위에 속하며 더구나 같은 시기에 변화는 없었다.[2]

1_2002년을 기준으로 삼은 것은 민주화 수준의 기준을 프리덤 하우스(Freedom House, www.freedomhouse.org)의 그것으로 삼았는데, 이 자료가 2002년부터 제시되어 있어 같은 시기에 비교를 진행하기 위해서이다. 또 국내총생산 성장률은 아시아개발은행(www.adb.org)의 자료를 필자가 정리, 계산한 것이다.

2_프리덤 하우스의 각 차원의 민주화 지수는 모두 6단계로 구분되어 있는데, 이들의 조합에 따라 각 국가는 자유민주주의(Liberal Democracy), 선거 민주주의(Electoral Democracy), 경쟁적 권위주의 체제(Competitive Authoritarian Regime), 패권적 권위주의 체제(Hegemonic Authoritarian Regime), 정치적으로 닫힌 권위주의 체제(Politically closed Authoritarian Regime) 등으로 나눌 수 있다. 중국은 북한, 수단, 소말리아, 쿠바 등과 함께 제일 마지막 범주에 속한다(www.freedomhouse.org).

이런 측면에서 중국은 경제성장과 정치발전과의 관계에 대한 기존의 논쟁 구도를 바꿀 수 있는 중요한 사례로서 주목 받을 수 있다. 그러나 본 연구의 목적은 중국의 이런 상황을 근거로 근대화론의 논지에 반대 혹은 찬성을 주장하고자 함이 아니다. 즉 본 연구는 민주주의와 관련된 새로운 모델 및 이론의 수립을 시도하지 않는다. 왜냐하면 중국이 인구나 영토 등의 측면에서 아무리 그 규모가 크다 하더라도, 대부분의 관련 연구들이 지적하듯이, 모델과 이론의 정립에 있어서 하나보다는 다수의 사례에 대한 비교 연구가 필수적이기 때문이다. 또 중국을 '민주화를 건너뛰는'(bypassing Democracy) 유형으로 파악하기에는 내부 논쟁 등의 동학과 상대적으로 짧은 시기에 비춰 봤을 때 무리라고 판단되기 때문이다(Tsai 2007, 17-18).

이런 맥락에서 봤을 때 본 연구는 중국을 매개로 경제 발전과 정치발전의 관계에 대한 본격적 학술 논쟁을 진행하기 전의 그 선행 단계에 속한다. 즉 본 연구는 현재 시기 중국의 경제성장과 민주화를 포함한 정치발전에 대한 인식을 파악하기 위해 기획되었다. 보다 구체적으로 경제성장과 정치발전 그리고 이들의 관계에 대한 중국의 인식, 더 나아가 '표면적인' 지속적 경제성장과 민주화 수준의 정체로 집약되는 현재 상황을 야기한 주요한 내부적인 요인에 대해 집중한다. 또 여러 요인 중에서 중국의 주요 지도자와 학계 인사 등 엘리트들은 경제성장과 민주화를 포함한 정치발전의 관계에 대해 어떻게 인식하고 있는지를 살펴보려 한다.

본 연구가 이런 접근법을 택한 것은 중국이 1978년 이래 개혁·개방 정책이라는 시장화 노선의 추진에도 불구하고, 여전히 정치체제는 당-국가 중심의 레닌주의적 체제를 유지하고 있어 엘리트 중심적인 측면이 강하기 때문이다. 따라서 중국의 엘리트층은 과연 경제성장과 정치발전에 대해 어떤 인식을 보이고 있는지를 탐구하는 것이, 본격적으로 중국을 다른 사례들과 비교, 분석하는 과정보다 선행되어야 할 것이라고 판단된다. 체제 전환의 방식과 발전 경로 등에서 그들이 표방하듯 서구적, 즉 '보편적'이기보다는 '중국 특색적'임을 강조하기 때문이다.[3] 기실 과거 시기 민주화의 더딘 진척의 원인으로 민주주의에 대한 정치 지도자들과 지식인들의 근시안적이고 도구적인 태도가 지적되기도 했다(Zhao 2000, 33-48). 따라서 그들 특유의 인식 체계와 방식을 탐구하는 것이 매우 절실하다 하겠다.[4]

여기에서 '중국' 혹은 '중국의 엘리트층'이라는 개념은 모호할 수 있다. 그러나 본 연구에서는 '주류적 견해' 혹은 '관방(官方) 입장'과 등치시켜 사용해도 무방하다고 사료된다.[5] 또 본 연구의 진행과 관련해서 강조되어야 할 것은, 중국 인식의 좌표를 어떻게 설정하느냐에 대해서는 학계에서 보편적으로 통용 및 논의되는 객관적인 범주와 틀을 통해 진행되어야 한다는 것이다. 이를 위해 제2절에서는 본 연구에서 사용되는 주요 개념, 즉 경제성장, 민주화를 포함한 정치발전 등에 대한 개념을 기존 논의를 바탕으로 논지에 맞게 분류 및 정리한다. 동시에 이들 개념에 대한 유형 분석을 통해 분석 틀을 제시한다. 제3절에서는 중국의 주요 정치 지도자와 학계에서는 경제성장, 정치발전 그리고 이들의 관계에 대해 어떤 인식을 보이고 있는지를 살펴보고, 2절에서 제시한 분석 틀을 바탕으로 현실적·이론적 좌표를

3_중국이 독자적 발전 및 전환의 길을 갈 것이라는 견해에 대해서는 Jacques(2009)를 참조.

4_물론 엘리트의 인식과 중국 민주화에 대한 현실적인 흐름 사이에 상관관계가 있느냐는 것은 충분히 논쟁이 가능한 가정이다. 이런 측면에서 본 연구는 행위(자)와 구조와의 관계에 대해서 '미시적'(micro) 접근을 따르고 있다고 할 수 있다.

5_이런 주류 혹은 관방의 견해라고 하는 것을 보다 구체적으로 구분한다면, 중국의 민주화 혹은 정치발전과 관련된 여러 의견 그룹 중 '사회주의적 민주주의론'과 '신권위주의론'이라고 할 수 있으며, 이 밖에 자유민주주의론과 다양한 제3의 길을 주장하는 그룹 등으로 나눌 수 있다. 이와 관련된 보다 자세한 사항은 조영남(2006, 55-108)을 참조.

설정한다. 결론에서는 본 연구의 정리와 요약 그리고 함의와 시사점 등을 밝힌다.

II. 주요 개념, 분석 틀

본 연구에서 경제성장, 정치발전 등 몇 가지 개념은 매우 중요하다. 기실 한 국가의 민주화와 관련이 있는 요인들로 학계에 보고된 것들만 해도 경제성장, 사회적 분화, 분배의 공평성, 식민지 유산, 종교적 특성, 국제적 갈등, 대중 동원(mobilization), 대중 압력, 집단행동 등 여러 가지가 있다(Welzel 2010). 그러나 상술했듯이 본 연구의 목적이 이런 요인들 간의 관계 및 각 요인들과 민주화의 관계를 분석하는 것이 아니고, 중국의 독특한 인식을 파악하기 위해서 이런 요인들을 모두 살펴볼 필요가 있는 것도 아니다. 또한 기존 연구들에서도 경제성장이라는 조건이 민주화와 정치발전에 주는 영향과 그 함의를 주로 분석하고 있기도 하다(Zhao 2000, 1-4).

따라서 본 연구에서는 그중 '경제성장'과 '민주주의'가 가장 중요하다고 판단한다. 먼저 경제성장은 장기적으로 국가 전체의 생산, 고용, 투자, 소비 등이 지속적으로 증가하는 것을 가리키는 거시경제학의 주요 주제이다. 그 수준을 평가하는 잣대로는 주로 GDP와 1인당 GDP가 사용된다(정운찬·김영식 2006, 30). GDP는 경제적 복리가 가지고 있는 여러 측면을 계측하지 못하며 국가별 혹은 한 나라의 연도별 GDP를 측정해 비교하는 데에도 심각한 개념상의 또는 실질적인 문제를 발생시킨다. 그러나 GDP는 한 나라의 생활수준을 대략적으로 나타내는 데에 여전히 용이한 척도로 현재

표 1 | 중국 국내총생산과 1인당 국내총생산 세계 순위 비교(2002~09년)

년도(년)	GDP 순위(위)	1인당 GDP 순위(위)
2002	6	119
2003	7	126
2004	4	110
2005	4	108
2006	4	101
2007	3	104
2008	3	106
2009	3	102

주: 국제통화기금(IMF, www.imf.org)의 수치를 필자가 정리 및 계산한 것이다.

전 세계적으로 인정받고 있다. 반면 1인당 GDP는 GDP보다는 한 나라의 실재 부의 수준을 측정하는 데 더 효과적인 척도이기는 하나, 이 역시도 국제적인 비교를 진행했을 때만이 더 효과적일 수 있다(Weil 2009, 6-7). 따라서 이 두 지표는 성장 수준의 추세를 절대적으로 보여 주는 측면에서는 유용할지 모르나, 상대적인 수준을 나타내는 데는 경우에 따라서 매우 큰 편차가 존재한다고 할 수 있다. 중국이 바로 그 대표적인 예가 된다. 즉 GDP와 마찬가지로 1인당 GDP는 2002년에서 2009년 시기 역시 연평균 명목 성장률이 18.54%씩 성장했다.[6] 상술한 GDP의 성장률과 차이는 있으나 그 추세가 증가한다는 점에서는 유사하다. 그러나 상대적 측면인 순위를 보면 그 편차는 상당하다. 특히 GDP는 그 순위가 꾸준히 상승하는 반면, 1인당 GDP는 불규칙하게 상승과 하락을 반복하고 있다(〈표 1〉 참조).

따라서 경제성장을 측정하는 기준으로, GDP와 1인당 GDP의 증가율 등 지표를 기준으로 '절대적'으로 평가하는 것과, GDP와 1인당 GDP의 국

6_1인당 GDP 성장률은 아시아개발은행(www.adb.org)의 자료를 필자가 정리, 계산한 것이다.

제적 순위를 기준으로 '상대적'으로 평가하는 것으로 나눌 수 있다. 이를 기준으로 했을 때 중국은 절대적 기준에서는 급속한 경제성장을 이룬 것으로 평가할 수 있다. 반면 상대적 기준, 특히 1인당 GDP의 국제 순위의 측면에서 봤을 때 급속한 경제성장을 이뤘다고 평가하기에는 무리가 있다.

한편, 민주주의에 대해서는 그 내용과 과정에 대해서 분리해서 정리할 필요가 있다. 그러나 본 연구에서는 민주화의 과정 즉 정치발전에 더욱 착목하고자 한다. 왜냐하면 주지하다시피 민주주의의 내용 즉 정의는 550여 종에 달할 정도로 매우 다양하다(Diamond 1999, 7). 또 이들에 대한 분류도 존재하기는 하지만, 중국 역시도 동의하는 민주주의에 대한 내용적 정의는 절차적, 보편적 의미에서의 민주주의이기 때문이다. 실제로 2005년 중국 국무원은 『중국민주정치 건설백서』(이하, 『백서』)를 발간해, 민주주의는 인류 정치 문명의 발전 성과이며, 세계 인민의 보편적인 요구라고 글의 첫머리에 적시했다. 물론 그 실현 양식은 다양하다는 주장 역시 본문에서 강조되고 있다(國務院 2005).

이 보편적 의미에서 보면 민주주의는 선거와 국민의 정치·사회적 자유의 보장을 핵심 요소로 가지고 있다(Diamond and Myers 2001, 2-3). 특히 이런 의미에서의 민주주의는 제2차 세계대전 이후 아시아 및 아프리카 지역의 민주화 과정에서 이미 그 보편성을 획득했다고 볼 수 있다. 따라서 민주주의 내용과 관련해 중국 내부의 변화와 특수성을 논하는 것은 그 필요성이 높지 않다 하겠다.

본 연구의 논지와 관련해 봤을 때 더욱 중요한 것은 민주주의의 과정, 즉 민주화를 포함한 정치발전과 관련된 것이다. 이 민주화의 과정 역시 매우 다양하다. 일례로 동아시아 지역의 민주화는 각국마다 방식과 경로에 있어 모두 달랐다. 타이완은 기존 정치 세력이 주도하는 '변형'(transformation), 필리핀은 반대 세력이 기존 세력을 압도하는 '대체'(displacement), 한국은 기존 세력과 반대 세력이 타협하는 '수평이동'(transplacement) 등이었다(Cotton 1997, 95-119). 따라서 민주화와 관련해 일정한 모델을 제시하는 것은 거의 불가능하다고 판단된다. 이는 물론 민주화 과정의 다양성이 민주주의라는 체제 혹은 목표가 부재하다는 것을 논리적으로 정당화하지는 않지만, 현실적으로 민주화는 각국의 특성과 상황에 따른 특수성이 존재한다는 것으로 해석이 가능하다. 더구나 중국 역시도 이런 경로와 형식에서의 다양성을 주장하고 있다. 실제로 원자바오 총리는 2007년에 신화사(新華社)에 발표한 글에서, 과학, 민주, 법제, 인권, 자유 등의 가치는 자본주의만의 독특한 전유물이 아니라 인류가 긴 역사 속에서 공동으로 추구한 가치이자 성과이며, 다만 각 국가의 독특한 경험이 상이함에 따라 그 실현 방식도 다양하다고 주장했다(溫家寶 2007). 즉 가치로서의 민주주의의 보편성과, 실현 방식의 다양화를 주장한 것이다. 또 비슷한 시기 위커핑 등은 "민주주의는 좋은 것이다"(民主是個好東西)라는 상당히 도발적인 주장으로 민주주의의 보편성을 강조하는 정치권의 인식에 찬성과 지지를 나타냈다. 동시에 이른바 '증량민주'(增量民主)라는 개념을 통해 법치와 민주화의 동시 및 병행 발전을 주장했다(閆健 2006, 1-5).

따라서 오히려 본 연구의 논지와 관련해 더욱 중요한 것은 민주화와 제도화의 관계를 포함한 정치발전의 문제라고 할 수 있다. 주지하다시피, 정치발전을 민주화로 인식하는 것은 제3세계 국가의 민주화 물결이 나타나기 이전까지 일종의 상식이었다. 그러나 일부 제3세계 국가의 민주화 과정의 혼란과 부작용 등을 경험하면서, 정치발전을 제도화로 인식하는 견해가 그 타당성을 일정 정도 획득했다. 대표적으로 새뮤얼 헌팅턴은 정치제도가 마련되지 않은 상태에서의 국민의 정치 참여는 정치 혼란과 불안정을 초래

표 2 | 분석 틀

범주	분류	분류
경제성장 평가 잣대 ①	절대적 평가 잣대 ①-1	상대적 평가 잣대 ①-2
정치발전에 대한 입장 ②	제도화 선행 ②-1	민주화 선행 ②-2

할 수 있다고 주장하면서, 정치 민주화 이전에 정치 제도화가 필요하다는 명제를 제시했다(Huntington 1968). 이렇게 봤을 때, 정치발전에 대한 입장을 제도화 선행론과 민주화 선행론으로 나누어 볼 수 있다.

이상의 논의를 종합해 본 연구의 분석 틀을 구성하면 다음과 같다. 즉 우선, 경제성장과 관련해 그 측정 기준을 잣대로 '절대적 평가'와 '상대적 평가'로 구분할 수 있다. 다음으로, 민주화를 포함하는 정치발전에 대한 견해에서 '제도화 선행론'과 '민주화 선행론'으로 구분할 수 있다. 이를 도식화하면 〈표 2〉와 같다.

아래에서는 바로 이 분석 틀에 따라서 각 범주에 대한 중국 엘리트들의 인식은 어떤지, 또 어떤 변화가 있어 왔는지, 그리고 이들 범주 간의 관계에 대해서는 어떤 인식을 가지고 있고 이것이 어떻게 변화해 왔는지를 알아보도록 한다.

III. 경제성장과 정치발전에 대한 중국의 인식

1. 경제성장

우선, 경제성장에 대해 중국은 절대적 기준과 상대적 기준을 모두 사용해 평가하고 있다. 특히 중국의 실제 상황을 설명 및 이해시키려 할 때는 상대적 기준을 주로 들이대고 있다. 즉 절대적인 경제성장의 지표 즉 GDP와 1인당 GDP의 성장 속도는 매우 빠르나, 상대적인 지표 특히 1인당 GDP의 국제 순위 등은 아직도 그 성장이 매우 더디다는 것을 강조하는 것이다. 대표적인 예로 원자바오 현 국무원 총리의 2010년 9월 65차 국제연합(UN) 총회 연설을 들 수 있다. 그는 "실재의 중국 이해하기"(Getting to know the real China)라는 제목의 연설에서 중국의 실제 상황을 설명하면서, 비록 GDP는 세계 3위를 차지하고 있지만 1인당 GDP는 선진국의 1/10 수준이라는 것을 강조하고 있다. 특히 중국의 여러 가지 불균형 문제를 거론하면서, 국가 전체적인 경제성장의 이면에 아직도 1억 5,000만 명 정도의 빈곤 인구가 존재한다고 주장했다(Wen 2010). 현재 경제성장 수준에 관한 중국의 공식 입장이라고 할 수 있다. 또 현 전국인민정치협상회의 자칭린(賈慶林) 주석도 2010년 열린 '21세기 포럼'의 연설에서 원자바오와 비슷한 입장을 피력했다. 즉 GDP 등에서 빠른 경제성장을 거듭하고 있지만, 1인당 GDP 순위가 아직도 100위권에 머물고 있음을 동시에 강조했다(賈慶林 2010).

한편, 이런 정치권의 입장에 대해 학계에서도 접근하는 각도는 서로 다르지만 대부분 동의하고 있는 상황이다. 우징롄(吳敬璉)은 최근의 중국 경제 상황이, 비록 2008년 미국발 세계 금융 위기가 초래한 위기 상황을 잘 대처하고 극복하고 있지만, 향후 지속적인 성장을 이루기 위해서는 국가 주도의 방식이 아닌 경제 효율 제고, 산업 기술 수준 제고와 산업구조의 조정 등을 포함한 경제성장 방식의 전환이 필요하다고 주장했다. 그 근거로 들고 있는 것 중 하나가 GDP와 1인당 GDP의 상대적인 국제 순위 격차 등의 문제이다. 따라서 그는 경제성장의 지표로 경제 총량의 절대적 증가를 의미하는 GDP 성장률을 제외하자는 주장을 하기도 했다(文麗 2010).

가오판(高帆)은 중국 경제 발전 모델의 성립 가능성을 논하면서 이에 대해 언급하고 있다(高帆 2010). 즉 중국은 현재 방대한 인구와 국토를 그 특징으로 하는 '대국경제'의 한계하에서, GDP 등 경제 총량에서의 급속한 성장에도 불구하고 국민경제의 질적 성장을 나타내는 여러 국제적인 비교 수치는 여전히 낮은 수준에 머물고 있다고 지적하고 있다. 따라서 이런 총량적 의미의 경제성장을 어떻게 전 사회적으로 효과적으로 재배치하는가가 중국 경제성장 더 나아가 중국 경제 발전 모델의 현실적 성립 여부와 밀접한 관련이 있다고 주장하고 있다. 또 린이푸(林毅夫)와 차이팡(蔡昉)은 1978년 이래 중국 경제 발전 초기 단계의 조건이 서구 국가들과 다름을 강조하면서, 경제 총량적인 측면의 성장에 반해 1인당 GDP의 수준 등 상대적인 지표의 상승은 상당 기간 힘들다고 예측했다(蔡昉·林毅夫 2003).

기실 이들 모두는 중국이 경제적 측면에서, 비록 GDP 총액이 세계 3위권을 차지했다 할지라도, 1인당 GDP의 국제 순위 등 상대적 잣대를 적용했을 때 아직도 100위권 정도의 '개발도상국'임을 받아들이고 있다고 할 수 있다.

또 이는 덩샤오핑이 제기하고, 1987년 제13차 중국공산당 전국대표대회에서 확정된 중국 경제의 '3단계(三步走) 발전 전략'의 틀을 벗어나지 못하고 있다는 것을 반영한다. 이 3단계 발전 전략에 따르면, 1981년부터 90년까지 중국은 GDP를 1980년 대비 두 배 증가시켜 기본적인 먹고사는 문제를 해결할 수 있는 '원바오'(溫飽) 단계에 도달하고, 2단계인 2000년까지는 1980년 대비 GDP를 네 배 증가시켜 일상생활이 걱정 없는 '샤오캉'(小康) 단계를 거쳐, 21세기 중엽에는 1인당 GDP가 중진국 수준 즉 4,000달러에 도달하는 3단계로 진입해야 한다(淩湄·王衛國 2009). 따라서 이 단계론에 따르면 현재 중국은 2단계 목표 즉 샤오캉 단계를 달성하고, 3단계 즉 1인당 GDP 기준 중진국 수준을 목표로 하는 단계에 들어서 있는 것이다. 참고로 현재 중국은 이 단계를 '전면적 샤오캉 사회'(全面小康社會) 건설 단계로 지칭하고 있다.[7]

이런 맥락에서 봤을 때 중국은 현재 자국의 경제성장 수준을 개발도상국으로 보고 있으며, 여전히 더욱 빠르게 발전해야 한다고 인식하고 있다고 할 수 있다. 또 이런 견해는 〈표 2〉의 경제성장 평가 잣대 측면에서 보면 ①-1과 ①-2를 모두 사용하고 있으나, 중국적 특수성과 실제 상황을 강조할 때는 주로 후자를 더 많이 사용하고 있다고 할 수 있다.

2. 정치발전

민주화, 특히 정치발전에 대한 인식의 측면에서 개혁·개방기의 중국은 제도화 우선 내지 제도화 선행이라는 입장을 비교적 일치되게 표방하고 있

7_'전면적 샤오캉 사회 건설'이라는 표현은 2002년 제16차 중국공산당 전국대표대회에서 처음으로 사용되었다(江澤民 2002).

다. 즉 마오쩌둥 시기의 가장 큰 한계로, 민주주의를 지도자의 일종의 영도 방법과 예술로 간주하면서 대중운동을 통한 민주주주의 실현을 강조하고, 제도화와 법률화를 무시했다고 인식한다(祝春梅 2007, 101-102). 따라서 덩샤오핑과 장쩌민은 제도화와 법률화가 가장 중요하며, 다른 무엇보다 선행되어야 한다는 입장을 견지했다. 이를 위해 덩샤오핑은 인민대표대회, 다당합작제도, 민족구역자치제도의 회복을 포함한 제도화에 주로 역점을 두었다. 물론 그 자신도 개인적 권위를 빌어 정국을 주도했지만, 그가 구상하고 진행한 정치 개혁의 핵심 과제는 제도화였다고 할 수 있다(王宗禮 2008, 9). 장쩌민은 이를 계승 발전해 법치를 공식화했다. 1997년 제15차 중국공산당 전국대표대회에서 '법에 의한 통치'(依法治國) 즉 법치를 국가의 기본 정책으로 공식 결정했고, 1999년 헌법 개정에는 이런 내용이 헌법 서문에 명시되었다.

이후 중국의 인식은 상기한 『백서』를 통해 확인할 수 있다. 『백서』는 중국의 민주주의 건설 즉 민주화가 공산당 영도, 인민의 정치적 주인화(人民當家作主), '법치'의 유기적 통일하에서, 사회 안정과 경제 발전, 인민 생활수준의 제고, 국가주권과 영토의 완정 그리고 존엄의 유지에 유리해야 하며, 점진적이고 질서 있게 발전해야 한다고 주장했다(國務院 2005).

또 후진타오 시기에는 당내 민주의 확대와 당내 민주를 통한 인민 민주의 확대가 정치 개혁의 핵심 과제로 떠오는 등, 제도화 이후 일정한 민주화 로드맵이 논의 및 확정되어 가고 있다고 판단된다(조영남 2009, 87-88). 이런 인식을 방증하는 것이 최근 나타나고 있는 민주화 일정에 대한 대략적인 제시와 관련된 주장들이다. 일부 학자들은 구체적으로 2010~20년 사이에 안정적이고 점진적인 정치 개혁과 민주화의 성패 여부가 중국에 매우 중요할 것이라고 주장했다(張旭昆 2008). 또 다른 학자들은 중국이 2000~20년 사이에 낮은 수준의 민주화를 달성하고, 2020~40년 사이에 중등 수준의 민주주의의 발전을 이룬 후, 2040~60년에 발전된 수준의 민주주의에 도달해야 한다는 보다 구체적인 일정을 제시하기도 했다(周天勇 외 2007, 2). 한편, 중국 국무원이 2007년 출간한 『중국의 정당 제도』(中國的政黨制度)라는 백서에서도, 정당 제도는 현대 민주정치의 주요 구성 부분이라는 점을 서두에 밝히고 있다. 즉 중국 역시 현대 민주정치체제를 받아들이고 있다는 점을 분명히 한 것이다. 또 선거 민주와 협상 민주의 결합이 중국식 민주주의의 제일 중요한 특징이라고 규정하여, 중국 특색의 민주주의와 관련된 내용 정립에도 본격적으로 나선 것으로 분석된다(國務院 2005).

그러나 이런 인식 변화가 자유민주주의 혹은 선거 민주주의와 같은 보편적, 절차적 민주주의 형식의 도입에 대한 고려로 적극적으로 현실화되지는 못하고 있다. 물론 제17차 중국공산당 대표대회의 정치 보고에서는 전면적 샤오캉 사회 건설을 위해서 '사회주의 민주'를 확대시켜야 한다고 주장하고 있다. 특히 '질서 있는'(有序)이라는 표현을 썼지만, 인민의 정치 참여 확대를 공식적으로 언급하고 있다(胡錦濤 2007). 그러나 전체적으로 여전히 중국은 상황의 특수성을 강조하면서 공산당의 집권 지위가 더욱 공고히 된다는 전제하에서만, 현재 당내를 비롯한 각 영역에서 실시되고 있는 선거의 민주적 기반 확대, 민주적 정책 결정과 관리의 강화, 정부에 대한 감독의 강화, 민주적 권리의 확대와 기층 민주주의의 발전 등을 통해 보다 효율적인 '통치' 방식을 고안해 나가겠다는 의지를 피력하고 있다. 또 그 구체적인 형식에 있어서도, 현재의 전국인민대표대회와 다당합작제도를 더욱 내실화하고 발전시키겠다는 입장이다. 즉 민주주의의 보편성은 인정하되, 그 형식에 있어서 중국 독자적인 형식을 찾아 나가겠다는 것이다.

한편, 이런 인식은 2012년 이후 중국을 대표할 제5세대 지도자들에게도 비슷하게 표출되고 있다. 시진핑은 당이 정치와 경제 체제에 대한 절대적인 통제력을 유지하는 상황에서 더욱 과감한 경제적 자유화 조치를 진행할 것으로 분석된다. 또 리커창 역시 당의 통제가 약화되지 않는다는 전제 하에서 지방과 당내 선거의 확대, 더 확대된 사법 독립, 미디어와 인터넷에 대한 당 통제의 감소 등을 추진할 것으로 예상되고 있다(Nathan 2008, 31). 정리하면 중국의 정치발전에 대한 입장은 제도화 선행론에 가깝고, 제도화가 완비된 이후 민주화를 진행해야 한다는 것으로 결론을 내릴 수 있다. 따라서 현재 수준의 인식은 물론 민주화에 대한 현실적인 준비를 해나가고 있지만, 〈표 2〉에서는 ②-1에 해당된다고 할 수 있다.

3. 경제성장과 정치발전

그렇다면 이상의 논의를 바탕으로 경제성장과 정치발전의 관계에 대해 중국은 어떤 인식을 보이고 있다고 할 수 있는가? 먼저 경제성장과 관련해 특히 자국의 실제 상황을 강조하려는 과정에서 1인당 GDP의 국제 순위 등을 강조하는 것 등을 봤을 때, 일종의 '대기론/단계론'적 인식으로 해석할 수 있다. 즉 경제성장의 수준이 아직도 낮고, 따라서 본격적인 인민의 정치 참여의 확대와 같은 민주화 조치보다는 제도화의 완비에 더욱 힘을 쏟아야 한다는 것이다. 바로 이런 맥락에서 중국은 경제성장이 민주주의를 촉진하는 주요 요인이라는 근대화론의 입장에 반대하지 않고 있다고 할 수 있다. 즉 본격적인 민주화를 위해서는 시장경제의 확립과 경제성장이 필요하고, 이것 없이는 중국에서 민주주의를 실현하는 것이 불가능하거나 어렵다는 것이다. 다만 아직 본격적으로 민주주의를 추진할 만큼의 경제성장을 이루지 못했다는, 즉 그 단계에 도달하지 못했다는 대기론적 인식을 가지고 있다고 할 수 있다.

그러나 다른 한편으로, 바로 이런 그동안의 대기론적 발상이 역설적으로 후진타오 집권기 들어 중국의 민주주의에 대한 인식의 변화를 추동한 측면이 있다. 즉 경제성장 수준을 기준으로 제시한 덩샤오핑의 3단계 발전 전략의 제3단계에 진입해 있는 중국으로서는, 다가올 목표 달성 이후를 준비해야 할 필요성이 제기될 시점인 것이다. 부연하면 기존에는 상대적으로 등한시해 왔던 중국에서의 민주주의의 내용과 형식을 정형화해야 할 필요성이 시기적으로 제기된 것이다. 이 밖에도 이런 단계론/대기론을 합리화하는 근거는 기실 매우 다양하다. 그 대표적인 주장으로는 급속한 탈권위주의 체제가 경제적 성과의 불균등한 분배를 더욱 심화시킨다, 중국 문화의 전통은 경쟁적인 정치체제와 서로 조응하지 않는다, 당장의 민주화의 추진 주장은 중국을 약화시키고 중국을 국제 체제에서 종속적인 지위로 고착시킬 가능성이 높다는 등이 있다(Lynch 2006, 135-167).

이런 맥락에서 현재 중국은 내용적 측면에서는 보편적 의미로서의 민주주의를 인정하면서도 그 형식에 있어서는 다양함을 주장하는 방식을 채택했다고 판단된다. 흥미로운 것은 이런 중국의 민주주의 관련 논의가 중국 경제의 장기적인 급성장으로 인해 제기된 2004년 조슈아 쿠퍼 라모의 "베이징 컨센서스" 등 중국 경제 발전 모델의 정립 가능성 논의와 비슷한 시기에 활기를 띤 것이다(조영남 2009, 58). 이는 경제적 측면뿐만 아니라 정치적 측면의 중국 모델 성립 시도의 하나로도 해석이 가능하다.

한편, 정치발전에 대한 중국의 인식은 여전히 제도화 선행론에 가깝다고 할 수 있다. 비록 상술한 바와 같이 중국식 민주주의 모델을 정형화하고 이를 확산하기 위한 준비에 들어갔다고 판단한다 할지라도, 국민의 정치적 권리의 급속한 확대나 정치제도 전반에 대한 변화보다는 현재 제도의 완비와 개선에 더욱 초점을 맞추고 있는 것이다. 이는 경제성장이 아직도 충분히 이뤄지지 않은 상태에서, 민주화는 당장 추진해야 한다기보다 준비해야 할 과제라는 인식하에서는 그 논리적인 정연함을 갖추고 있다고 할 수 있다. 대신 제도화에 더욱 역점을 두어야 하는 단계라는 것이다.

정리하자면, 현재 중국의 경제성장과 정치발전에 대한 인식은 전반적으로 근대화론의 논지를 따르고 있다. 그러나 아직도 충분히 경제성장이 이뤄지지 않은 관계로 본격적이고 선제적인 민주화를 실행하기는 불가능하며, 현재 수준에서는 안정적이고 지속적인 경제성장을 위해 정치 안정과 정치 과정의 효율화가 더욱 필요하다고 인식하고 있는 것이다. 따라서 이 부분은 정치발전에 있어서의 제도화 선행론의 논지를 받아들이고 있는 것으로 분석된다. 즉 경제성장과 민주주의에 대해 현재의 중국은 근대화론과 제도화 선행론에 입각하여, 경제성장을 필요조건으로 하는 대기론과, 제도화 이후의 민주화를 상정하는 단계론적 인식을 가지고 있다고 할 수 있다.

Ⅳ. 결론

이상에서 중국의 경제성장과 민주주의, 그리고 이들 관계에 대한 그들의 인식을 살펴보았다. 분석 결과, 중국은 경제성장에서는 절대 및 상대적 잣대, 즉 〈표 2〉의 ①-1과 ①-2를 동시에 사용하고 있다. 또 정치발전에 대한 입장은 여전히 제도화 선행론적 관점, 즉 ②-1을 견지하는 것으로 분석된다. 그러나 강조할 것은 현재 시점에서 중국이 제도화 완비 이후의 민주화 단계의 내용과 형식에 대해 준비하고 있다는 것이다.

따라서 정리하면 중국은 근대화론과 제도화 선행론에 입각한 대기론/단계론적 인식을 가지고 있다고 할 수 있다. 즉 경제성장의 수준이 전면적인 민주주의를 실시할 만큼 높지 않으며, 따라서 이 단계에서는 제도화의 완비에 더욱 노력해야 한다는 것이다. 또 경제성장과 제도화가 그 목표에 도달한 다음에 민주화를 진행하겠다는 것이다. 그렇다면 이런 중국의 인식은 비교의 관점에서의 어떻게 해석될 수 있는가? 중국의 이런 인식은 흡사 1950년대 초에서 80년대 말까지 국가 주도로 급속한 경제 발전 전략을 추진하며 정치적으로는 권위주의 체제를 유지했던 한국, 타이완 등 동아시아 국가의 그것과 유사하다고 할 수 있다.[8] 따라서 이런 인식에 의거했을 때, 물론 다른 대내외적 변수가 개입 및 작동하지 않았을 경우, 중국 경제가 3단계 발전 전략을 성공리에 수행했을 경우 그 이후에나 본격적인 민주화의 행보가 시작될 것이라고 할 수 있다. 이때까지 상황의 특수성을 강조하는 '중국 특색의 민주주의'라는 개념은, 흡사 한국의 '한국적 민주주의', '아시아 민주주의'와 같이 권위주의 체제를 정당화하기 위한 수사로 계속 사용될 가능성이 높다. 이런 측면에서 중국 역시 정치체제의 측면에서는 권위주의 체제로 분류할 수 있다.[9]

보다 중요한 문제는 대기론/단계론적 인식을 가진 중국이 21세기 중엽까지는 민주화보다 제도화를 선행한다 할지라도, 그 이후에는 어떠한 내용

8_인식의 측면 이외에도 중국과 이들 동아시아 국가들의 발전 모델의 유사점을 주장한 다수의 연구들이 존재한다(Ming 2000; McCormick et al. 1996; White 1988).

9_중국에서는 이런 권위주의를 '신권위주의'라고 지칭한다. 이에 관련해서는 王浦劬·謝慶奎(2003, 207-219); 何增科(2004) 참조.

과 형식의 민주화를 추구할 것인가이다. 상술한 대로, 경제성장을 위한 안정적인 정치 환경의 필요에서 권위주의 체제를 유지한 동아시아 국가들은 각각 다른 방식으로 민주화를 경험했다. 따라서 중국은 어떤 방식으로 민주화를 추진할 것인가와 관련해 최근 세간의 관심이 집중되고 있다. 더구나 그들 자신이 설정한 2단계 경제성장의 목표를 달성하고, 3단계에 들어섰다는 시기적 특성이 이런 관심을 더욱 증폭시키고 있다. 이런 맥락에서 최근 총서기 후진타오와 총리 원자바오의 정치 개혁 발언이 논쟁으로까지 이어지는 상황이 발생한 것이다.[10] 중국이 개혁·개방 이후, 특히 톈안먼사건 이후 현재까지는 경제성장을 위해 정치 개혁을 유보하는 권위주의 체제를 유지하고 있다는 점은 분명하다. 즉 경제성장의 수준이 아직까지 민주화를 논할 만큼 도달하지 못했다는 대기론적인 특성을 전반적으로 유지한다는 것이다. 그러나 이 권위주의 체제 내에서도 일정한 변화를 감지할 수 있다. 특히 상술한 제4세대 주요 지도자들의 최근 행보, 즉 중국 특색의 민주주의를 적극 모색하고, 정치 개혁의 필요성을 강조하는 것 등은 시기적 특성이 강제하는 대기론/단계론적 인식에 대한 발현이라고 할 수 있다. 기실 이런 변화를 두고 중국식 권위주의에 대한 경성/연성식의 세부 분류를 시도할 수도 있다(Pei 2000; Shambaugh 2008, 178). 즉 중국식 권위 체제 내에서의 변화가 진행되어 왔고, 이는 중국 권위 체제의 '탄력성'(resilience)과 변화 가능성을 의미한다는 것이다. 따라서 제3세대에 비해 제4세대 중국 정치 지도자들은 같은 권위주의 체제를 유지하더라도, 이런 맥락에서 보다 공세적이고 적극적으로 중국 특색의 민주주의에 대한 논의와 실천을 강조

10_이 두 지도자는 선전 경제특구 30주년에 즈음해 연이은 정치 개혁 발언을 쏟아 내었고, 이를 둘러싼 중국 정계와 언론계의 논쟁을 불러일으켰다. 이와 관련해서는 咼中校(2010) 참조.

하고 있는 것이다.

그렇다면 중국은 어떤 방식으로 민주화를 추진할 것인가와, 중국의 민주화는 과연 어떤 방식으로 진행될 것인가와 관련해 현재까지의 논의는 다음과 같이 정리할 수 있다. 첫째, 중국의 공식 입장이라고 할 수 있는 공산당의 주장은, 당내 민주주의의 확대를 통한 사회민주주의의 발전이라는 경로이다. 즉 공산당의 영도적 지위를 포기하지 않는 전제하에서 전 사회적인 민주화를 추진하겠다는 것이다. 이런 방침은 2002년 제16차 중국공산당 전국대표대회에서 공식 제기되었고, 2007년 제17차 대회에서 재확인되었다(江澤民 2002; 胡錦濤 2007). 이런 중국공산당의 입장에 대해 조직력과 영향력 측면에서 현실성이 없으며 중국 사회의 민주 전통이 취약하다는 문제점을 들기도 한다(兪可平 2008; 趙迪 2008).

둘째, 일부 학자들은 중국공산당 내부 세력의 분화와 이에 대한 제도화를 통해 중국식 민주주의가 실현될 것이라고 예상하고 있다. 즉 서로 다른 지지 기반을 가진 당내 파벌의 경쟁을 합법화하고, 이에 대한 절차적 민주주의를 실시해야 한다고 주장하고 있다. 또 구체적으로 2012년 이후 중국을 통치하게 될 제5세대 정치 엘리트들에 대한 분석을 통해, 당내의 두 그룹의 경쟁을 제도화하는 방식을 통해 '중국식' 양당제가 성립될 것이라고 예측하기도 했다(蕭功秦 2004; Li 2009).

마지막으로, 상술한 두 견해와 달리 아래 혹은 외부로부터의 민주화의 가능성을 전혀 배제할 수는 없다. 즉 시민사회나 다른 정치 집단이 세력화해, 이들과 공산당과의 정치적 투쟁의 산물로 민주화가 진전된다는 것이다. 이는 민주화에 있어서 경제성장 등 사회구조적 변화보다, 정치 세력과 행위자들의 전략과 선택이 중요하다는 입장과 그 맥이 닿아 있다.[11] 실제로 1993년에서 2004년 사이 중국에서는 다양한 형태의 '집단행동 사건'(群體

性事件)이 약 8,700여 건에서 7만 4,000여 건으로 약 8.5배가량 증가했다. 또 1994년에서 2007년 사이 발생한 대표적인 집단행동 266건 중 약 32%가 파업을 포함한 시위였고, 약 24%는 경찰 및 공무원들과 대치 상황을 벌였으며, 약 19%는 관공서를 공격하기도 했다(Cai 2010, 30-31). 또 현재 실시되고 있는 촌민위원회 선거 과정에서 경제 발전이 빠른 촌일수록 그 선거가 매우 경쟁적으로 진행되고 있다는 경험적 결과는, 중국에서 아래로부터의 민주화 가능성을 완전히 포기하지 못하게 하고 있다(Zhao 2000, 244-245).

기실 지금 단계에서 상술한 견해 중 어느 것이 더 현실성이 높은가 또는 각각의 가능성은 어떠한가를 분석하는 것은, 다른 국가들의 민주화의 경험과 역사에 비춰 봤을 때도 학술적 차원에서 난이도가 매우 높다고 할 수 있다. 그보다는 현재 중국의 공언대로 21세기 중엽 경제 발전의 3단계에 도달한 이후 진행될 중국식 민주주의가 어떤 식으로 전개될 것인지와 관련해, 중국의 인식과 제도적 측면의 준비를 더욱 면밀히 관찰하는 것이 필요하다. 또 현실적인 측면에서 고려해야 할 점은 "베이징 컨센서스"와 같은 중국의 경제 발전 경험의 모델 정립 시도와 유사하게, 만약 중국식 민주화 경험이 하나의 모델로 추진 내지 보급될 경우의 가능성, 그 파장과 영향을 분석하는 것이 매우 중요하다는 점일 것이다.

11_민주화 과정에서의 행위자 요인을 강조하는 견해는 Przeworski(1991)를 참조.

제2부

중국 민주주의의 성장과 주요 쟁점

5장

21세기 '중국 특색의 시민사회'의 변화와 발전에 관한 탐구

국가-사회관계의 변화를 중심으로

김재관

Ⅰ. 머리말

중국의 개혁·개방 이후 30여 년에 걸친 기적적인 경제성장은 국가-사회 간에 미증유의 심대한 관계 변화를 초래했다. 시장경제의 비약적인 발전이 사회 이익의 다원화를 촉진시키고 시민 역량을 전례 없이 확대시킴으로써 지방 차원을 넘어서 중국 전역에 수많은 사회단체들과 민간 조직들이 급증하는 결과를 낳은 것이다.

시민사회의 역량을 보여 준 몇 가지 사건은 국가-사회관계를 새로운

• 이 글은 "21세기 '중국 특색의 시민사회'의 변화와 발전에 관한 탐구: 국가-사회관계의 변화를 중심으로"란 제목으로 『민주주의와 인권』 제11권 1호(2011년)에 게재된 논문을 수정, 보완한 것이다.

시야에서 보도록 촉구하고 있다. 전국적으로 주목을 받았던 대표적인 사례들을 몇 가지 들어 보자. 2007년 6월에 샤먼시(厦門市) 근교에 화학 공장을 세우려는 계획이 알려지자 환경 단체와 시민들이 각종 매체와 평화적인 거리 시위(散步)를 통한 여론 홍보, 중국환경과학원의 환경영향평가 검사 등의 방법 등으로 조직적인 운동을 전개해 결국 동년 12월 푸젠성(福建省) 정부로 하여금 공장을 이전 건설하도록 만든 '샤먼 PX 사건', 2008년 1월 상하이시(上海市)의 '자기부상열차 연장 공사'를 지역 주민들이 난징루(南京路) 집단 쇼핑 형식의 평화적인 거리 시위를 통해 반대 여론을 조성하여 무산시킨 사례,[1] 그리고 2009년 12월 광둥성(廣東省) 광저우시(广州市) 판위구(番禺區) 주민들이 인터넷 커뮤니티 활용, 서명, 환경 평가 보고서 공개 등의 평화적인 방법을 통해 '폐기물 소각 발전소 공장 건설' 반대 투쟁을 수개월 동안 전개해 승리한 사건 등을 꼽을 수 있다(이남주 2010, 106). 위 세 가지 사건들은 조직된 시민들이 평화적인 방식을 통해 자신들의 권익 수호 투쟁을 승리로 이끌었다는 점에서 시민사회의 역량을 유감없이 보여 준 사례일 뿐 아니라, 이해 당사자 시민들이 공산당 통치에 직접적으로 도전하는 방식이 아니라 평화적 투쟁 수단들을 동원해 승리한 구체적인 사례이다. 다시 말해 이 사건들은 시민들이 '의법항쟁'(依法抗爭)과 '이법항쟁'(以法抗爭)을 통해 자신들의 '합법적 권익'(lawful rights and interests)을 달성했다는 점에서 주목할 만하다.[2] 동시에 이 사건들은 중국 시민들의 '권리

1_Gilboy and Read(2008, 143). 'PX 사건'에 대해서는 朱紅軍(2008)을, '상하이시 자기부상열차 연장 공사 취하 사건'에 대해서는 "上海磁懸浮鐵路改線公示 百姓反對意見集中"을 참고. (http://news. xinhuanet.com/ fortune/2008-01/14/content_7416645.htm).

2_중국 인민들의 저항 방식인 '의법항쟁'과 '이법항쟁'의 실질적인 의미는 다르다. 전자는 롄장리(Lianjiang Li)와 케빈 오브라이언(Kevin J. O'Brien)이 1990년대 중국 농민의 저항 방식

의식'(rights consciousness)과 '규칙 의식'(rules consciousness)을 유감없이 보여 준 사례라고도 볼 수 있을 것이다.[3] 또한 국가-사회관계 측면에서 이 사건들의 의미를 보면, 사회집단들과 공산당이 각종 새로운 분쟁들을 어떻게 조절 및 대응, 처리해 나갈 것인지를 보여 준 사례이기도 하다.

이익 다원화 사회 속에서 조직된 시민의 역량은 각종 민간 사회조직을 건설하면서 한층 더 확대되고 있다. 이런 사회단체나 조직들 가운데는 정부 주도형 민간단체(GONGO) 외에 비정부 조직 및 비영리 민간 조직들도 포함된다. 가령 자선단체, 경제 관련 단체나 협회, 학술 단체, 문화단체, 직업 협회, 청년 단체, 환경보호 조직 및 건강 보호 조직, 여성 권익 보장 단체 등 이루 열거할 수 없을 정도로 많은 비정부·비영리 민간 조직(NGO)이 바로 그것이다. 중국 민정부(民政部)에 등록된 민간 조직 수만도 2008년 중반에 38만 6,000개 정도에 달했으며, 그중 사회단체는 21만여 개, 민영비기업 단위(民辦非企業單位)는 17만 4,000여 개에 달했다(兪可平 2008, 18). 이 같은 수많은 민간 조직의 출현은 시장경제 발전의 필연적 부산물인

을 설명하기 위한 분석 도구로 이 용어를 사용했다. 그 의미는 '정책에 의거한 항쟁'(policy-based resistance)으로, 농민들이 국가 법률이나 중앙의 정책을 적극적으로 이용해 그들의 정치 권리와 경제 이익을 수호함으로써 지방정부와 관원들의 권익 침해를 받지 않으려는 정치 활동을 지칭했다. 후자인 '이법항쟁'은 농민문제 전문가인 중국의 위젠룽(于建嶸)이 최근에 두드러지고 있는 중국 농민 저항운동의 새로운 특징을 부각시키기 위해 사용하고 있는 용어로서 '의법항쟁'과는 전혀 다른 의미를 담고 있다. 즉 양 개념에서 '법'은 똑같이 국가 법률이나 중앙의 정책을 여전히 지칭하지만, '이법'(以法)의 그 직접적인 의미는 바로 법을 항쟁의 무기로 삼는다는 뜻이다. '이법항쟁'이야말로 최근 중국 시민사회 역량의 전방위적인 성숙을 반영하는 개념이라 할 수 있다. '의법항쟁'에 대해서는 Li and O'Brien(1996, 28-61; 2006)을, '이법항쟁'에 대해서는 于建嶸(2008, 60-63)을 참고.

3_최근 중국 시민들의 '권리 의식'과 '규칙 의식'의 변화에 대한 적극적 의미 부여로는 Li(2010, 47-68); Perry(2007, 20-21)를 참고.

동시에 중국 내에 시민사회가 존재하고 있음을 증명하는 구체적인 예가 될 것이다. 물론 중국의 시민사회가 여전히 '국가 주도형 시민사회'(state-led civil society)의 성격을 띠고 있는 한, 민간단체의 출현이 곧 시민사회의 역량 강화라고 곧바로 단정 지을 수는 없을 것이다. 그럼에도 불구하고 수많은 민간 조직과 사회단체의 확대는, 일련의 정치 개혁과 민주화로의 이행을 가능케 하는 주요 동력으로 부상하고 있음을 부정할 수는 없을 것이다(Frolic 1997). 이런 전례 없는 중국 사회의 변화와 대전환을 두고 중앙편역국 부국장이자 비교정치 및 경제연구센터 소장인 위커핑은 2008년을 '시민사회 원년'이라 칭하기도 했다.

이 같은 시민사회 역량의 증가는 기존의 '강국가-약사회' 모델을 가지고 국가-사회관계의 변화를 더 이상 설명할 수 없게 만들었다. 다시 말해 경제성장에 따른 시민사회의 발전은 시민 계층의 다원적 형성과 시민 의식 성장, 민권 의식 부상, 재산권 분쟁의 확대, 정치 민주와 제도 개혁의 요청, 기층 민주, 사회 민주, 당내 민주, 헌정 민주에 이르기까지 전 분야에 영향을 미침으로써 민주화를 촉진시키는 직간접적인 동력으로 작용하고 있다. 이런 시민사회의 발전과 더불어 사회에 대한 국가의 개입과 통치는 여전히 세련되면서도 효과적으로 행사되고 있다. 결과적으로 중국의 국가-사회관계는 시민사회의 재건과 강화에 대한 필요와 함께 자연스럽게 '강국가-강사회' 모델에 대한 요청으로 이어졌다(蕭功秦 2010; 王旭 1997; 朱健剛 1997). 이런 모델이 일반화되고 정당화되는 것은 이것이 중국 특색의 민주화 실현의 주객관적 조건이기 때문이다. 국가와 사회 양자 간 적극적인 상호작용이 가능한 '강국가-강사회' 모델은 중국의 독특한 민주주의 실현을 가능케 할 필수 조건이라 보인다. 그러나 중국 특색의 민주화는 매우 독특한 국내 사정을 반영한 특수한 발전 경로를 걸을 수밖에 없을 것이다. 이런

'강국가-강사회' 모델은 또한 국가-사회 간의 협력과 공생 관계(symbiotic relation)를 반영한 중국의 독특한 거버넌스 모델을 보여 준다고 할 수 있다.

앞에서 언급했다시피 새로운 시민사회 조직들의 부상은 왜 중요한가? 과연 이런 단체들이 국가와 사회관계에서 일종의 '교량'(bridges)으로서 작동한다고 볼 수 있을 것인가? 이런 민간 조직들은 그 구성원들의 이해와 요구를 진정으로 반영하고 대변할 수 있는 이익대표체 혹은 이익 중개 세력들인가? 아니면 상당한 수준의 국가 관변 도구로서의 역할에 더 충실한 것인가? 급성장한 시민사회 세력은 1980년대와 같이 사회 불안정을 초래하면서 당-국가 체제에 도전할 것인가, 아니면 미래의 민주화 진전에 잠재적인 동력 내지 역량으로서 중국 내 시민사회 발전에 긍정적으로 기여할 것인가?

이 글은 21세기에 접어들면서 중국 내 시민사회가 확대 발전됨에 따라 국가-사회관계에 어떤 모종의 변화가 일어나고 있는지를 착목하고자 한다. 필자는 기본적으로 중국의 국가-사회관계는 '강한 국가'와 '강한 사회'가 양립 가능하며, 이에 따라 '국가 조합주의' 모델로부터 점차 '사회적 조합주의' 모델로 이행하는 과도기 단계에 접어들었다고 판단한다.

본 글은 문헌 연구를 기본으로 하되, 국가-사회관계의 대표적인 패러다임인 시민사회론과 조합주의를 분석 틀로 하는 접근법을 겸용한다.

II. 중국의 국가-사회관계 연구의 패러다임

1. 시민사회론인가 국가 조합주의인가?

주지하다시피 개혁·개방 이후 시장화가 급진전됨에 따라 중국 사회는 실로 엄청난 변화를 겪었으며, 그 결과 국가-사회관계도 새로운 관점에서 바라볼 수밖에 없게 되었다. 일반적으로 양자의 변화를 살펴보고자 할 때, 가장 전형적인 연구 모델은 바로 '국가 조합주의'(state corporatism) 모델과 '시민사회'(civil society) 모델일 것이다.[4] 물론 이 두 관점을 중국 내에 적용할 경우 그 타당성과 적실성 여부를 둘러싸고 1990년대 중반 이래로 숱한 논쟁이 있어 왔고 최근에도 논쟁이 진행 중이다. 본 논문의 제목이 적시하듯 이 글은 21세기 중국 특색의 시민사회에 관한 연구이므로 주로 2000년 이후 중국 내 시민사회 논의가 어떻게 전개되고 변용되어 왔는지 살피고자 한다.

1) 시민사회론의 적용과 변용

시민사회 모델은 사회 발전의 각도에서 출발해 사회단체나 민간 조직의 자주적 자치를 발전시키고 '공공 영역'(public sphere)의 능력을 증진시킴으로써 결과적으로 국가권력을 견제, 제한하려는 관점이다. 시민사회 모

4_1990년대 국가-사회관계에 관한 논의의 정리로는 He(1997, 38-64); 張靜(1998); 鄧正來(1996; 2002); 전성흥(2000, 69-120)이 있고, 최근의 국가-사회관계에 관한 대표적인 연구로는 Unger(2008) 등을 꼽을 수 있다.

델은 기본적으로 국가권력과의 대립을 전제로 한 가운데 민주개혁과 민주제도의 정착을 지향한다. 이 관점에서 국가-NGO 관계를 볼 경우 대체로 국가로부터 독립된 자주성, 개인주의, 다원주의, 개방성, 계약화 등의 요소들이 시민사회의 기본 가치와 원칙을 구성한다(Cohen and Arato 1992; 何增科 1998; 鄧正來 2002).

일찍이 중국 학계에서 국가-시민사회 관계와 이에 기초한 민주주의에 관한 논의는 1980년대 중반 이른바 '신권위주의'와 '민주선도론' 논쟁 이래 광범위하게 진행되어 왔지만, 서구 학계에서 중국의 시민사회와 민주주의에 관해 비상한 관심을 갖게 된 계기는 1989년 6.4 톈안먼사건 이후라 할 수 있다. 그리하여 1990년대에는 시민사회와 민주주의의 상관관계에 관한 논쟁이 봇물을 이루기도 했다.[5]

2000년대 이후 최근까지 시민사회 발전론의 입장에 선 서구의 중국 관련 학자들로 앤드류 왓슨(Andrew Watson)이나 루이지 톰바(Luigi Tomba), 벤저민 리드(Benjamin L. Read) 등을 거론할 수 있고, 중국 내 학자들로 베이징대의 장징(張靜) 교수를 비롯해 선전대학의 조우슈삔(鄒樹彬), '세계와 중국 연구소'의 리판(李凡), 시아젠중(夏建中), 멍웨이(孟偉) 등이 있으며, 국내에는 이남주, 이민자 등을 꼽을 수 있다. 21세기에 접어들면서 중국 내의 역동적 시민사회 세력으로 부상하고 있는 주체들 가운데 가장 주목할 만한 세력은 바로 '주택 소유자'인 '업주'(業主) 자치 조직들일 것이다. 일찍이 배링턴 무어(Barrington Moore)가 "부르주아 없이는 민주주의도 없다"(No bourgeois, no democracy)라고 말했듯이(Moore 1993, 418; Read 2003,

5_톈안먼사건 전후 중국의 지식인 집단 내 국가-사회관계 및 민주주의 논의에 대한 상세한 소개는 Ding(2000, 111-140)을 참고.

34) 이 업주들이야말로 도시 내 일종의 '시민' 즉 부르주아 신흥 중산층이었고, 이제 그들의 재산권 수호 운동(rights-defense activities, 維權活動)은 시민사회의 부상과 함께 중국의 민주화 전망을 밝게 하는 중요한 척도가 될지도 모른다. 리드나 툼바는 도시 내 주택 소유권자들의 재산권 수호를 위한 자기 조직화, 여론 형성 과정을 통해 시민사회 가능성을 검증했다(Tomba 2005; Read 2003). 특히 리드는 최근에도 도시 주택 부동산 관련 이익 충돌 및 재산권 보호 운동 과정에 대한 미시적 분석과 동시에, 시민사회 조직의 변화에 대한 사례 조사와의 비교, 평가를 통해 시민사회의 역동성과 자치성을 검증했다(Read 2008a, 216-252; Read 2008b, 1240-1265). 왓슨은 개혁 시기에 출현한 많은 협회나 사회단체들을, 국가 영향을 가장 많이 받은 단체로부터 적게 받은 단체에 이르기까지 유형화시켜 비교, 검토함으로써 이들 대다수 조직들이 시민사회 형성에 기여한다고 보았다. 그는 "과도기 국가가 과도기 시민사회를 형성한다"고 말하기도 했다(Watson 2008, 14-47). 중국 내 장징 교수는 상하이시 푸동(浦東) 칭쉐이위엔(淸水苑) 주택 단지 분쟁 사건에 대한 분석을 통해, 업주들의 개인 재산권 보호 운동을 시민의 자치 영역인 하나의 '신공공공간'(新公共空間, new public sphere)을 세우는 시민사회 형성 과정의 하나로 이해하고 적극적인 의미를 부여했다(張靜 2002, 10-34; Zhang 2003; 張磊·劉麗敏 2005, 144-163). 조우슈삔은 업주들이 자신들의 재산권 수호 운동에 참여함으로써 유산자로서의 정치 열정과 행동 능력을 보여 주기 시작했고, 특히 인민 대표 경선에 조직적으로 참여함으로써 사회·정치적 영향력을 확대시킬 수 있었다고 평가했다(鄒樹彬·唐娟·黃圍平 2004, 35-43). 리판 역시 업주 운동이 업주의 등장 → 권익 보호 활동 → 참정(인민 대표, 이익대표)이라는 자기 발전의 경로를 밟고 있으며, 경제개혁과 정치 개혁을 하나로 결합시키게 된다고 낙관하고 있다(鄒樹彬

2004, 157; 鄒樹彬 2005, 13-16; 李凡 2003). 동일한 맥락에서 시아젠중도 시민사회 이론으로부터 출발해, 업주위의 출현을 중국 도시 사회에서 역사상 최초의 진정한 시민사회의 맹아 형태라고 보았다(夏建中 2003).

이상과 같은 재산권 수호 운동은 도시 지역 못지않게 농촌에서도 집단적 저항의 형식으로 빈발하고 있다. 구체적으로 중국 사회과학원의 2004년 조사에 따르면, 조사 대상이 되었던 130건의 집단적 저항 사건과 경찰과 충돌한 사건 중에서 발생 원인의 66.9%가 토지문제와 관련이 있었으며 특히 부동산 개발 과정에서 토지 보상을 제대로 해주지 않음에 따라 집단 저항이 일어난 비율이 60.1%에 달했다고 한다.[6] 이처럼 도시, 농촌을 막론하고 재산권 관련 문제가 가장 뜨겁게 밑으로부터의 집단적 저항을 유발시키는 중요 요인이 되었다.

업주위원회와 같은 세력 이외에, 분출하고 있는 시민사회 세력들로는 노동 세력, 농민, 농민공, 도농 기층 자치 조직들도 거론할 수 있으며, 다원화된 중국 사회의 수많은 이익 갈등과 조정 과정을 검토하기 위해 새로운 '중국 특색의 시민사회론'을 생각해 볼 수 있다. 가령 '최소주의 시민사회'(이남주 2007), '사회주의 시민사회론,' '선치'(善治, good governance)(兪可平 2003, 194-204), '국가 주도형 시민사회론'(State-led Civil Society)(Frolic 1997) 등이 그 예이다. 국내의 이남주는 '최소주의 시민사회'의 관점에 서서 중국 NGO의 출현과 활동에 주목하고 있다. 이민자는 최근 중국 사회 내에 '밑

6_于建嵘(2005, 23). 토지 개발 수익의 분배 비율을 보게 되면, 수익의 대다수인 40~50%는 부동산 개발상이, 20~30%는 상급 지방정부에게 돌아갔다. 나머지 20~30%가 향진 정부 이하로 배정되었으며 그중 농민에게 보상되는 액수는 5~10%에 불과했다고 한다(劉彦 2007, 47; 이기현 2010, 56).

으로부터 집단 저항' 운동이 확산되고 있음에도 불구하고, 여전히 국가는 시민사회의 주요 행위자들(민영기업가, 지식인, 사회단체)을 '엘리트 포용 전략'(Elite Co-optation strategy)을 통해 사회 내로 통합시키고 있다고 진단하고 이른바 '중국 특색의 시민사회'론을 추론하고 있다(이민자 2008/2009, 13-41). 이상의 최근 시민사회 논의들은 대체로 국가-사회의 독특한 상호작용을 강조한다는 점에서 의미 있는 분석 틀이라고 볼 수 있다.

2) 조합주의의 적용과 변용

개혁·개방의 확대에 따라 시민사회의 각종 민간 조직이나 단체가 확장되었음에도 불구하고, 여전히 중국의 각종 시민 조직들의 자율성, 자주성, 자치성의 결여가 지적되면서 국가 조합주의적 접근법이 강조되기도 한다.

그렇다면 조합주의는 무엇인가? 주지하다시피 1930년대 파시즘에서 조합주의의 연원을 찾을 수 있지만, 대체로 조합주의 모델이 현대 정치에서 일반화된 계기는 크게 전체주의 및 권위주의 체제 내 국가-사회관계뿐만 아니라, 선진 서구 유럽 사회의 노·사·정 3자 이익대표 체계에 대한 분석을 시도하는 과정에서 비롯되었다고 볼 수 있다. 전자는 흔히 '국가 조합주의'로 후자는 '자유적 혹은 사회적 조합주의'(liberal or societal corporatism)로 불린다. 중국의 경우 권위주의 정치체제를 유지하는 한에서 흔히 국가 조합주의를 통해 중국의 국가-사회관계가 분석되어 왔다(Chan 1993; Unger and Chan 1995). 국가 조합주의 모델은 국가 통치의 각도에서 출발해 정부의 사회 관리 목표를 실현하기 위해 정부가 선정한 전국적 차원의 유일한 이익대표체인 각급별 사회단체와 정부가 상하 통제(top- down control)의 특수한 관계를 유지시키는 것이라고 볼 수 있다. 국가 조합주의 시각은 또한 정부가 이익대표체인 협회나 사회단체를 통제하고 있을 뿐만 아니라 심지어 사회단체의 설립 시 중요한 역할을 하기도 한다고 본다. 그 결과 국가의 사회단체에 대한 통제는 사회단체로 하여금 국가의 통제 도구로 전락하게 만들기 때문에 국가로부터 독립된 시민사회의 발전을 억제하기도 한다.[7]

국가 조합주의적 분석 틀을 중국에 적용한 대표적인 학자들인 애니타 챈(Anita Chan)과 조너선 웅거(Jonathan Unger)는 1990년대뿐만 아니라 21세기 중국의 각종 사회단체를 분석할 때도 여전히 같은 모델을 적용해 논구하고 있다. 그들은 정부가 등록 인가, 운영 자금 지원, 인사 관여 등의 방법으로 시민 조직에 개입하기 때문에 여전히 중국 특유의 '국가 조합주의'가 적용 가능하다는 입장을 취했다(Unger and Chan 2008, 48-69). 최근 중국 내 학자들도 이런 국가 조합주의 연구 방법이야말로 국가의 시민사회에 대한 참여와 통제 및 국가-사회 간에 제도화된 연계 통로를 이해하는 데 필수적이라고 강조하고 있다(劉安 2009; 晋軍·何江穗 2008).[8] 이런 국가-사회 모델은 '강국가-약사회' 모델로 제도화된다고 볼 수 있다. 그렇지만 이런 모델은 '자본주의의 사회적 조합주의'(capitalist societal corporatism)와 구분되어 소위 '사회주의적 사회적 조합주의'(socialist societal corporatism)로 설

7_'국가 조합주의'에 관한 고전적인 정의는 1974년 필립 슈미터(Philippe C. Schmitter)가 제시한 것이다. "조합주의는 하나의 이익대표 체계(a system of interest repre- sentation)로서 정의될 수 있다. 이 체계 내에서 구성단위들은 위계적으로 질서 지워지고 기능에 따라 분화된 범주 내로 조직되는데, 그 단위의 수는 제한된 단 하나만이 존재하고, 조직에의 가입이 의무적이며, 상호간에 경쟁이 배제된다. 이들은 국가에 의해 설립되지는 않지만 승인을 받거나 허가를 받는다. 이들은 자신의 지도자를 선출하거나 요구와 지지를 표출하는 데 있어 국가로부터 모종의 통제를 받는 대가로, 각자 영역 내에서 독점적인 대표권을 부여 받는다"(Schmitter 1974, 93-94; Unger and Chan 2008, 50-51).

8_중국 내 조합주의에 대한 상세한 소개는 張靜(1998) 참고.

명될 수도 있다. 챈과 웅거는 최근 글에서 중국의 변화된 국가−사회관계를 시민사회론적 프리즘보다는 조합주의 프리즘으로 보는 것이 바람직하며, 조합주의 모델 또한 기존의 주류 모델인 국가 조합주의로부터 점차 '사회적 조합주의'로 이행하는 과도기에 있다는 주장을 제기하고 있어 주목을 받고 있다(Unger and Chan 2008, 63-68). 심지어 그들은 전반적인 민주화가 없이도 이런 이행의 가능성을 충분히 고려할 수 있다고 본다. 가령 노조나 기업가 협회를 비롯한 각종 단체나 조직에서, 그 구성원들이 대표 선출이나 중요 의사 결정 과정에서 직접 참여와 자주적인 권리 행사를 통해 영향력을 확대하고 있는 점은 사회적 조합주의 프리즘으로 국가−사회관계를 조망할 수 있는 단서를 제공하고 있다는 것이다. 그럼에도 불구하고 경제·사회적 활동의 핵심 영역에서는 여전히 국가 조합주의가 관철되고 있음도 유의할 필요가 있다.

개혁·개방 30여 년이 지나면서 폭발적으로 증가한 NGO 단체에 관한 연구들이 큰 주목을 받아 왔다. 중국의 국가−사회의 상호작용 측면에서 볼 때, NGO와 국가 간의 상호작용에 관한 연구는 중국 특색의 시민사회 형성과 특징을 이해하는 데 기여해 왔다고 볼 수 있다(王名·劉國翰·何建宇 2001; 王紹光·何建宇 2004; 徐宇珊 2008). 이 분야에 대한 연구 모델 역시 시민사회론과 조합주의론이 대표적이었다. 시민사회 내 NGO의 양적 증가와 발전에도 불구하고 여전히 국가와 NGO 사이에 형성되고 있는 관계는 기실 조합주의 관계라고 보고 있는 중국 학자들이 여전히 많이 존재한다(顧昕·王旭 2005; 張鐘汝·范明林·王拓涵 2009). 대체로 국가와 NGO 상호관계에서 '수권'(授權), '통제', '독점성'은 국가 조합주의의 세 가지 주요한 지배 수단이라고 볼 수 있다. '수권'의 경우 법규에 의거하거나 정부 차원의 인허가를 통하는 방법이 동원될 수 있고, '통제'의 경우는 업무 주관 단위를 설치하거나 운영 경비를 지원하는 방법, 사회단체 및 시민 조직의 책임자나 대표 선출시 개입하는 방법이 있으며, '독점적 지위'는 NGO 기구 설립시 정부가 나서서 건설하거나 동일 영역에서 경쟁을 배제해 주는 방법 등이며, 이들을 통해 사실상 국가가 민간 조직들을 관리한다고 보고 있다(范明林 2010).

III. 시민사회의 분화와 발전

1. 시민사회 개념의 확장과 발전

근대 자본주의의 산물인 시민사회는 시대와 국가 그리고 학자들에 따라 다양하게 해석되고 이해되어 왔으며, 지금도 그 개념은 여전히 변화 과정에 있다. 일반적으로 시민사회란 개념의 분화와 의미를 세 가지 차원에서 요약, 정리할 수 있다.

첫 번째 시각은 게오르크 헤겔(Georg Hegel)의 법철학 전통에 기반을 두어 국가와 시민사회(die bürgerliche Gesellschaft)를 구분해 이해하는 것이다. 이런 헤겔의 입장을 계승한 마르크스는 시민사회를 모든 사적 개인의 이익 관계의 총화이자, 개인들의 물질적 교환의 형식이며 생산관계의 총화로 인식했다. 그는 또한 시민사회를 자본주의 사회 혹은 부르주아 사회(자산계급 사회)와 동일시하기도 했다(俞可平 2008, 16). 때문에 헤겔이나 마르크스는 정치사회로서의 국가와 시민사회가 양분되어 상호 의존적 관계에 있다는 이원론적 관점에 서 있었다. 최근 신자유주의자(Neo-liberalist)들은 헤겔의 전통을 이어받아 시민사회와 시장경제를 융합시켜 이해한다. 이들 그룹은 시장 자본주의를 보호하기 위해 국가의 시장규제(regulation)나 과세에 반대함으로써 시민사회 개념을 둘러싼 논쟁을 불러일으키기도 한다.

두 번째 시각은 시민사회와 자유 민주의 요소를 동일시하고 있는 관점이다. 이는 서구 정치적 자유주의자의 기본 관점으로, 이들에 따르면 시민사회는 민주화를 위해 가장 우선시돼야 할 필수적인 선행조건으로 받아들여져야 한다고 주장한다.

세 번째 시각은 가장 광범위하게 수용되고 있는 관점으로서 안토니오 그람시(Antonio Gramsci)나 알렉시스 드 토크빌(Alexis de Tocqueville) 그리고 위르겐 하버마스(Jürgen Habermas)와 같은 학자들의 지적 전통에 기반하고 있다. 이 관점은 특히 자치 조직들, 가령 종교 기구들, 노조, 언론 매체 등과 같은 자발적 단체에 주목하고 있으며 한층 더 개방적인 사회를 선호한다. 좀 더 구체적으로 말하면 국가와 사회 사이에, 자치 조직에 의해 공유되는 '중간 영역'(intermediary sphere), '공공 영역'(pubic sphere) 혹은 '생활 세계'(Lebenswelt)에 초점을 두고 이런 영역들이야말로 시민사회로 일컬어질 수 있다고 이해하는 것이다(Unger 2008, 2-4). 같은 마르크스주의자인 그람시나 하버마스는 시민사회의 사회경제적 의미를 강조하는 마르크스와 달리 사회·문화 및 조직의 의미를 더 중시했다. 하버마스는 사회·문화와 조직이 시민사회론의 발전에 크게 기여한다고 보았으나, 헤겔이나 마르크스처럼 정치사회(국가)와 시민사회로 양분시켜 한 사회를 보지 않고 더 확대시켜 세 가지 차원으로 나누어 보았다. 즉 정치 세계(정치 국가), 경제 세계(경제사회), 생활 세계(시민사회)로 나눠 현실 사회주의 사회를 분석했던 것이다. 여기서 생활 세계는 사적 개인의 자치 영역이며 순수한 개인 영역과 비관방적 민간 차원의 공공 영역을 다 포함한다. 이처럼 사회를 삼분법으로 나누어 볼 경우, 정치사회는 곧 정부 계통(제1부문)으로 그 주요 주체는 정부 조직이며 주요 역할은 관리들이 맡는다. 경제사회는 곧 시장 계통(제2부문)으로 그 주요 주체는 기업이며 주요 역할은 기업가가 행사한다. 시민사회는 곧 민간 조직 계통(제3부문, the third sector)으로 그 주요 주체는 민간 조직과 사회조직이며 그 주요 행위자는 시민이라고 볼 수 있다.

이런 삼분법에 기초해서 사회를 분석할 경우, 특히 사회주의 시장경제가 발전하게 되면 당연히 제2부문과 제3부문의 비약적 발전은 연쇄적으로 일어날 수밖에 없다. 특히 제3부분인 시민사회의 다종, 다기한 분출은 민주화나 정치 개혁을 추동하는 데 있어 유리한 환경을 조성한다고 볼 수 있다. 이런 이론은 개혁·개방 이후 중국 사회뿐만 아니라 동구 사회주의권에서도 그 실례를 찾을 수 있다. 동구 사회주의권 내 체제 저항적 지식인들은 대체로 세 번째 시민사회론에 많이 경도되어 '공공 영역'의 중요성을 인식했고, 공산당 통치에 반대하고 시장경제를 발전시켜야 한다는 입장으로 발전했다.

대체로 시민사회 개념에 관한 세 가지 이해를 중국에 적용시켜 볼 경우 첫 번째 시각, 신자유주의적 관점은 시민사회 형성의 경제적 기반을 이해하는 데 좋은 시각이라 할 수 있다. 그러나 중국 정부가 시민사회에 대한 개입이나 시장경제에 대한 조정을 포기할 수 없는, 규제주의적 국가 틀로부터 벗어나기는 힘들 것 같다. 즉 '발전 국가'(developmental state)나 '국가의 복원'(Bringing the State Back In)은 아직 중국에게 불가피한 선택일 것이다.[9] 둘째 시각은 다분히 서구의 정치적 자유주의적 시각을 담고 있기 때문에 중국공산당이 기피하고 우려하는 관점이라고 볼 수 있다. 반면 세 번째 시각은 시장경제의 발전 속에서 자연스럽게 형성, 확대되고 있는 수많은 민간 조직과 공공 영역이 시민사회의 주요 동력으로서 민주주의 발전에 크게 기여할 것으로 보이기 때문에, 필자는 중국 시민사회와 민주개혁을 이해하기 위해서는 이 세 번째 시각이 결정적인 열쇠가 될 수 있다고 본다.

2. 중국의 시민사회 내 민간 조직의 발전 실태

1) 중국의 시민사회 내 민간 조직의 분화와 특징

시민사회는 정치 국가로부터 상대적으로 독립적인 민간 공공 영역이다. 그리고 그 기초와 주체는 바로 여러 가지의 민간 조직(NGO)이다. 하지만 현재 민간 조직에 대한 중국 학계의 연구는 시민사회에 대한 연구보다 더 혼란스러운 상황이다. 학자들의 저서나 정부의 문서에서 자주 사용되는 '사회조직'이라는 명칭에는 비정부 조직, 비영리 조직, 민간 조직, 시민 단체, 중개 조직, 군중 단체, 인민 단체, 사회단체, 제3부문 조직, 자원봉사 조직 등이 있다. 일반적으로 이런 명칭의 본질적인 구분은 없다. 하지만 상술한 개념을 보다 엄밀히 살펴보면 이들을 명확히 구별해야 할 필요성이 있다. 왜냐하면 이런 개념은 서로 다른 각도에서 시민사회의 특징을 강조하고 있기 때문이다. 중국공산당 제17차 전국대표대회 보고서에는 정식으로 '사회조직'이라는 개념을 명확히 했다. 사회조직은 대체로 학계에서 말하는 '민간 조직'의 개념과 비슷하다. 그렇다면 '민간 조직'이란 무엇인가? 민간

9_조영남은 중국의 정치 개혁과 중국 특색의 민주주의, 그리고 국가-사회관계를 동아시아 발전 국가론적 관점에서 분석하면서, 대체로 중국의 정치발전은 '민주화가 아닌 제도화 우선'의 동아시아 발전 국가 모델을 추구해 왔다고 보고 있다(조영남 2009).

그림 1 | 중국 민간 조직의 분류: 등기 방식에 따른 분류

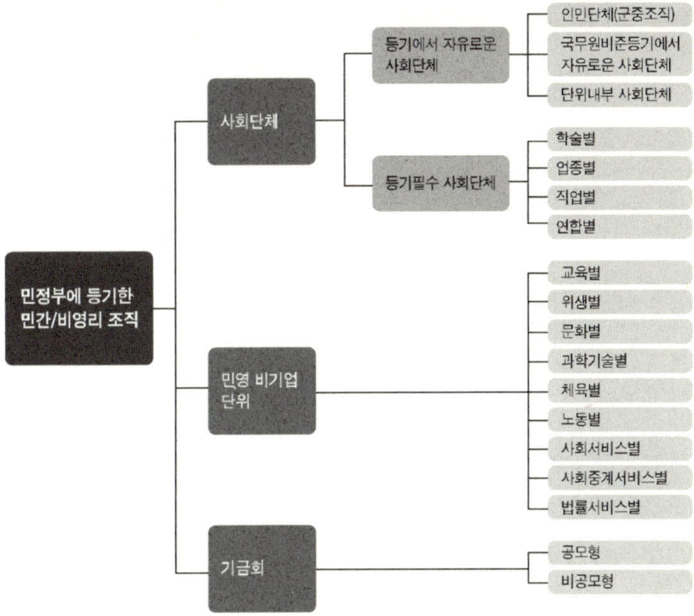

자료: 袁瑞軍(2009).

조직은 시민사회의 주체로서, 공동의 이익을 추구하는 시민이 스스로 결성한, 이익 추구를 목적으로 하지 않는(비영리) 사회단체로 아래와 같은 네 가지 특징을 지니고 있다. 첫째는 비정부적 성격이다. 둘째는 영리 추구를 목적으로 하지 않으며, 일반적으로 공익이나 공공서비스를 조직의 주요 목적으로 삼는다. 셋째는 상대적 독립성이다. 이는 독립적인 조직 및 관리 시스템을 가지고 있으며, 독립적인 수입원이 있을 뿐만 아니라 정치적으로나 관리 혹은 재정 측면에서 모두 정부의 직접적인 간섭을 받지 않는 상당한

정도의 독립성을 의미한다. 넷째는 자발성이다. 시민사회 조직에 참여하는 구성원은 강제적인 것이 아니라 자발적으로 참여한다. 민간 조직의 이런 특징은 정부 기관이나 기업 조직과 구별된다(俞可平 2008, 18).

민간 조직들을 도표를 통해 보다 분명하게 분류해 보면 〈그림 1〉과 같다.

2) 민간 조직의 현황과 평가[10]

민간 조직의 수나 사회적 역할을 둘러싼 중국 시민사회 현황에 대해 중국 내 학자와 정부 관원의 평가는 극명한 차이를 보여 주고 있다. 왜 이런 차이가 나타나는 것일까?

우선 민간 조직의 수에 대한 통계를 보면, 정부와 학계는 물론이고 학자들 사이에서도 엄청난 차이를 보이고 있다. 민정부의 최신 통계에 따르면, 2008년 6월 말까지 전국 여러 가지 민간 조직은 38만 6,400개에 이른다. 그중 사회단체는 21만 1,000개, 민영 비기업 단위는 17만 4,000개, 재단 혹은 기금회(基金會)는 1,392개이다.[11] 하지만, 학자들이 주장하는 수치는 이보다 훨씬 많다. 칭화(淸華)대학교 민간조직연구소(NGO연구소)는 200만 내지 270만으로 추측하고 있고, 최대로 800만 개까지 추측하는 학자도 있다. 허쩡커(何增科)는 2003년까지 전국에 등록한 사회단체가 14만 2,000개, 민영 비기업 단위로 등록한 단체는 12만 4,000개, 등록하지 않은 사회단체는 4만 개, 등록하지 않은 민영 비기업 단위는 25만 개(등록하지 않은 두 수치는 민정부 민간조직관리국 관원이 추측한 수치임), 노조(工會)·공청단

10_여기에 나오는 민간 조직의 현황 수치와 평가는 俞可平(2008, 18-20)에 나온 내용을 바탕으로 정리한 것이다.

11_중국 민정부 사이트, http://www.mca.gov.cn/.

그림 2 | 중국 민정부에 등록한 민간 조직의 수량 증가

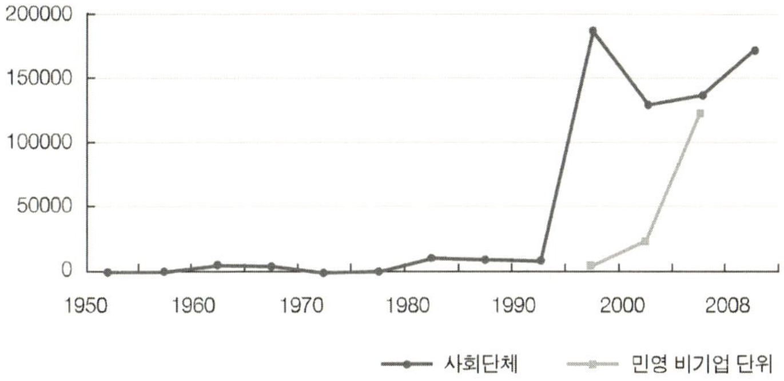

자료: 袁瑞軍(2009).

(共靑團)·전국부녀연합회(婦聯) 등 8개 인민 단체의 기층 조직(草根組織) 수는 537만 8,424개, 중국장애인연합회·중국계획출산협회·중국문예연합회 등 기타 준정부 사회 기층 조직은 133만 8,220개, 학생사회단체·사구문화오락단체·업주위원회·인터넷 사회단체 등 여러 가지 풀뿌리 기층 조직의 수는 75만 8,700개에 달하므로 전체 사회단체의 총수는 803만 1,344개라고 주장하기도 했다(何增科 2006, 122).

이렇게 큰 차이가 나타나는 원인은 무엇인가? 이는 크게 세 가지 원인이 작용하고 있다고 추측해 볼 수 있다. 첫째는 사회단체 등록의 문제이고, 둘째는 민간 조직의 귀속 기준 문제이며, 셋째는 통계적 어려움에서 온 문제이다.

우선 등록 측면에서 볼 때, 민정부의 통계 수치가 적게 나타난 원인은 등록된 민간 조직만을 집계했기 때문이다. 하지만 현실적으로 대부분의 민

간 조직은 정부 규정에 따라 민정부에 등록하지 않는다. 칭화대학교 NGO 연구소의 보고서에 따르면 '합법적으로 등록한' 민간 조직 외에 중국에는 현재 적어도 10개 부류의 '법외'(法外, 합법적 등록을 하지 않은) 민간 조직이 존재한다고 한다. 즉 (1) 공상관리국에 등록한 비영리 조직, (2) 도시 사구 기층 조직, (3) 딴웨이(單位)에 부속된 사회단체, (4) 농촌 사구 발전 조직, (5) 농민 경제 합작 조직, (6) 농촌 사구의 기타 공익 혹은 호조 조직, (7) 중국에 있는 해외 기부 조직, (8) 중국에 있는 해외 프로젝트 조직, (9) 중국에 있는 해외 화상회, 각 업계 협회, (10) 종교·사회단체 등이다(王名 2005).

다음은 귀속 기준 문제로 이는 민간 조직 수량 통계에 직접적인 영향을 미친다. 예를 들면 민간 조직의 수가 800만 개에 이른다는 추측은 노조, 공청단 및 부녀연합회 등을 모두 민간 조직에 포함시켰기 때문이다. 이 세 부류의 조직을 합쳐도 530만여 개에 달한다. 민정부의 통계 수치가 적었던 까닭은 당연히 노조, 공청단 및 부녀연합회를 민간 조직에서 제외시켰기 때문이다. 또한 2007년 6월 말까지 전국 도시·진(城鎭) 사구에는 총 13만 2,000개의 서비스 시설이 설치되어 있고, 사구 서비스 센터는 9,529개이며, 도시 주민위원회조직(사구위원회)은 7만 9,801개이고, 농촌 지역 촌민위원회는 총 61만 5,000개이다.[12] 이 두 종류의 도시 및 농촌 주민 기층 자치 조직만 해도 70만 개에 이른다. 따라서 민정부의 통계는 이런 주민 자치 조직을 민간 조직에서 배제시켰다. 이는 노조, 공청단, 부녀연합회가 법적으로 정해진 준행정기관(准行政机關)이고, 국가공무원 기준으로 관리를 하

12_民政部, "2007年上半年民政事業統計發展公報"(www.mca.gov.cn/artical/content/WGJ_TJGB).

고 있다는 점에서 일면 타당하게 보인다. 하지만 기타 주민 조직인 노인협회, 사구업주조직, 사구서비스조직, 시민권리보장조직, 그리고 주민위원회와 촌민위원회 역시 기층 자치 조직이라는 점에서 민간 조직에 포함시켜야 한다. 다만 이들은 특수한 주민자치 조직이다.

마지막으로 이런 통계 수치는 대체로 전수조사가 아닌 표본조사나 문헌 조사에 의존하고 있기 때문에 조사 주관 기관에 따라 현저하게 차이가 날 수밖에 없는 이유도 존재한다. 이런 여러 가지 변수를 종합적으로 고려해서 객관적으로 민간 조직의 수를 계산해 보면, 대략 300만 개 전후가 될 것으로 예상된다.

중국 사회에서 이 같은 폭발적인 민간사회의 증가를 어떻게 설명할 수 있을까? '강한 사회'를 반증하는 하나의 객관적인 근거로서 볼 것인가? 그러나 민간 사회조직이나 단체의 증가를 곧 시민사회의 역량 강화 논리로 일반화시키는 것은 단순화의 위험성이 있다. 오히려 국가가 증가된 시민사회 조직들을 어떻게 흡수, 통합 내지 포용, 관리하고 있는지가 더 중요한 연구 주제가 될 것이다.

IV. 21세기 중국의 국가-사회관계의 변화: '강한 국가'와 '강한 사회'는 양립 가능한가?

다양한 사회적 부작용에도 불구하고 개혁·개방 30여 년은 시장경제 전면화와 함께 중산계층의 확대, 사회적 이해관계의 다원화, 권익 수호 운동의 빈발, 인터넷의 확산 등으로 시민사회 내 시민 세력의 의식화와 조직화를 가능하게 했다. 그리고 이런 일련의 과정과 결과는 정치 개혁과 민주화를 향한 주객관적인 조건이 중국 사회에 일정 정도 자리한 것으로 해석될 수 있다.

게다가 50인 이상 참여한 집단 시위가 2006년 8만 7,000건에서 2008년에는 12만 7,000건으로 급격히 증가함에 따라 바야흐로 중국 사회는 시위 공화국으로 전변되기에 이르렀다. 이에 따라 중국 정부의 체제 위기감과 우려 그리고 정치 개혁의 압박감은 날이 갈수록 가중되고 있다. 특히 도시 내 신흥 시민사회 세력이 등장하면서 시민사회 역량은 가히 고무적이라 할 만큼 성장해 정부를 압박하고 있다. 주택 및 부동산 소유권자인 업주(業主)들의 권익 옹호 투쟁의 전개는 업주 혁명 혹은 유산자(부르주아) 운동으로 주목받고 있고, 재산권을 둘러싼 업주, 업주위원회(業主委員會), 시행개발회사(開發商), 물업관리회사(物業管理公司), 사구(社區), 주민위(居民委員會), 지방정부[구정부, 가도판사처(街道辦事處)] 사이의 이익 충돌과 협력은 도시 내 새로운 거버넌스의 필요성을 요구하고 있다(Cai 2005; Read 2003; 李平 2004). 또한 급속한 경제성장에 따른 이익 갈등과 시민의 권리 의식의 성장은 '행정소송법', '노동계약법'(2007년)과 같은 법적 개혁을 촉진시켰다.

그럼 이와 같은 시민운동의 확산과 시민 의식의 성장이 이뤄 낸 최근의 강한 시민사회 양상에서 국가는 어떤 모습을 보이고 있는가? 과연 시민운동의 확산이 '약한 국가'를 초래하고 있는 것인가? 만약 그렇다면 중국의 경우 '강한 국가'와 '강한 사회'가 병존할 수 없다는 것인가? 일부 학자들은 민주적 저항운동의 조건이 무르익어 감에 따라, 중국의 초창기 체제 도전 세력들은 한층 더 탄력적이고 세련된 방식으로 적응해 나갈 것이라는 낙관적인 전망을 하기도 했다. 즉 사회 세력의 힘의 증가는 새로운 시민 의식의 성숙과 함께 시너지 효과를 일으키고 있고, 이에 따라 '강한 사회'의 부상은

'국가 능력의 부식'(the erosion of state capacity)을 낳고 있다(Pei 2000, 40-43; Pei 2006). 데이비드 샘보(David Shambaugh) 역시 마오 이후 국가의 사회 침투와 조종의 조직적 메커니즘이 실제로 약화되면서 해체되고 있다고 진단함으로써, '약한 국가' 대 '강한 사회' 모델을 주창하기도 했다(Shambaugh 2000).

하지만 이런 '강한 사회론'적 시각에 대해 만만치 않은 반대 논거를 가진 회의론적 입장도 존재한다. 1980년대 이래 중국과 인도가 비약적인 경제성장을 이룩하면서도 상대적으로 인도가 중국보다 개혁의 활력이 부족했던 이유를, 일부 학자는 인도의 다원주의적 민주주의로부터 초래된 이익집단의 방해와 정체(gridlock)에서 찾았다(Kohli 1990). 이런 평가를 바탕으로 스리니바산(T. N. Srinivasan)은 인도가 시도했던 개혁보다 중국이 더 큰 성공을 거둔 이유를 바로 확고한 통제력을 갖춘 중국공산당이 주도한 개혁과 중국의 권위주의 체제에서 찾았다(Srinivasan 2004, 245, 259). 즉 강한 국가에 대한 긍정적인 평가를 내렸던 것이다. 인도처럼 '약사회-약국가' 모델에 기반을 두어 다원주의적 민주주의가 추진된다 할지라도 실제 개혁 퍼포먼스의 결과는 좋지 않을 수 있기 때문에, 개발도상국의 경우 중국처럼 '강한 국가' 모델을 선호한다는 평가를 내린 것이다. 이런 맥락에서 달리 양(Dali L. Yang)은 '강국가-약사회' 모델을 견지하는 중국의 국가 능력에 대해 긍정적인 평가를 내렸다(Yang 2004). 양은 민주주의가 다소 위축된다 할지라도, 강한 국가를 견지하면서 더 많은 사유화와 시장 자유를 확대하는 것이 중국을 위해 보다 나은 선택이라고 인식했다. 덩샤오핑 집권기 이래 중국 정부 지도자들은 줄곧 국가 주도형 경제성장, 즉 '발전 국가' 모델을 견지하면서 경제 발전을 지속하는 것을 최대 핵심 과제로 여겼다. 즉 '발전이 철칙'(發展是硬道理)이며, 이를 위해 "안정이 모든 것에 우선한다"(穩定

壓倒一切)는 정책관을 가졌던 것이다. 이런 지도부의 정책관에서는, '강한 사회'에 기초한 '민주주의'의 확산이 6·4 톈안먼사건에서 보는 것처럼 '사회 안정'을 해치고 공산당 집권 체제에 도전할 시민 역량을 키울지도 모른다는 지도부의 우려를 낳게 하기에 충분했다.

위에서 언급한 '약국가-강사회' 모델에 대해 엘리자베스 페리(Elizabeth J. Perry)도 흥미로운 관점에서 이 모델을 반대하고 있다. 페리는 국가의 위축과 대비되는 시민 권리에 기반을 둔 새로운 시민 의식의 급성장이란 관점에 회의적이다. 그녀에 따르면 오늘날 중국에서 시위와 저항이 일상적인 일이지만, 국민들의 권리 의식과 '권리'란 언어는 다분히 국가를 매개로 한 것이며, 이것들은 국가가 정부의 법, 정책, 규정 등을 담은 팸플릿과 다양한 매체를 통해 선전함으로써 국가로부터 부여된 권리라는 흥미로운 해석을 내놓는다. 포스트 마오 국가가 전파하는 '개혁', '법적 권리'는 마오 시대 국가가 선전했던 '혁명', '계급투쟁'과 상당히 유사하다는 것이다. 마오 시대에는 시위자들이 패권적인 '계급'이란 언어를 빌려와 자신들의 요구를 관철시켰던 것처럼, 오늘날 저항 세력들은 '권리'라는 패권적 언어를 통해 자신들의 불만을 토로하고 조직화한다는 것이다. 이런 현상을 페리는 '권리 의식'(rights consciousness)이라기보다는 '규칙 의식'(rules consciousness)이라고 본다.[13] 여러 가지 이유로 사회주의 중국에 각종 시위가 빈발하고 있지만, 궁극적으로 이런 저항은 정치적으로 덜 불안한 것으로 입증되고 있다. 왜냐하면 중국 내 시위는 정규적이면서도 공식적으로 제한되고 있을 뿐만 아니라, 시민들도 자신들의 '합법적 권익'(lawful rights and interests) 쟁취

13_권리 의식과 규칙 의식의 상호작용에 대한 가장 최근의 분석으로 Li(2010, 47-68) 참조.

투쟁을 탈법적인 방식으로 전개하기보다는 오히려 '의법항쟁'이란 방식을 통해 전개한다는 점에서 규칙 의식이 관철되고 있기 때문이다(Li and O'Brien 1996, 28-61; 2006). 흥미롭게도 페리는 최근 '혁명적 권위주의'(revolutionary authoritarianism)라는 용어를 통해 규칙 의식을 다루고 있는데, 그 의미는 국가가 인가한 틀 내에서의 사회적 포용을 의미하며, 국민들은 국가가 정한 게임의 규칙을 따르면서 자신들의 목소리(권리)와 충성을 동시에 표현한다는 것이다(Perry 2007, 20-21). 이 시각이 주목받을 수 있는 까닭은 중국이 체제 전환(regime change)에도 불구하고 마오에서 후진타오 시대까지 각종 위기를 극복하면서 전례 없는 개혁의 성공을 이끈 데에는 마오주의의 혁명 유산이 깊이 작용했다는 것이다. 즉 '혁명의 복원'(Bringing the Revolution Back In)이 시도되어 왔고 이는 정치체제 내에 여전히 요청된다고 보았다는 점이다. 다시 말해 그녀는 체제 내 '혁명적 권위주의'가 끊임없이 작동된다고 보았다. 따라서 페리는 '강한 국가-약한 사회' 모델은 여전히 유효하다고 본다.

이뿐만 아니라 '강국가-약사회'에 기반을 둔 국가 조합주의 모델도 '약국가-강사회' 모델에 대한 대표적인 반론 근거를 제공하고 있다. 게다가 이 국가 조합주의 모델은 중국의 현 권위주의 정치체제와도 부합한다는 점에서 상당히 적실성 있는 분석 모델이자 사회 관리 제도이기도 하다. 이 모델은 중국공산당의 강력한 대민 통제와 관리의 기제가 작동되고 있는 현실을 반영하는 시각인 것이다.

기실 시민사회 모델이 자유주의 패러다임에 기초한 민주화를 지향하는 한, 중국공산당에게는 다분히 부담스러운 시각이 아닐 수 없다. 그럼에도 불구하고 머리말에서 제시된 구체적 사례에서 보듯이 역동적인 시민사회의 출현과 진출이 불가피하다면 이런 추세가 일방적으로 중국공산당에게 불리하다고만 볼 수 없을 것 같다. 왜냐하면 기층 민주의 확대와 위로부터의 정치 개혁이 역설적으로 오히려 인민의 자주 관리와 자치를 행사하도록 추동함으로써 인민의 불만을 해소할 수 있게 할 것이고, 또 지방 관료나 간부에 대한 견제와 균형의 역할을 한다는 측면에서도 중앙정부에게는 오히려 공산당의 통치의 효율성과 집권 정당성을 제고시킬 수 있는 긍정적 효과를 가져온다고 볼 수 있기 때문이다.

이런 잠재적 효과들은 여러 가지 반론들을 무색하게 만들고 있다. 바야흐로 21세기에 접어들면서 한층 더 뚜렷이 부각되고 있는 중국 시민사회 세력의 확대 강화 추세는 '강국가-강사회' 모델을 긍정적으로 적용시킬 수 있는 가능성을 보여 준다고 할 수 있다. 실제로 1990년대 후반부터 이 모델의 가능성을 거론하는 글들이 나오기 시작했는데, 대표적으로 탕스치(唐士其)는 '강한 국가'와 '강한 사회'의 병존 가능성을 주장했다(唐士其 1998). 또한 현재 실시되는 직접선거와 기층 민주의 건설을 통해서도 '강한 국가'와 '강한 사회' 모델이 중국에서 가능한 형태로 입증되고 있다고 보는 왕쉬(王旭)와 주젠깡(朱健剛) 같은 학자들도 있다(王旭 1997; 朱健剛 1997). 그러나 기층 선거에서 국가가 당정 기층 간부들의 선거에 직간접적으로 영향력을 행사하거나, 혹은 직접적으로 겸직 등 합법적 경로를 통해 영향력을 행사하고 있는 현실을 감안해 볼 때 '강한 사회'가 전면화했다고 보기에는 다소 성급한 측면이 있으며, '강한 사회'로 가는 과도기 정도로 표현하는 것이 적절할 것으로 보인다. 또한 구체적인 사례로서 '권익 수호 운동'의 일환인 업주 권익 운동의 확산이 곧바로 시민사회의 강화로만 이어지기보다는 오히려 당정 강화 혹은 행정 체제 강화(行政构建論)의 경향도 동시에 보이고 있음을 감안한다면, 업주의 권익 추구 활동이 조직화되면 될수록 정부의 대응 정책은 한층 더 교묘하게 강화될 것으로 보인다. 따라서 '강국가-강

사회'는 일체화되는 경향이 있어 보인다.[14]

이처럼 중국공산당의 입장에서 볼 때 변화된 현실을 반영해 '강국가-강사회' 모델이 수용되고 있다고 판단된다. 중국공산당은 개혁·개방 30여 년이 경과하면서 나타난 시민사회 내부의 변화에 적극적으로 조응하기 시작했다. 또한 중국공산당 지도부는 2007년 제17차 중국공산당 전국대표대회를 앞두고, 정치적 안정 속에 경제 발전을 지속적으로 추진하기 위해서 경제 발전뿐만 아니라 정치체제 개혁의 필요성에 대해서도 적극적으로 인식하기 시작했다. 이 전당대회 준비용 팸플릿인 '공젠'(攻堅)은 이런 지도부의 인식을 잘 보여 주고 있다.[15] 이것은 '강한 사회'의 부상에 대한 정부의 적극적인 반응의 표출이라 볼 수 있다.

공젠뿐만 아니라 국가 대응의 구체적인 예로 위커핑 당 중앙편역국 부국장이 쓴, 2006년에 나온 『민주는 좋은 것』(民主是个好東西)과 『민주와 팽이』(民主与陀螺) 두 권을 들 수 있다. 시대 변화를 반영한 이 두 권은 '강한 사회'에 기반을 둔 민주주의 확대 요구를 공산당 지도부에서 적극적으로 수용하겠다는 의지를 피력한 실례라 할 것이다. 이런 글은 후진타오 정부가 진정으로 '조화 사회'를 실현하려면 '민주'와 '자유'를 실질적으로 보장할 수 있는 정치체제 개혁을 단행해야 한다는 방향으로 논점이 집약되고

14_업주위원회의 이익 분출과 조정 그리고 당정 기관의 개입에 관한 상세한 내용은 김재관(2007) 참조.

15_周天勇·王長江·王安岭(2007). 제17차 전당대회 정치체제 개혁 관련 해석서로 나온 '공젠'에 따르면, 중국의 민주화 전략의 특징은 장기간을 요하는 '점진적인 민주화' 과정이며, 서구적인 다당제와 삼권분립 그리고 언론 자유, 보통선거 등을 배제하는, 일당독재를 전제로 한 '제한적 민주주의'라고 할 수 있다(周天勇·王長江·王安岭 2007, 7-10). 또한 중국은 지속적인 40여 년의 개혁을 거쳐 2021년에 이르면 '민주와 법치 체제가 완비된 현대 국가'를 건설할 수 있다고 전망하기도 했다(周天勇·王長江·王安岭 2007, 2).

있다는 점에서 의미 있는 진전이 아닐 수 없다(閻健 2006; 兪可平 2006).

또한 정부 차원에서 각종 민주제도 개혁을 추진하는 것도 '강사회-강국가' 모델을 중시하고 있음을 반증하는 사례이다. 주지하다시피 1990년대 후반 이래 최근까지 중국 내에는 실업, 지방 관료의 부패, 불법 세수 징수, 불법 토지 몰수나 거래에 의한 주민들의 재산권 침해 등으로 말미암아 전국적 차원에서 주민들의 수많은 집단적 저항운동들이 끊이지 않았다. 이에 중국 정부는 사회적 저항을 줄이고 정부의 통치력을 강화하기 위한 방법으로 법치 사회의 건설이나 새로운 거버넌스 제도들을 시도해 왔다. 가령 촌민 자치, 도시 주민자치, 공중 청원 제도, 참여적인 심의(審議) 제도(participatory deliberative institutions) 혹은 심의(협상) 민주주의 등과 같은 민주제도들을 도입하기도 했다. 그 가운데 특히 주목할 만한 제도는 참여적 심의 제도들이다. 구체적으로 중국에서 심의 제도 혹은 심의 민주주의의 시도들을 보면 민주간담회(民主懇談會), 민정간담회(民情懇談會), 주민논단(居民論壇), 향촌논단(鄕村論壇), 민정직통차(民情直通車), 민주청문회(民主听(議)証會) 등이 있다. 이런 참여 민주적 심의 제도들은 여러 차원에서 효과를 보이고 있다.[16] 이상에서 본 것처럼 기본적으로 중국의 '강국가-강사회' 모델은 제로섬(Zero-sum)이 아닌, 윈-윈의 정합적 게임(positive-sum game) 관계에 바탕을 둔 관점이라고 볼 수 있다.

16_ Yuqing(2006). 민주 심의(民主懇談) 제도에 대한 자세한 소개는 慕毅飛(2005) 참조.

V. 시민사회의 강화에 대한 국가의 대응

대체로 중국이 '민주주의의 질'(Quality of Democracy)의 제고보다 법치나 '법의 독재'에 기초한 사회 안정과 '업적 정당성'(performance legitimacy)을 중시하는, 강력한 집권당 혹은 '선봉당' 주도의 권력 엘리트에 의해 지배되고 있다는 점은 주지의 사실이다(潘維 2010). 이런 '강한 국가', '질서', '주권', '조화'를 유지시키기 위해 중국은 판웨이의 주장처럼 '법치선행론'을 강조하기도 한다(Pan 2006; 潘維 2003). '강한 국가'에 대한 선호는 자연스레 민주주의의 공고화보다 권위주의 경로의 지속성을 강화시킬 것이다. 21세기에도 중국에서 '신권위주의'가 여전히 사라지지 않고 새롭게 변형된 '탄력적 권위주의'(resilient authoritarianism) 체제를 유지하는 모습을 볼 때, 중국의 민주화로의 여정이 상당히 길 것으로 전망된다.[17]

이렇듯 중국이 '탄력적 권위주의'에 기초한 '강한 국가' 지배 질서를 여전히 유지하고 있는 비결은 무엇일까? 거스를 수 없는 시민사회의 확대 강화에 조응하는 중국 정부의 대응 조치와 전략들은 국가-사회관계의 변화를 전망할 수 있는 중요한 판단 근거가 될 것이다. 몇 가지 차원으로 나누어 구체적 대응 내용을 살펴보자.

첫째, 제도적 차원의 개선, 보완과 대응책을 들 수 있다. 실제로 앤드류

17_'탄력적 권위주의'는 Andrew Nathan의 '권위주의적 탄력성'(authoritarian resilience)에서 빌려 온 용어이다. 여기서 '권위주의'란 최고 권력 지도자의 선출에서 경쟁 선거를 배제하는 정치체제를 의미하지만 그렇다고 중국의 권위주의 체제가 전혀 변화를 보여 오지 않았다는 의미는 아니다. 그러므로 중국의 권위주의는 '탄력적 권위주의' 체제로 표현될 수 있고, 이와 비슷하게는 '탈전체주의적', '협상적' 혹은 '연성적' 권위주의로 표현될 수도 있다. Nathan(2008, 25-43) 참조.

네이선(Andrew Nathan)은 중국 권위주의 체제 유지의 비결로 다양한 '제도의 투입'(input institutions), 즉 지방선거, 신방(信訪), 상방(上訪), 인대(人大), 행정소송, 언론 등을 통해 인민들로 하여금 그들의 불만을 토로할 수 있게 하는 제도적 통로를 마련함으로써, 결국 체제 전반에 대한 도전 세력으로 변화되지 않도록 하는 일종의 수동 혁명적 대응 조치에 주목했다(Nathan 2003, 14-15). 이런 진단은 적실성 있는 분석이라고 볼 수 있다. 정부의 이 같은 제도 투입 조치들로 말미암아 정부에 불만을 품은 도시 및 농촌의 저항적 인민들이 법·제도의 틀을 벗어난 탈법적 투쟁 방식보다 오히려 '의법항쟁'이나 '이법투쟁'의 방식으로 투쟁을 전개하고 있다. 이것은 제도적 대응 조치들이 상당한 성과를 거두고 있다는 단적인 예라고 할 것이다.

둘째, 중국이란 비민주적인 체제가 독특하게 생존할 수 있도록 하기 위해 중국공산당은 영향력 있는 '특수한 사회 세력들' — 부상하는 기업가 계급이나 소외 계층들 — 을 체제 내화하는 작업을 진행해 왔다는 사실에 주목할 필요가 있다(Pearson 1997). 가령 기업주를 공산당으로 입당시켜 체제 내화시키는 것 역시 공산당의 효과적인 사회 통제의 기술일 수 있다(Dickson 2003). 이런 중국의 '홍색 자본가'가 공산당원이 되어 체제 옹호 계급으로 보수화하는 현상은 서구의 부르주아 계급이나 산업 노동자가 민주화의 전위 역할을 담당하는 것과 대조된다고 볼 수 있다. 1990년대 후반 이후 기업의 구조 조정에 따라 퇴출된 국유 기업 노동자, 퇴직연금 생활자, 시아강(下崗) 노동자, 농민공(民工) 들이 적극적인 저항 세력으로 등장하고 있으나, 기실 그들의 비판은 자유민주주의에 대한 열망보다는 마오 시대의 노스탤지어를 보여 주는 측면이 강하다는 지적도 강한 국가를 유지하는 데 기여한다고 볼 수 있다(Lee 2000a, 217-237; Cai 2002, 327-344). 게다가 고통

받는 노동자들이 지역별로, 세대별로, 직장 조건에 따라 분화됨으로써 국가에 도전하는 정치 운동은 고사하고 노동 조건과 기준 향상을 위한 통일된 노동운동조차도 제대로 구사하지 못했다(Lee 2000b, 71-92). 따라서 체제 도전 세력들에 대한 국가의 대응 측면에서도 '강한 국가' 경향은 지속되고 있다. 특히 공안 당국은 유사시 언제든지 군대를 동원해서라도 지식인 집단과 노동자들의 연대와 같은 다양한 사회 세력들의 연대 투쟁 저지에 능숙하게 대처하고 있다.[18] 이상과 같은 국가의 일련의 대응 정책들은 국가의 '분리 지배'(divide & Rule) 전략이자 '포용 전략'의 일환이라 할 것이다.

노동자 농민의 관점에서 볼 때, 노동법 개정 및 농업세 폐지(2006년), 삼농 정책(三農政策) 등과 같은 조치들 또한 기층 소외 세력들을 포용할 수 있는 중요한 대응 전략이었다고 평가할 수 있을 것이다.

셋째, 당과 인민 사이에서 분열을 막고 유대를 강화시킬 수 있는 주요 교량 계층인 엘리트 및 간부들에 대한 공산당의 지속적인 힘의 행사이다. 즉 국가 운영의 근간인 정치 엘리트들을 선발, 감독, 보상할 수 있는 힘을 행사하는 것이다(Brødsgaard and Zheng 2004, 57-91). 달리 양과 배리 노턴(Barry Naughton)도 "중국은 중앙 통제의 핵심적 요소로서 인사관리를 맡는 노멘클라투라(Nomenklatura) 시스템을 유지해 왔다"고 보고, 이 시스템이야말로 국가적 통합을 이루는 가장 중요한 제도라고 보았다. 이런 관점은 체제 유지의 근간으로서 엘리트의 역동성과 협조를 강조하는 것이다(Naughton and Yang 2004, 9). 동시에 이것은 엘리트 포용 전략(elite co-optation)이 관철되고 있음을 의미한다.

18_국가의 억압 메커니즘에 대해서는 Tanner(2005) 참조.

VI. 맺음말: 국가-사회관계에 대한 전망

개혁·개방 30여 년이 경과하면서 중국의 국가-사회관계는 크게 변화하고 있다. 이익 다원화에 기초한 다원주의 사회가 형성되면서 이익집단, 사회집단들의 이익 충돌과 분쟁은 끊이질 않고 있으며, 시민들이 자신의 시민권을 쟁취하기 위해 다종 다기한 민간 사회조직들을 만들어 나가고 있다. 정부에 대항한 권리 수호 투쟁 과정에서는 시민들이 '거리 민주'에 주저하지 않고, 합법적인 수단을 통해 대정부 투쟁에서 승리하는 경우도 나타나게 되었다. 이런 중국 사회의 변화는 이미 중국에 시민사회가 발전하고 있으며, 이런 시민사회 내 시민 역량은 민주주의의 동력으로 작용되기 시작했다고 볼 수 있을 것이다. 바야흐로 21세기에 접어들면서 시민사회 역량이 더욱 확대 발전되어, 중국 내 국가-사회관계는 새로운 변화를 맞이하고 있다.

역사 발전의 관점에서 중국의 국가-사회관계를 정리해 보면, 근대 중국은 대체로 '약국가-약사회' 구조를 가졌다고 볼 수 있고, 신중국 성립 이후 마오 시기는 '유국가-무사회'의 전체주의적 일원론(totalitarian monism)에 기초한 사회였다고 할 수 있다. 문화대혁명의 소용돌이 속에 정부와 인민이 충돌했을 뿐만 아니라 엘리트 내부의 권력투쟁과 갈등도 심화되었다는 점에서 마오 시기의 국가 역량은 오히려 덩샤오핑 시기의 국가 역량보다 상대적으로 약했다는 평가도 가능하다. 때문에 개혁·개방 이후 덩샤오핑 시기의 국가-사회관계는 오히려 '초강(超强)국가-초약(超弱)사회'로 묘사될 수 있을 것이고, 국가는 '국가 조합주의'를 통해 효과적으로 사회를 관리 통제해 왔다고 볼 수 있다. 하지만 개혁·개방 30여 년이 지나면서 사회 내 이익 분화와 다원화는 점차 시민사회 발전을 크게 촉진시켰다. 이런 변화와 더불어 국가는 원래 사회가 맡아야 할 기능들을 행사해 오다가(辦社會功能) 이제 사회에 양도하게 됨으로써 사회의 자율성은 크게 신장될 수 있었다. 따라서 기존의 '초강국가-초약사회' 체제도 점차 관계의 변화를 보이기 시작했다. 특히 시장화 개혁이 사반세기를 지나면서 최근 '강국가-강사회' 모델로 중국의 국가-사회관계의 변화상을 설명하려는 움직임이 나타나고 있다.

과연 중국은 어떤 독특한 '강국가-강사회' 체제로 나아갈 것인가? 이 문제와 관련해 샤오꽁친(蕭功秦)은, 중국이 영미식 '다원주의' 모델보다는 독일, 일본, 타이완, 한국과 같은 나라들이 걸어 왔던 것처럼, 노조나 농민 단체들을 국가가 완전히 장악, 통제하던 것을 풀어서 이들로 하여금 많은 사회적 기능과 이익대표 기능을 수행하도록 유도하는 발전 모델, 즉 '사회적 조합주의' 모델을 수용해야 한다고 강조한 바 있다(蕭功秦 2010). 샤오꽁친이 주장하는 사회적 조합주의 모델은 여러 가지 효과와 이점을 고려해 볼 때 중국에 시사하는 바가 크다고 볼 수 있다. 우선 국가가 노조에게 기업 경영 및 관리에서 대표성, 자율성, 자치성 그리고 각종 재량권을 부여해 기업 성패의 책임을 지도록 부과하고, 국가는 거시적 정책 조정 정도로 머무는 것이다. 그러면서도 국가는 국가와 시민사회 사이에 협상 기제들을 마련해 노·사·정 사이에 3자 소통의 협상 제도를 마련하는 것이 요구된다. 이런 방법은 중국의 경우 효과적인 사회 관리 정책일 수 있다. 왜냐하면 이미 중국은 이전부터 총공회(中華全國總工會)나 공상련(工商聯)과 같은 전국적 차원의 이익대표, 이익 중개 조직을 가지고 있었기 때문이다. 이 같은 조직들에게 더 많은 재량권과 자유를 부여해 자주 관리를 하도록 유도하는 것은 '강국가-강사회' 체제에 맞는 정책 전환일 것이다.

중국의 국가-사회관계 모델이 기존의 조합주의에서 시민사회 모델로 전환하기에는 아직 시기상조일 수 있지만 그 맹아적 형태는 여러 곳에서 발견되고 있다. 중국은 현재 국가 조합주의에서 점차 사회 조합주의로 나아가는 과도기에 서 있기에, 이런 경로를 통해 시민사회의 공백을 채워 가는 것은 중국의 민주화와 정치발전에 우호적인 환경을 조성하는 길이기도 하다(Unger and Chan 2008, 67-68). 게다가 후진타오 집권기 중국은 기층 차원에서 정부 차원 심지어 당 차원에 이르기까지 정치 개혁과 '반부패 청렴 정치 건설'(反腐敗和廉政建設)을 진행시키고 있고 상당한 성과를 거두고 있는 것으로 보인다.[19] 이런 일련의 정책 추진의 귀결점은 법치 확립, 국가 효율성 증대, 그리고 공산당의 정당성 및 집권 기반 강화로 귀착되는 제도화라 할 것이다.

하지만 보편적 민주주의 관점에서 볼 때 이런 조치들은 유감스럽게도 민주주의 공고화와는 상당히 거리가 멀다고 볼 수 있다. 중국은 '강국가-강사회' 모델을 통해 양자의 양립 가능성과 병존 발전을 기대하지만, 사회 위기관리나 양자택일의 기로에 설 경우 언제든 압도적으로 강한 국가, 질서, 안정, 조화, 주권을 선호하는 경향이 지배적이다. 이런 정치 환경은 중국 특유의 '탄력적 권위주의' 체제를 자연스럽게 정당화할 수 있을 것이다. 이런 체제하에서는 민주화보다 제도화가 더 강조될 수밖에 없을 것이고, 보편적 민주주의 확립보다 법치화가 선행 과제로 나서게 된다. 따라서 이런 '탄력적 권위주의'는 '중국 특색의 민주주의'와 동전의 양면처럼 일체화되어 한동안 유지될 것으로 보인다. 중국의 민주개혁은 아직도 '부표'처럼 흔들리고 있다.

19_'반부패 청렴 정치 건설' 백서 내용은 中華人民共和國 國務院新聞辦公室(2010)을 참고.

6장

중국 도시 기층의 자율 공간 형성 가능성 탐색

베이징시 따시양신청, 스따이좡위엔 업주위 활동을 사례로

김수한

Ⅰ. 들어가며

개혁·개방 이래 중국에서는 경제구조 측면에서 시장화·사유화가 추진되면서 사회주의 계획경제에서 시장경제로의 경제체제 전환이 진행되고 있다. 이와 같은 경제개혁은 경제구조의 전환과 더불어 사회적 다원화·자율화를 증대시키고 있다(서진영 2008, 510-514). 이런 변화를 도시 공간을 통해 반영하고 있는 것이 바로 오늘날 중국 도시 사구[1]의 모습일 것이다.

• 이 글은 『現代中國硏究』 12집 2호(2011년 2월)에 발표한 글을 대폭 수정, 보완한 것이다.

1_원래 사구(社區)는 society의 중역인 사회(社會)와 구별 짓기 위한 community의 중문 번역이었으나 실제 중국 일반에서의 쓰임을 보면 거주지를 뜻하는 근린(近隣)이나 이전 주민위원회 관할 지역(小區)을 확대한 행정구역을 지칭한다.

중국의 도시 사구는 다양한 구성원들의 집합체로서 역동적인 모습을 보여 주고 있으며 이는 중국 단위 공공 주택(單位公房) 제도 개혁과 밀접한 관련이 있다.[2] 단위를 매개로 한 중국 당-국가의 도시 통치는 1990년대 중반 이후의 급격한 시장화와 국유 기업 개혁 심화로 인해 동요했다.[3] 특히 1998년 단위를 통한 실물 형태의 공공 주택 공급 중단, 공공 주택의 사유화, 상품 주택(商品房) 시장의 활성화를 내용으로 하는 도시 주택 제도 개혁은 단위와 주민 거주지의 일치라는 중국 단위제의 중요한 특성을 제거했다.

이로써 국가는 도시 근린까지 위계질서를 확장할 수 있었던 도시 통치의 중요한 수단과 기반을 상실하게 되었다. 반면 중국 도시 주거지는 사적 영역까지 침투해 사회 자율성을 억압해 온 국가 통제로부터 벗어나 이전보다는 자유로운 장소 특성을 갖게 되었다.

이 글은 다양한 이익이 표출되는 사회 공간이자 국가와 사회가 마주치는 구체적 장소로 변화하고 있는 중국 도시 사구의 등장에 주목하며 사구 자치 조직으로 '위로부터' 도입된 사구주민위원회(社區居民委員會, 이하 주민위)와 '아래로부터' 추동된 주택 소유자들의 자치 조직인 업주위원회(業主委員會, 이하 업주위) 활동에 대한 고찰을 통해 중국 도시 기층에서의 자율 공간 형성 가능성을 살펴보고자 한다.

주민위와 업주위는 각기 다른 권력 기초에 근거한 조직으로서 사구에서 활동하고 있다. 따라서 두 조직의 특징과 활동 내용을 살펴봄으로써 도

2_중국 당국은 변화하는 사회 환경에 대응하기 위해 폐쇄적 단위제에서 보다 개방적인 도시 기층 관리 방안인 사구제 건설에 박차를 가하게 되었다(Bray 2006, 530-549).

3_중국 도시 단위를 매개로 한 국가의 정치, 경제, 사회 통치 기능에 대해서는 楊曉民·周翼虎(1999, 65)를 참고.

시 기층의 미시적 수준에서 작동하는 국가-사회관계 파악을 위한 기본적인 이해의 틀을 제공할 수 있을 것이다.

중국 도시 기층 공간의 국가-사회관계 변화는 학계의 중요한 연구 주제로 자리 잡았다.[4] 많은 연구가 정부에 의해 도입된 사구관리제의 제도적 특성 및 자치 조직으로서 주민위가 갖는 구조적 한계를 지적하며 중국 도시 기층 통치에 있어서 변화보다는 체제 연속성을 발견할 수 있다고 주장한다(정해용 2008). 즉 비록 중국 당국은 새로운 기층 자치 모델로서 사구관리제를 선전하고 있지만 그 본질은 시장화 개혁기의 단위제를 대신해 기층에서 국가 통치를 지속적으로 유지하기 위한 제도적 장치라는 것이다(김종현 2007; 2010).

이런 국가 통치의 지속을 강조하는 연구와 달리 업주(業主, 주택 소유주) 등 사구에 새롭게 생겨난 행위자와 그들의 활동에 대한 연구를 통해 새로운 변화에 주목하는 연구 성과도 한 축을 이루고 있다. 벤저민 리드는 1999년 10월부터 2000년 11월까지 베이징, 충칭, 광저우 등지의 14개 사구에 대한 연구를 통해, 부동산 개발업자들과 정부 그리고 업주들 사이의 갈등과, 업주들의 자치활동의 전개 과정과 정치적 함의를 살펴보고 있다(Read 2003). 루이지 툼바는 베이징시에 대한 실지 조사를 중심으로 거주지에서의 집단적 갈등을 가져오는 이익 구조의 재편을 사구 특유의 폐쇄적인 공간 특성과 연관 지어 탐구하고 있다(Tomba 2005). 김도희는 국가권력을 지속적으로 유지시키기 위한 방안으로서의 사구 건설이, 기층 사회가 국가로부터 분리되어 자율성을 획득하는 것을 어렵게 만들고 있다고 보며, 사

4_사구주민위원회 선거제도의 등장과 특징 및 그 성과에 대한 논의로는 이정남(2007, 59-79) 참고.

구 공간에서 자발적으로 생겨난 조직의 자율성 확보가 사구 자치의 조건임을 강조하고 있다(김도희 2006). 이동진은 2003년 업주 권리 운동 활동가들이 선전과 베이징시 구(區) 인민대표대회(이하, 인대) 선거에 참가한 사례를 들어 업주 운동이 단순한 소비자 권리 수호 운동을 넘어서 정치적 시민권 성취를 위해 전진하고 있으며, 이는 중국 시민사회의 발전에 기여할 것이라고 전망하고 있다(이동진 2007).

김재관의 경우 이와 같은 아래로부터의 업주 활동의 의의와 시민사회의 맹아로서의 가능성을 부정하지는 않지만 이에 대한 국가의 통제는 보다 강해지고 있다고 주장하며, 중국 도시에서 발견할 수 있는 국가-사회관계의 특징을 강한 사회와 강한 국가의 조합으로 규정하고 있다(김재관 2007).

본고는 위와 같은 주목할 만한 기존 연구 성과에 기초해, 부동산 관련 법규의 도입에 따른 중국 도시 사구 관리의 제도화가 내포하는 국가 통제의 측면을 검토한다. 이를 통해 당국 주도의 중국 정치 제도화의 본질과 그 한계점을 파악할 수 있을 것이다. 또한 이런 사구의 환경 변화 속에서, 업주들이 자신들의 권익을 지키기 위해 합법적으로 용인된 주민위 선거에 대한 조직적 참여를 이뤄 낸 사례를 살펴본다. 이 사례는 밑으로부터의 사회적 자치 역량이 중국 거버넌스 기제로서 한계를 갖는 사구관리제를 갈등 해결과 안정 도모의 장으로 탈바꿈시킬 수도 있다는 새로운 가능성을 보여준다. 이와 같은 논의로 중국의 정치 제도화는 기본적으로 체제 유지에 공헌하지만, 다른 한편 새로운 자율 공간 창출의 기반이 된다는 점을 보여 줄 것이다.

이 글의 구성은 다음과 같다. 우선 제2절에서는 중국 도시 주택 제도 개혁 과정을 개괄적으로 소개하면서 중국 도시 기층 공간에는 어떤 변화가 있었는지 권력 구조를 중심으로 살펴본다. 제3절에서는 새로운 도시 기층 공간에 대한 국가의 대응인 사구관리제의 내용을 살펴보고 위로부터 도입된 주민위의 활동과 그 한계를 알아본다. 제4절에서는 밑으로부터 추동된 업주위가 변화된 통치 환경 속에 적응해 나가면서 자신들의 이익을 옹호하기 위해 어떻게 집단행동을 조직하고 이를 위해 어떤 전략을 채택하는지 구체적 사례를 중심으로 살펴본다.

마지막으로 결론에서는 논문 요약과 전망을 통해 사구가 궁극적으로 주민들의 협력과 자치로 운영되는 자율 공간으로 자리매김할 수 있을지 그 가능성과 실현 조건을 알아본다.

II. 중국 도시 주택 사유화와 기층 사회의 재편

이 절에서는 중국 주택 사유화에 따른 기층 사회의 재편과 도시 주거 공간의 권력 구조 변화를 알아본다. 중국 도시 주택 제도 개혁을 통해 주민위, 업주위, 물업회사가 사구 운영의 주요 행위자로 등장했고, 이는 과거 단위를 통한 국가의 일원적 통치가 관철되던 중국 도시 기층 공간에서의 권력 다원화를 의미한다.

1. 주택 사유화와 단위제 통치의 해체

사회주의 중국에서의 도시 통치는 계획경제 체제에 적용하기 위해 고안된 특수한 조직 형식이자 사회질서로서의 단위제를 매개로 하여 이뤄졌다.[5] 중국에서 단위란 도시에 있는 기업, 당정 기관, 교육·연구 기관 등의 작업장을 지칭하는데, 계획경제 시기 소속 직원에게 임금뿐만 아니라 주택 등 각종 생활 수단과 복지 혜택을 제공하면서 그들에 대한 통제력을 확보할 수 있었고, 국가는 단위를 통해 도시 기층에 대한 정치·경제·사회적 통제를 실시했다.[6] 시장경제의 도입에 따른 사회적 충격은 단위제 통치 질서에도 변화를 가져왔다. 개혁·개방 과정에서 도시민들은 단위 바깥에서도 생존에 필요한 자원의 획득이 가능하게 되었고 이에 단위에 대한 개인의 자원 의존이 상당히 약화되었다.[7] 이에 더해 1998년 단위가 소속 직원에게 거의 무상으로 제공하던 공공 주택 공급을 중단하면서 단위를 매개로 한 국가의 도시 통치는 근본적인 변화를 맞이하게 되었다.[8]

중국에서 주택은 1949년 중화인민공화국 성립과 사회주의 소유제 개혁을 거치면서 점차 그 상품 속성이 제거되고 공공재로 취급되기 시작했다.[9] 그러나 중국 당국은 1980년대 초반부터 주택 공급 부족과 재정 압박

5_사회주의 중국 도시에서 단위제의 형성과 그 특징에 대해서는 Bray(2005, 94-122)를 참고.

6_중국 단위가 갖는 복합 기능에 대해서는 楊曉民·周翼虎(1999, 65-71)를 참고.

7_국가가 단위를 매개로 공급하는 일련의 자원을 통해 국가-단위-개인 사이에는 통치와 복종의 권력 관계가 형성된다. 이에 대해서는 李漢林(2004, 36-40)을 참고.

8_주거지와 직장의 공간적 일치를 가져왔던 단위 공유 주택 중단이 결국 중국 단위제 약화에 중요한 작용을 했음을 밝힌 연구로는 김영진(2002, 255-281)이 있다.

9_도시 주택의 경우 제1차 5개년 계획까지는 자본가적 소유와 일반적인 개인 소유의 구분이 어느 정도 가능했으며 주로 전자를 공유화의 대상으로 삼았다. 개인 소유의 국가 소유로의 개조 작업은 대약진운동의 초기에는 도시 규모에 따라 차등적으로 집행되었으나 대약진운동이 심화됨에 따라 무시되었으며, 극단적인 경우에는 공유제 전환 기준을 무시하고 도시 내의 모든 개인 주택을 공유제의 대상으로 간주하기도 했다(임길진·이만형 1991, 88-89). 1978년까지 도시의 사유 주택 비율은 20.5% 정도로 축소되었으며, 잔존한 사유 주택은 질이 떨어지는 소형뿐이었다(黃笑難 2003, 5).

을 해결하기 위해 주택 제도 개혁에 착수하기 시작했다. 개혁의 핵심은 주택의 상품 속성 부활,[10] 공공 주택의 사유화 그리고 주택 시장 육성에 맞춰졌다.[11]

그러나 방권양리(放權讓利)의 분권화 개혁을 통해 보다 많은 재정 권한을 부여받았던 단위는 운용할 수 있는 자원이 증가했고, 사회에서 단위의 역할과 특징은 개혁 중반에 들어서 오히려 강화되었다(Naughton 1997, 182-183). 1990년대 들어 단위는 공유 주택 건설에 직접 참여하지는 않았지만 주택 시장을 통해 주택을 대량 구입해 소속 직원들에게 공공 주택으로 제공했다.[12] 이처럼 단위는 주택 개혁의 진전을 제약하게 되었고, 1980년대부터 시작된 중국 도시 주택 제도 개혁 조치는 1990년대 말까지 기대한 효과를 거두지 못했다.[13]

결국 1998년 7월 국무원은 〈도시 주택 개혁의 진일보 심화와 주택 건설 가속에 관한 통지〉(關于進一步深化城鎮住房制度改革, 加快住房建設的通知)를 통해, 단위에 의한 주택 공급을 중지하고 주택 소비 비용을 노동자 임금에 포함시켜 지급하도록 하는, 주택 분배의 화폐화(貨幣化) 조치를 단행한다.[14] 중국 당국은 이어 이미 개인에게 불하된 공공 주택의 재산권을

10_주택 속성 논쟁에 대해서는 蔡德容(1987, 9)을 참고.

11_주택 개혁은 당시의 주택 부족 문제 해결보다는 경제 효율성 제고를 목적으로 하고 있다는 의견에 대해서는 Marshall and Steekelenburg(1999, 93) 참조.

12_주택 개혁의 진전에 따라 주택은 이미 상품으로 재정의되었지만, 도시민들의 구매 능력은 미비해 당시 대부분의 주택 시장에서 주택 구매자는 바로 단위였다. 단위의 주택 집단 구매 행위에 대해서는 況偉大(2003, 127)를 참고.

13_주택 개혁에 대한 단위의 제약 작용에 대해서는 Wu(1996); Zhang(2000)을 참고.

14_중국의 WTO 가입을 앞둔 시점에서, 국유 기업이 그동안 담당하던 도시민 복지를 사회화(혹은 시장화)해 국유 기업의 경영 환경을 개선하고 기업 경쟁력을 제고하는 것이 시급한

명확히 함으로써 공공 주택의 매매 활성화를 도모했다.[15] 이런 조치에 힘입어 공공 주택의 사유화가 가속되었고 2002년에 이르면 도시 공공 주택의 80% 이상이 사유화된다(金儉 2004, 109).

이처럼 1949년 중화인민공화국 수립 이후 도시에 구축되었던 사회주의 주택 시스템은 1998년을 이정표로 하여 그 재산권 제도와 공급 메커니즘이 완전히 탈바꿈되었고, 이는 도시 주거지에 대한 국가 통제의 유력한 수단과 그 기반이 사라졌음을 의미한다. 도시 주택 사유화는 개인에게는 그동안 영위하지 못했던 고가의 재산 소유라는 새로운 권리의 획득과 향유가 가능해졌음을 의미한다. 도시 근린은 단위를 대신해, 새로운 통치 기제를 도입하려는 국가와 재산권에 기반을 둔 새로운 사회 역량이 조우하고 상호작용하는 장으로 전환하게 되었다.

2. 사구 권력의 다원화

중국 도시 주택 제도 개혁을 통해 사구에는 새로운 행위자와 조직이 생겼다. 우선 시민들이 단위 공공 주택을 불하받거나 분양을 통해 상품 주택 구입이 가능해지면서 업주라는 새로운 성격의 행위자가 사구에 등장했다.

과제로 대두되었다. 또한 당시 동아시아 금융 위기라는 돌발적인 외부 환경의 변화는 지체되었던 중국 주택 개혁을 추진하는 데 중요한 요인이 되었다(金修漢 2009, 592-594).

15_1998년 건설부는 〈이미 구매한 공유 주택과 경제 적용 주택의 시장 매매 관리 임시 방법〉(已購公有住房和經濟适用房上市出售管理暫行辦法)을 통해 표준가에 따라 구매한 공유 주택을 타인에게 매도가 가능하도록 했다(王麗 2001, 56). 단위제 해체에 따른 거주 공간의 특성 변화에 대해서는 Zhang(2007, 26-27) 참고.

업주들은 공동으로 자신들의 주택은 물론 거주지의 합법적 이익과 권리를 지키기 위한 노력을 기울이게 되었고 그 조직적 결과물이 바로 업주위이다.[16] 또한 주택의 관리 측면에서 주민들은 그 위상이 행정 대상에서 관리권자로 격상되었고, 주택 관리가 단위 관리의 공적인 행정에서 사적 서비스로 바뀌었다. 업주와의 계약 체결을 통해 물업공사(物業公司, 관리회사)가 주택 관리를 담당하기 위해 고용되었다.[17] 비록 새롭게 생겨난 조직은 아니지만 중국 사구 관리의 핵심으로 주민위가 거듭나게 되었다. 명목상의 자치 조직에 지나지 않았던 주민위는 그 관할 지역의 범위가 확대되었고, 전통적으로 치안, 위생, 문교, 민정 등으로 분할되어 있었던 업무 항목이 시민들이 필요로 하는 사회적 서비스의 제공에 보다 적합하도록 발전, 보장, 물업 등으로 조정되었다(吳志華 外 2008, 63-68). 주민위, 업주위, 물업공사는 사구의 '삼두마차'로 불리며 사구 운영의 주요 행위자로 부상했다.

과거 단위를 통해 국가의 일원적 통치가 관철되던 중국 도시 기층 공간에는 이제 상이한 권력 기반을 갖는 행위자들이 생기게 되었다. 우선 주민위의 경우 그 대표자의 선출이 주민 선거를 통해 이뤄짐으로써 대중 자치 조직으로 불리고 있기도 하지만, 여전히 말단 행정조직의 파출 기구인 가도판사처와 밀접하게 연결되어 있다. 업주위의 경우 주택 소유자들의 자치 조직으로서 사회 영역에 속한다. 물업공사의 경우 업주위에 고용된 경제조

16_업주위의 활동은 상당 기간 법률의 공백 상태에서 소위 '회색 영역'으로 진행되었다. 업주위의 법적 지위와 운영과 관련된 규정을 명확히 한 첫 번째 전국성 법률은 2003년에 발포된 〈물업관리조례〉(物業管理條列)였다.

17_공공 주택의 경우에는 국가나 단위가 주택 소유권을 가졌으므로 주택 소유권에서 파생하는 권리인 주택 관리권도 국가나 직장이 가지고 있었다. 업주위의 사회적 위상과 이에 따른 물업공사, 주민위 등 기타 조직과의 관계 변화에 대해서는 Zhang(2004, 138)참고.

직으로 업주위와는 시장 계약관계가 성립된다(吳志華 外 2008, 67-68). 각각의 조직들은 자신들이 가진 권력을 바탕으로 이익을 극대화하고자 시도한다. 특히 물업공사는 업주위의 피고용인 신분임에도 불구하고 자신들이 가진 자금·기술상의 우세, 그리고 시장 정보를 바탕으로 업주위에게 부여된 물업 감독권을 무력화시키기도 한다.[18] 한 조사에 따르면 조사 대상 주택 소유주의 약 52.7%가 업주위 설립 시 부딪친 가장 큰 어려움으로 물업공사의 방해를 들고 있다(夏建中 2005, 92).

사구 공간에서 나타나는 많은 갈등의 보다 근본적인 배경은 시 정부의 행정 권한이 구(區)와 가도(街道)로 이양되면서, 도시에는 부동산 개발을 둘러싸고 토지 거래를 통한 지대 이익에 치중하는 지방정부와 부동산 업체 사이에 일종의 이익 연합이 생겼다는 데 있다.[19] 부동산 관련 법규가 미비했던 2000년 초기 사구에서 발생한 많은 분규의 내용은 물업 관리와 관련되어 있다. 분양 초기 건설 회사는 미처 업주위가 설립되기 전에 신규 분양 아파트의 관리를 자신들의 자회사인 물업공사에 맡기는 경우가 다반사였다. 물업공사의 일방적이고 불합리한 아파트 관리비 항목 및 액수의 책정, 그리고 관리 서비스 질에 대한 업주의 불만족 등으로 인해 사구에서는 업주들과 물업공사 간의 불협화음이 끊이지 않았다. 또한 신규 분양주택의

18_물업 관리와 관련한 소송 사례는 劉子曦(2010)를 참고.

19_중국 도시 정부에서 도시 개발을 둘러싸고 시 정부와 부동산 회사가 맺고 있는 일종의 '성장 연합'의 내용에 대해서는 정해용(2008, 228); Reed(2007, 160-161)를 참고. 중국 도시 토지제도 개혁에 따라 토지는 지방정부의 주요 재정수입이 되었다. 1994년 중앙정부에 의해 도입된 새로운 세수 제도에 따라 그동안 지방정부가 향유했던 고정 세원이 줄어들었고 늘어난 지역사회 서비스 제공 등을 위해 지방정부는 토지사용권 양도와 부동산 관련 세수 확보에 몰두하게 되었다. 이런 토지제도 변화와 지방정부의 행위에 대해서는 김수한(2008); Cai(2007, 176-179) 참고.

공급자인 건설 회사와 소비자인 업주 사이에 마찰이 발생하는 경우, 물업 공사는 고용주인 업주가 아니라 모회사의 편에 서 주거지 내에서 업주들과 대리전을 치르며 사구에 갈등을 초래하기도 했다. 문제는 이런 갈등이 격화되었을 때 지방정부가 업체에 편향되어 사건을 처리하는 경우, 갈등은 사회적으로 확산되고 업주들은 불만의 화살을 정부로 돌리곤 했다는 것이다. 급진적 주택 개혁으로 법규 등 갈등 조정 기제가 마련되지 못한 상황에서 중국 도시의 부동산 영역은 폭발적인 성장을 계속하게 되었다.

III. 사구관리제의 도입과 그 한계

1998년 국무원 민정부 산하에 사구 건설 전담 부서가 설치되었고, 이어 2000년 11월 사구 건설의 강령성 문건으로 평가되는 〈전국적인 도시 사구 건설 추진에 관한 민정부의 의견〉(民政部關于在全國推進城市社區建設的意見, 이하, 〈의견〉)이 발표되면서 21세기에 접어든 이후 중국 도시의 사구 건설이 본격화되었다.

〈의견〉의 내용을 살펴보면, 정부의 사구 건설은 단위제 체제를 대신할 수 있는 기층 사회 관리 체제의 건립을 목표로 삼았고, 주민위의 자치적 기능을 활성화시킴으로써 정부에 의한 직접 관리를 대체하는 도시 기층 관리 체제 형성을 그 구체적인 실현 방법으로 채택했다.

3절에서는 오랫동안 명목상의 군중성 자치 조직에 지나지 않았던 주민위가 당국의 의도와 같이 실제 운영 과정에서 자치 기능을 발휘할 여건이 구비되어 있는지를 가늠해 봄으로서 위로부터 도입된 사구 건설의 구상이 현실에 어떻게 자리매김하고 있는지 살펴본다.

1. 주민위 대표 선출 방법, 입후보와 투표 방식

주민위 대표를 지역 주민이 직접 선출하는 사구주민위 선거는 새로운 도시 기층 자치의 핵심 내용으로 강조되었다.[20] 〈표 1〉은 2003년 중국 4대 직할시 주민위 선거 입후보 및 선거 방식을 유형별로 나눈 자료로서, 주민위 대표 선거 유형이 지역에 따라 다양하다는 것을 보여 주고 있다.

각 직할시에서 채택하고 있는 주민위 대표 선출 방식을 보면 베이징은 소조(小組) 대표[21]를 통한 대의원 선거가 90% 이상을 점하고 있으며 톈진에서는 가계 대표와 소조 대표 방식이 비슷한 비중을 차지하고 있다. 반면 사구관리제가 초기에 도입된 상하이시의 경우 유일하게 상당한 정도의 직선 방식을 채택하고 있다. 그러나 이런 직간접 선출 방식이 진정한 의미의 자치 기제로서 자리매김하기 위해서는 공정한 입후보 과정이 전제되어야 한다.

주민위 입후보 과정을 각 도시로 나누어 살펴보면 우선 베이징과 상하이는 거의 100%에 가깝게 주민 소조 추천 방식을 채택하고 있다. 충칭은 연명 추천과 자기 추천이 50% 비중을 차지하고 있고 톈진의 경우 주민위

20_중국 농촌 지역에서 지역 주민이 직접선거를 통해 촌민위원회 대표를 선출하는 촌민 자치의 경험은 사구관리제의 중요한 모델이 되었다(李凡 2003, 4).

21_소조 대표 선거는 30~50명을 한 단위로 해 1명 혹은 약간 명을 소조 대표로 뽑는데, 조 전 구성원의 과반수가 투표에 참여해야 인정된다(詹成付 2006, 21).

표 1 | 중국 직할시 2003년 사구주민위원회 선거 입후보 및 선거 방식 유형별 비중 (단위: %)

구분	지역	가도판사처 지명	주민 소조 추천	10인 연명 추천	자기 추천
입후보 방식	베이징		100		
	톈진	70	20	5	5
	상하이		95.1	4.1	0.8
	충칭		50	20	30
구분	지역	직선	가계 대표 선거	주민 소조 대표 선거	기타
선출 방식	베이징	0.6	7.5	91.9	
	톈진	2	50	48	
	상하이	31.4	0.8	61.8	6
	충칭		30	70	

자료: 詹成付(2006, 11-14)의 표 재정리.

입후보의 70%가 가도판사처 지명 방식임을 알 수 있다. 이상과 같이 충칭을 제외한 세 도시는 자율적 입후보가 가능한 자기 추천이나 주민 연명 추천 방식을 채택한 비중이 상대적으로 낮음을 알 수 있다. 이런 입후보 방식은, 주민위 선거의 선험적 모델이 되었던 농촌 기층 촌민위원회 선거가 일종의 자유 입후보 방식인 해선(海選) 방식을 점차 늘려 가는 경향과는 구별된다.[22] 주민의 자율 입후보 과정이 제도적으로 보장되어 있지 않은 상태에서 진정한 자치 기제로서의 사구주민위 선거는 한계를 가질 수밖에 없다. 예컨대 2009년 베이징시 창핑구 타이핑지아위엔(太平家園) 사구 선거관리위원회가, 당정과 마찰을 빚고 있던 업주위 인사들의 주민위 선거 참여를 막기 위해 꺼내 든 방법은 바로 후보 입후보 단계에서 그들의 참여를 봉쇄

22_2005~07년 중국 전역의 촌민위원회 전체의 98.4%가 선거를 실시했으며 선거 참여율은 평균 90.7%에 이르렀다. 촌민위원회 지도자에 대한 선출 방식에서 절대 다수가 촌민 직접선거를 선호하고 있으며, 다수의 농민이 촌민위원회 선거를 위한 경선에 직접 나설 수 있다는 의지를 보이고 있다(이홍규 2010, 145).

하는 것이었다(石毅 2005; 管兵 2010, 67-68).

이런 제도상의 한계 외에 주민위 선거의 보다 큰 문제점은 주민들이 선거 자체에 냉담한 반응을 보인다는 것이다. 2008년 4월 마무리된 광저우 1,443개 주민위 선거 결과를 취재한 한 언론 보도에 따르면 광저우 주민들은 주민위원회를 여전히 자신들의 자치 조직이 아닌 행정조직의 하나로 여기며 주민위 선거 참여에 냉담한 반응을 보이고 있었다(許琛 外, 2008). 난징시(南京市) 바이샤구(白下區) 61개 주민위 800가구 주민을 대상으로 사구 권력에 대한 주민들의 평판(聲望)을 조사한 한 연구에 따르면 조사 대상 주민의 평균 35.5%가 자신들의 관할 주민위의 명칭 및 위치를 모르고 있으며, 76% 이상이 '주민위는 정부의 대리인'이라는 인식을 가지고 있었다(閔學勤 2009, 30-31). 이와 같은 주민위에 대한 시민들의 인식은 다음에서 살펴볼 기층 행정조직과 주민위의 관계 그리고 이와 관련된 주민위의 실제 업무 내용과 밀접하게 관련되어 있다.

2. 가도판사처와 주민위원회의 관계

주민위의 실제 업무가 자치라는 명목과 사구의 현실에 맞게 스스로의 필요에 의해서 입안되고 실행이 가능한지 여부를 판단하기 위해서는, 주민위와 중국 도시 행정의 말단에 위치해 있는 가도판사처와의 조직적 관계를 살펴보는 것이 중요하다. 〈그림 1〉은 가도판사처와 주민위의 관계를 중심으로 보여 주고 있는데, 사구 내의 각종 조직들은 가도의 관련 행정 부서와 연계를 갖는 동시에 각 조직 내부의 당 조직을 통해 가도의 당 조직과도 연결되어 있음을 알 수 있다. 중국공산당의 기층 조직인 가도당공작위원회는

그림 1 | 사구의 당정 조직 구조

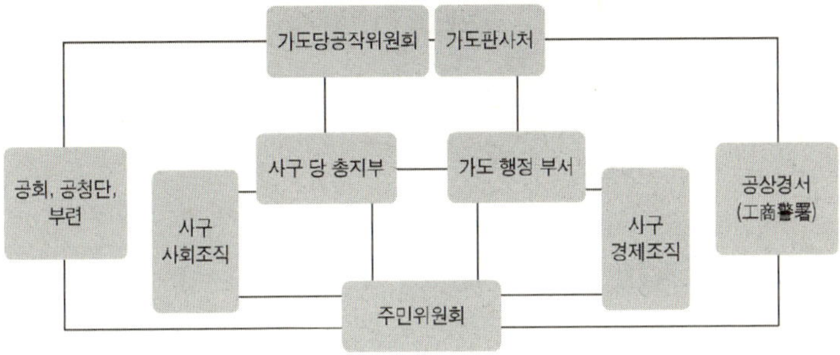

자료: 吳志華 外(2008, 66).

지역 업무에 있어 핵심 영도 작용을 발휘하고 있으며 가도 수준에서의 행정 부문과 밀접하게 연결되어 있다(本書編寫組 2001, 82). 가도당위는 사구에 당 총지부를 설치하며, 가도판사처는 행정 부서를 통해 주민위와 종적인 관계를 형성한다(吳志華 外 2008, 66).

이와 같은 가도와 주민위와의 종적이면서도 밀접한 구조적 관계는 주민위의 구체적 업무 내용에도 영향을 끼치게 된다. 가도판사처와 종적인 관계를 맺고 있는 주민위에는, 그 실제 수행 업무에 있어서도 가도판사처를 비롯한 상위 공공 기관으로부터 하달된 업무가 큰 비중을 차지하고 있는 것으로 알려져 있다. 칭다오시(青島市) 베이구(北區) 주민위를 조사한 연구에서, 주민위는 통상 약 100여 항목에 걸친 업무를 수행하고 있는데 그중 대다수가 정부가 위탁한 업무라고 밝히고 있다(潘小娟 2004).

〈그림 2〉는 사구 건설 시범 지역으로 선정되어 사구관리제가 비교적 초기에 도입되었던 우한시(武漢市) 한쩡가(漢正街)에 소재한 C사구의

그림 2 | 2003년 우한시 한쩡가 C사구주민위원회 업무 비중

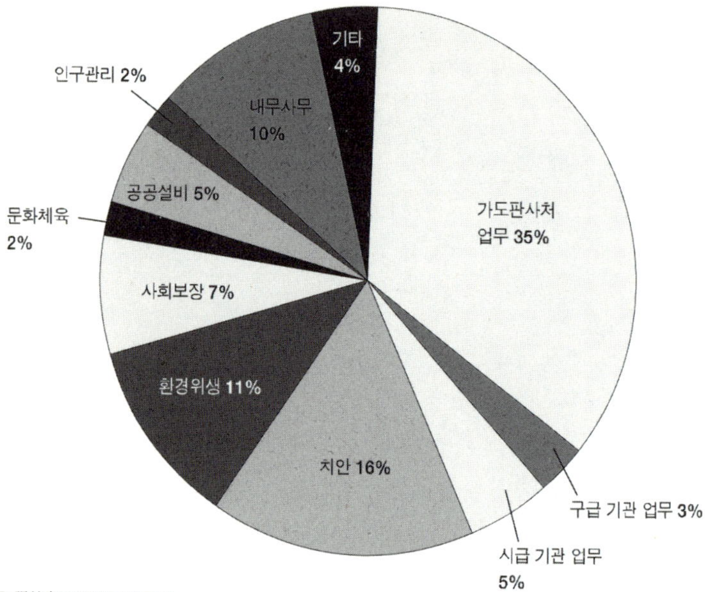

자료: 張銘宇(2005)의 내용 정리.

2003년 연간 업무 비중을 나타낸 것으로, 해당 주민위가 연간 처리하는 업무 가운데 치안, 환경위생, 사회보장 등 지역사회에 필수적인 자체 업무 외에, 시급 기관, 구급 기관 그리고 가도판사처로부터 직접 하달된 업무가 연간 약 842건에 이르며 이는 전체 업무량의 약 43%에 달함을 알 수 있다.

이상에서 살펴본 바와 같이 사구 자치 건설의 명분하에 위로부터 도입된 주민위의 경우 선거라는 형식에만 전착하고, 그 조직적 면에서는 가도판사처에 종속되고 그 기능적 면에서도 여전히 행정화 성향이 강조되는 상황에 빠져 있다. 주민위는 조직의 자치 정도를 가늠하는 중요한 척도인 재

정 자립도에서도 운영 재정과 위원회 간부의 생활 보조비 등을 정부에 전적으로 의존하고 있다.[23] 이런 현상은 주민위가 개혁·개방 시기 도시 통치 환경에 부응하기 위해 표면적 변화에만 매달렸을 뿐 실제 운영에 있어서는 전통적 관리 체제의 속성을 그대로 답습하고 있기 때문이라고 보인다(김종현 2010, 313). 이처럼 주민위를 통한 기층 자치제 도입을 주 내용으로 하는 중국 당정 부문의 새로운 도시 기층 관리 방식은 도시 사구에 깊게 뿌리내리지 못하고 있다.

IV. 아래로부터의 변화: 업주위원회 활동과 진화

위의 내용과 같이 국가가 단위제를 대신해 도입한 사구관리제도의 핵심인 주민위는 자치 조직으로서 제 기능을 발휘하고 있지 못하고 있다. 이 절에서는 주택 소유자들의 자치 조직인 업주위가 자신들의 이익을 옹호하기 위해 어떻게 자치활동을 펼쳐 나가며 기층의 자율 공간을 형성해 가는지 살펴본다. 특히 미비했던 부동산 관련 법규의 도입에 따라 점차 제도화되어 가고 있는 기층 관리가 업주위 활동에 어떤 제약을 가하는지, 그리고 이런 환경 변화 속에서 업주위는 자신들의 권익을 지키기 위해 어떤 전략을 선택하는지 베이징시 차오양구(朝陽區)의 따시양신청과 스따이좡위엔 업주위 자치활동의 사례를 중심으로 살펴본다.

23_관련된 자세한 내용은 〈중화인민공화국 도시주민위원회조직법〉(中華人民共和國城市居民委員會組織法) 제17항 참고.

1. 업주위 자치활동의 전개

중국의 새로운 기층 공간 변화는 상당 부분 주택 제도 개혁과 그 궤를 같이 한다. 통상 중국의 체제 전환 방식을 '점진적'이라고 보지만 1990년대 중국 주택 영역의 개혁은 그보다는 복잡한 양상을 보여 주었다. 즉 고가의 상품이라는 주택의 속성이 단위제라는 중국 특유의 제도적 특징과 맞물려 경로 의존(path dependence) 현상이 나타났고, 지체되었던 주택 사유화와 상품 주택 시장의 활성화는 1998년 급진적 조치를 도입한 연후에야 진전이 있었다.[24] 중국 도시에서의 급진적 주택 개혁에 이은 폭발적인 부동산 산업의 성장 속에서, 주택 시장 운행 및 주택 관리의 건전화를 위한 관련 법규와 제도는 미처 마련되지 못했다. 시공 회사와 물업공사는 유효한 규제 제도의 공백 속에서 유관 정부 부문과의 유착을 통해 일방적 설계 변경 혹은 비합리적 관리 비용 책정 등 문제를 유발했다. 주택 소유자들이 기층 공간에서 그들이 누려야 할 자치권마저도 침해당하는 일이 빈번했다. 자치권의 침해란 업주위에 의해 선정되어야 할 물업공사를 입주 초기 시공사가 일방적으로 임명한 2000년대 초기의 행태를 말한다.[25]

21세기에 접어든 이후로 각 도시 지역의 주택 재산권 보호 운동이 전국적 차원으로 확산되었다. 이익 갈등 과정에서 업주들은 자신들의 가장 중요한 사유재산인 주택의 재산권을 보호하기 위해 가능한 모든 수단을 동원해 항의 운동을 벌여 나가고 있다(김재관 2007, 165). 업주들이 자신들의 권익을 지키기 위해 채택하는 방법 가운데 하나는, 유권 운동에 나선 집단

24_중국 주택의 급진 개혁 도입 배경은 김수한·조영관(2010) 참고.

25_업주들의 유권 운동과 관련된 분쟁의 내용은 김재관(2007, 171-172) 참고.

의 리더가 개인의 사회적 네트워크를 이용해 문제 해결을 모색하는 것이다.[26] 사회 중산층으로서 주택 소유자는 자신들의 권익을 지키기 위한 활동을 벌여 나갈 수 있는 경제적 자원뿐만 아니라 정치적, 사회적 자원도 가지고 있다. 또 다른 방법은 업주들이 연좌나 거리 시위, 교통 방해, 점거 등의 수단을 동원해 조직적인 집단행동을 펼치는 것이다. 이런 조직적인 집단행동은 이슈를 부각시켜 안정을 최우선시하는 당정 부문에 효과적인 압력을 행사할 수 있다.[27]

그러나 이런 활동 방식에는 한계가 있다. 사회적 네트워크를 이용한 업주들의 갈등 해결 방법의 경우, 부동산업자들이 지니고 있는 경제·사회적 자원은 물론 지방정부와의 이익 공유를 통해 획득한 정치적 영향력을 고려했을 때 그 효과가 제한적이다. 비합법적 집단행동을 통한 권익 수호 활동의 경우 권익 활동 참가자가 법적 처벌까지 감수해야 하는 위험에 노출된다는 점에서 한계를 갖는다. 이에 업주들의 권익과 업주위 활동을 제도적으로 보장해 줄 수 있는 장치 마련이 시급한 사회적 과제로 대두되었다.

중국에서는 2003년 벽두 돌발성 전염병인 사스 위기에 대처하는 과정에서 유례없는 언론 자유가 허용되었으며 이는 일시적이기는 했지만 자유로운 사회 여론 형성의 공간을 열어 놓았다. 이런 사회 분위기 속에서 진행된 선전과 베이징 등지의 기층 인대 선거에, 여러 영역의 시민사회 활동가들이 사회운동의 일환으로 참여했다.[28]

26_업주 집단행동 참여자들의 사회적 네트워크를 이용한 권익 운동 사례에 대해서는 Shi and Cai(2006)를 참고.

27_조직적인 집단행동의 다양한 주택 권익 수호 활동의 사례는 김도희(2007, 122-123)를 참고.

28_사스가 남방 지역을 중심으로 빠른 속도로 번지고 있던 상황에서도 중국 지방정부 및 보건 당국은 언론 통제를 통해 전염병 확산 사실의 은폐를 시도했고, 이에 대한 시민들의 불만

〈표 2〉는 당시 선거에 입후보한 선전, 베이징 등지의 업주위 대표들과 업주 권익 수호 활동가 8인의 이력, 사회활동 내역, 선거 참가 동기 및 선거운동 방식을 정리한 것이다. 그들은 업주 권익 보호를 위한 법 제정의 필요성 등을 입후보 동기로 밝히며 선거 지역구 업주위 조직을 통한 활발한 선거운동을 펼쳤다. 비록 그들 가운데 베이징시 펑야위엔(風雅園)의 업주위 대표인 시에하이량 한 명만이 구 인대 대표로 당선되었지만 이 활동은 업주 권익과 업주위 활동을 보장할 수 있는 법 제정의 필요성을 사회적으로 공론화시키는 데 기여했다.[29]

이런 사회적 분위기 속에서 중국 당국은 2003년 6월에 공표한 〈물업관리조례〉(物業管理條列)와 연이은 건설부의 〈업주대회규정〉(業主大會規程)을 통해 업주의 권한과 책임 그리고 업주위 구성 방식 등을 명확히 규정함으로써, 그동안 업주와 물업공사 사이에서 불거진 많은 문제의 시비를 가리는 법적 근거를 제공했다.[30] 〈그림 3〉은 2002년 이래 베이징시 구 법

과 사회적 혼란이 가중되었다. 후진타오를 중심으로 한 중국 신지도부는 문제 해결을 위해 책임자를 문책하는 한편, 정보공개 등 유연한 대처를 해나갔다. 2003년 당시 자유로운 사회 여론 형성이 가능했던 배경과 이에 힘입은 업주 권익 운동가들의 선거 참여에 대한 자세한 내용은 이동진(2007, 74-81)을 참고.

29_이 사례는 중국 내외에서 이슈화되었고 이 선거 참여가 갖는 의미에 대해서는 鄒樹彬 外(2004); 曹健·仝天賜(2006)와 같은 다양한 연구 결과들이 있다. 중국 언론에 따르면 혈혈단신 구 인민 대표로 참여한 시에하이량의 이후 역정은 그다지 순탄치 않았는데, 주택 권익 활동가로서 기대했던 입법 활동은 미비했고, 주민들은 사업가로 변신한 시에하이량이 인민 대표의 지위를 개인 입신을 위한 수단으로만 사용하고 있다고 여기며 배신감을 내비쳤다. 시에하이량 본인 역시 혼자 힘으로 인민 대표 활동을 펼쳐 나가는 것은 역부족이라고 어려움을 토로했다(董月玲 2005).

30_총칙, 업주 및 업주위원회, 전임 물업 관리, 물업 관리 서비스, 물업의 사용과 유지, 법률 책임, 부칙의 총 7장으로 구성되어 있는 〈물업관리조례〉는 물업공사의 사용자로서 업주의 권한 및 업주위 구성을 위한 절차와 방식을 구체화하고 있다.

표 2 | 2003년 선전시 구·현 인민대표대회 입후보 주택 소유주 운동 활동가 개요

이름 및 인적사항	사회 활동 내역	입후보 동기 및 선거운동 방법	결과
우하닝(吴海宁) - 〈상하이 신기술 개발 유한회사〉 대표 - 대학 졸업 - 민주당파(中國民主同盟)	- 카리화원(凯丽花园) 업주위원회 대표 - 선전 난산(南山) 라이온스클럽 창립 - 선전 임시 거주자의 동등 대우 관련 의안 제출	- 인대 대표로서 의안 제출을 통한 권리 수호 대자보 부착 - 업주에게 1,900여 통의 서신 발송 - 선거운동 조직 구성 - 업주 집회	낙선
츄자젠(邹家健) - 〈선전전화회사〉 홈페이지 기획, 편집 - 대학 졸업 - 무당파(无党派)	- 쩐이에징쩌우(振业景洲) 빌딩 업주위원회 대표 - 전국에서 최초로 업주 투표를 통한 물업공사 교체에 성공	- 인대 대표로서 의안 제출을 통한 권리 수호 - 대자보 부착 - 업주위원회와 소통	낙선
시엔위엔바이(叶原百) - 핑안보험회사 직원 - 대학 졸업 - 무당파(无党派)	- 이티엔촌(益田村) 동대표(楼长) - 합리적 관리비 책정을 위한 활동을 펼침	- 인대 대표로서 의안 제출을 통한 권리 수호 - 선전물 배포 - 선거운동 조직 구성 - 적극적으로 선거위원회와 소통	낙선
시에커신(舒可心) - 대학 졸업 - 비공산당원	- 베이징 차오양위엔(北京朝阳园) 업주위원회 주임 - 업주 권리 수호 활동가	- 선거 규칙에 대한 도전을 통해 선거법 보급 - 선거법 책자 배포 - 선거운동 사무실 개소 - 선거위원회 및 언론 매체와 소통	낙선
왕하이(王海) - 베이징 따하이 상무 고문 - 유한회사 집행 이사 - 대학 졸업 - 비공산당원	- 소비자 권리 수호 활동 - 업주 권리 수호 활동 고문	- 소비자 권익 보호 위한 강력한 제도 건설 규칙 제정 참여 - 선거위원회 및 언론 매체와 소통	낙선
진빙(秦兵) - 베이징시 변호사 - 대학 졸업 - 비공산당원	- 부동산 권리 수호 전문가 - 〈2004년 상품주택매매계약〉 제정	- 부동산 거래 안정성 수호 - 선거위원회 및 언론 매체와 소통	낙선
쑤허(邵夏珍) - 중국사회과학원(中国社会科学院) 부연구원	- 쑤이칭무화위엔(水清木华园) 업주위원회 부주임 - 지역 업주 권리 수호 운동 지도	- 인대 대표로서 의안 제출을 통한 권리 수호 - 홈페이지 등 인터넷을 통한 지지 서한 발송 - 지역구 연설 - 대자보 부착 - 선거운동 조직 구성 - 업주 집회 - 업주와의 맨투맨식 소통	낙선
시에하이량(聂海亮)	- 베이징시 후이롱관(北京回龙观社区) 펑아위엔(风雅园) 업주위원회 대표 - 지역 업주 권리 수호 운동 지도	- 인대 대표로서 의안 제출을 통한 권리 수호 - 홈페이지 등 인터넷을 통한 지지 서한 발송 - 지역구 연설 - 대자보 부착 - 선거운동 조직 구성 - 업주 집회 - 업주와의 맨투맨식 소통	당선

자료: 鄒樹彬 外(2004, 233-236)의 표 및 내용 재정리.

그림 3 | 베이징시 구(區) 법원 물업 관리 소송 증가 추이

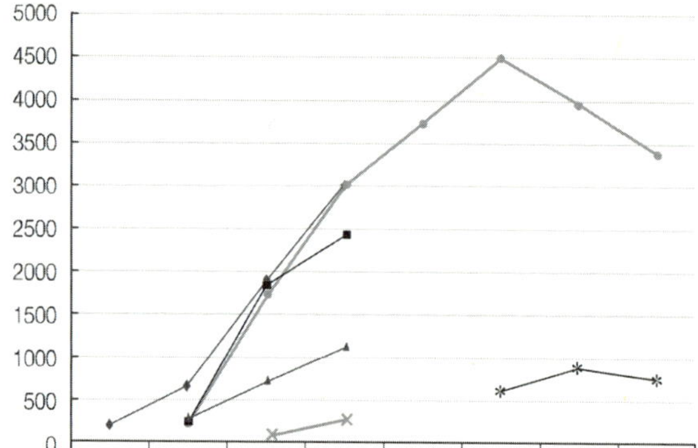

	2002년	2003년	2004년	2005년	2006년	2007년	2008년	2009년
차오양(朝陽)	194	650	1898	3000	3760	4580	3942	3300
쉬안우(宣武)		260	1850	2402				
펑타이(丰台)		325	743	1120				
팡산(房山)			88	278				
둥청(東城)						608	886	758
하이디엔(海淀)		192	1700	3000	3760	4580	3942	3300

자료: 劉子曦(2010, 90).

원에서 진행되었던 물업 관리와 관련 분쟁을 다룬 소송의 증가 추이를 보여 주고 있는데, 2003년 관련 법규가 시행된 이후 분쟁의 시비를 법정에서 가리는 사례가 폭발적으로 증가했음을 알 수 있다.

이와 같은 조치는 그동안 물업 관리를 둘러싼 이익 갈등 과정에서 곤란한 처지에 놓여 있었던 업주들의 권익 보장을 위한 법적 근거가 마련되었

다는 점에서 의의를 갖는다. 그러나 이런 조치는 업주위 설립 및 활동의 전제로, 관할 구 인민정부의 부동산 행정 주관 부서와 가도판사처의 지도를 명시하고 있다는 점에서 도시 기층에서 역동적인 자치활동을 펴왔던 업주위 활동을 관리하는 방편으로 활용될 수도 있다. 다음에서는 이와 같은 법규의 도입 등 제도화가 업주위 자치활동에 갖는 제약 요인이 무엇인지와, 아울러 이런 제약 요인을 극복하고자 하는 업주위 활동을 구체적 사례를 통해 살펴본다.

2. 업주위 자치활동의 제약과 진화

1) 업주위 자치활동의 제약: 따시양신청 사례

베이징시의 대표적인 주택 소유주 권리 수호 운동의 진원지였던 차오양구 따시양신청(大西洋新城)에서는 1999년 입주가 시작된 이후 시공 회사와 업주 사이에 단지 내 녹지 축소 등 건축 설계 변경을 둘러싸고 계속적인 갈등이 일었다(杜衛東 2002; 劉新雷 2002). 업주들은 업주위를 조직하고 시공 회사가 일방적으로 지정한 물업공사의 교체를 위해 관리비 납부 거부 등 실력 행사에 나서면서 사구에서는 일상적인 마찰이 빚어졌다(吳海花 2003a).

이런 가운데 따시양신청 업주들은 2003년 시행된 〈물업관리조례〉를 통해 합법적인 물업공사 교체가 가능하다고 판단했고, 이를 위한 업주 대회 개최에 착수했다.[31] 2003년 11월 18일 업주위에서 발표한 '따시양신청 업주위 1차 회의 결의'(大西洋新城業主大會首次會議決議)에 따르면, 업주위에서는 업주 대회를 개최했고, 의결권을 갖는 1,522표 가운데 70.96%의 찬성으로 시공 회사의 자회사인 물업공사를 해촉하고 69.97%의 찬성으로 다른 물업공사를 선정했다. 이는 의결권을 갖는 업주의 2/3 이상이 찬성할 때 물업공사 교체가 가능하도록 한 〈물업조례〉 및 〈업주대회규정〉의 세부 조항에 부합하는 결과였다.[32] 따시양신청의 물업공사 교체는 관련 법규의 도입 이후 전국에서 최초로 성공한 사례로 방송국의 시사 프로그램에 방영되는 등 업주 자치활동의 새로운 형식으로 주목받았다.[33] 그러나 따시양신청 업주위 활동은 실패로 끝났다. 2003년 11월 21일 차오양구 국토자원과부동산관리국 및 왕징(望京) 가도판사처는, 기존 물업공사를 해촉한 따시양신청 업주 대회는 정부 부문의 지도를 받지 않았을 뿐만 아니라, 이를 주도한 업주위 역시 공식 조직으로 인정할 수 없으므로 물업공사 교체는 무효라는 내용의 공문을 발표했다. 공문의 발표 직후 기존의 물업공사 직원들은 소속 경비원들을 이끌고 단지로 진입해 관리 사무실을 다시 차지했다. 따시양신청 업주위는 〈물업관리조례〉 등 업주위에 관한 법규가 마련되지 못한 상태에서 설립된 업주위 자체를 인정하지 않는 지방정부의 조치가 부당하다고 여겨 법률 소송을 통해 이를 해결하고자 했다.[34] 그러나 이후 단지 내에 2기, 3기 신규 분양이 순차적으로 시작되면서 업주 구성원이 다양해졌고 이에 따라 2003년과 같은 업주위의 단결을 이끌어 내지 못했

31_관련 신문 기사로는 吳海花(2003b); 王丹楓(2003)을 참고.

32_관련 내용은 http,//bjmsg.focus.cn/msgview/703/1/6664489.html(검색일: 2010년 11월 30일) 참고.

33_2003년 8월 3일 사구 내 집회에서 업주위 지도부는 "우리는 투표로서 투쟁을 하는 것"이라며 새로운 활동 형식에 대한 의의를 부여했다. 당시 연설문의 원문은 아래 주소에서 확인. http//house.focus.cn/fviewmsg/703/ 6834181.html(검색일: 2010년 11월 30일).

34_관련 언론 보도는 黃鍇堅(2003); 張磊(2003)를 참고.

다. 이후에도 업주들과 물업공사 사이에는 일상적인 단지 관리를 둘러싸고 크고 작은 마찰이 계속 일었다.[35]

이 외에도 새롭게 시행된 부동산 관련 법규를 통해 기존의 업주위 자치활동을 제약한 사례는 적지 않았다. 예를 들어 관리비 납부 거부를 통해 물업공사를 압박하는 투쟁 방법을 택했던 업주위의 경우, 업주 자격 요건 가운데 하나로 관리비 정시 납부를 명시한 〈물업관리조례〉에 따르면 업주로서의 자격 자체를 상실하게 되며 따라서 그들이 구성한 업주위 및 업주위 자치활동은 불법이 된다. 2005년 10월 30일 베이징시 당국은 13개 업주위의 주요 인사 16명을 관리비 납부 거부를 사유로 강제 구금했다.[36]

이처럼 급진적 주택 제도 개혁으로 미비했던 부동산 관련 법규의 보충에 따라 사구 관리가 점차 제도화·법제화되고 있는데, 이는 주택 소유주 권익 보호의 근거가 되기도 하지만, 다른 한편 업주위 자치활동의 제약 요인으로 작용하기도 한다.

그동안 중국 정부는 정치적 영역의 근본적인 체제 개혁을 유보하는 대신, 법제화 등을 통해 밑으로부터의 사회적 불만과 저항을 흡수해 안정시키고자 노력을 기울여 왔다.[37] 중국이 보여 준 이런 노력은 대중의 자치활동을 제도적으로 보장해 주기도 하지만, 보다 근본적으로는 사회 안정화의 과정으로서 국가 통치행위의 제도화를 의미한다. 사구에서의 자치활동은 당정의 지도를 전제로 하고 있다는 점에서, 업주위가 누리는 자치는 제한

35_단지에서의 분쟁은 2005년까지도 계속되었는데, 관리비 미납을 통해 물업공사를 압박하는 업주들의 개별 가정에 대해 물업공사는 단전을 단행했다. 관련 내용은 叶慧(2005) 참고.

36_관련 내용에 대해서는 王剛(2005); 김수한(2005) 등 참고.

37_중국 정부가 밑으로부터의 대중 저항에 어떻게 대응하며 정치체제를 유지하는지에 대한 구체적 방법은 이민자(2010, 306-311)를 참고.

적이며 그들이 만들어 가는 자율 공간 역시 비록 연성적일지라도 여전히 국가의 지도가 관철되고 있다.

2) 업주위 자치의 진화: 스따이좡위엔 사례

베이징시 차오양구 외곽에 위치한 스따이좡위엔(時代莊園)은 2003년 입주가 시작된, 총 647가구로 구성된 중산층 아파트 단지이다. 입주 초기, 단지 공공 체육 시설의 건설 지연, 시공 회사의 전력 설비 부담금 미납으로 인한 임시 전기의 사용 등의 문제로 입주민과 시공 회사의 갈등이 불거졌다.[38] 특히 시공 회사가 테니스장 등 운동 시설 및 녹지 규모를 과장하기 위해 인근 공터를 분양 전까지만 임시로 임대한 것이 밝혀진 이후에 갈등은 보다 확대되었고 업주들의 권익 수호 활동이 본격화되었다.[39] 이런 가운데 라이광잉(來广營) 지구판사처,[40] 시공 회사, 물업공사가 주도해 업주위 설립을 준비하고 있다는 사실이 알려졌고, 입주민들은 뒤늦게나마 이에 적극적으로 참여했다. 2005년 1월 9명의 업주 대표를 선출함으로써 임기 2년의 제1기 업주위가 세워졌다. 비록 대표 가운데 3명은 시공 회사와 물업공사의 입장을 대변하는 이들로 채워졌지만, 업주 권익 수호에 적극적으로 참여했던 주민들이 전체에서 다수를 점하게 됨으로써 이들에 의한 업주위

38_거주민들은 임시 전기를 사용함으로써 단위당(度) 공공 전기료의 두 배인 약 0.8~0.9위안을 지불해 왔다(蔡雪婧·張輝 2007).

39_2005년 법원은 비록 분양 시 배포된 선전물에 테니스장 사진이 실려 있지만 이에 대한 활자화된 구체적인 설명이 없으므로 이는 입주 예정자에 대한 약속이라고 볼 수 없다는 이유를 들어 시공회사의 손을 들어 주었다(付中 2005).

40_라이광잉 판사처는 차오양취에 소재하는 도시 근교의 향으로, 가도와 같은 개념의 지구판사처라는 용어를 사용하고 있다.

운영의 주도권 행사가 가능해졌다. 2006년 업주위는 관리비 사용 내역 비공개 등을 사유로, 시공 회사의 자회사인 물업공사와의 계약 만료 후 재계약을 체결하지 않고 새로운 물업공사를 선정하기로 하면서 스따이좡위엔에서의 갈등은 새로운 국면으로 접어들었다.[41]

업주위 임기를 6개월 앞둔 2006년 5월 스따이좡위엔 사구에 주민위가 갑작스럽게 설립되었고 그 주임은 지구판사처에서 지명한 인근 단지 주민이, 그리고 부주임은 시공 회사 대표의 아내가 맡게 되었다.[42] 스따이좡위엔 단지에서는 이듬해 1월 전체 가구의 71%가 투표에 참여해 제2기 업주위를 출범시켰지만, 주민위와 지구판사처는 정부의 지도를 받지 않았다는 이유를 들어 선거를 무효화하고 업주위를 인정하지 않았다.[43] 같은 해 7월 주민위가 조직한 선거를 통해 또 다른 업주위가 만들어졌다. 이로써 한 거주 단지 내에 두 개의 업주위가 동시에 존재하는 형국이 되었으며 신임 업주위를 통해 새로운 물업공사 선정 작업이 시작되었고 이를 둘러싼 갈등이 일기 시작했다(蔡雪婧 2006).

제3기 업주위 선거 및 주민위 선거를 앞둔 2009년 2월 스따이좡위엔

41_스따이좡위엔의 각종 기층 선거에 대한 자세한 내용은 管兵(2010, 59-63)을 참고.

42_스따이좡위엔 사구는 스따이좡위엔과 인근 단지를 그 관할 지역으로 한다. 스따이좡위엔 사구의 기본 현황에 대해서는 사구 홈페이지를 참고.
http,//life.bjchy.gov.cn/jxdq/lgydq/shfw/fwdw/jwh/402883ef2b1f452d012b1fb62a0c014e.html l(검색일:2010년 11월 30일).

43_주민위와 가도판사처는 선거 무효의 이유로, 업주들이 선거 준비 및 투표 과정에서 주민위의 감독을 받지 않았음을 지적하고 있다. 하지만 업주들은 수차례에 걸쳐 이런 과정을 거치고자 했지만, 가도판사처와 주민위가 서로 감독 권한을 떠넘기며 실제로 관련 서류 접수를 고의로 회피했음은 물론 선거 당일 구두로 약속했던 선거 참관인도 파견하지 않았다고 주장한다. 관련 내용은 李佳(2006); 張曉玲·楊娟娟(2006)을 참고.

의 온라인 커뮤니티에는 주민위 선거의 조직적 참가를 통해 업주의 권익을 지키자는 내용의 게시물이 실려 큰 반향을 일으켰고 곧 선거에 대한 주민 참여가 가시화되었다.[44] 온라인 커뮤니티를 통해 추천된 14명의 업주 가운데 9명이 주민 소조 대표로 선출되었다. 주민 소조 대표에는 시공사 측 입장을 대변하는 인물도 포함되기는 했지만 이는 소수에 지나지 않았다. 비록 주민 소조 대표가 뽑는 주민위 주임, 부주임, 위원 선출 선거에서 스따이좡위엔 주민이 아닌 인근 단지의 주민들이 선출되기는 했지만, 시공 회사 쪽 지지 인물은 포함되지 않았으므로 이 선거 참여 활동은 소기의 성과를 거둔 것으로 평가된다.[45] 새롭게 선출된 주민위는 이후 진행된 업주위 선거에서 중립적인 태도를 취했음은 물론, 선거 과정과 감독에 적극적으로 참여하며 관련 법규에 명시된 '정부 지도'를 정상적으로 수행했다. 이런 과정을 통해 7명의 업주 대표가 선출되었고 이들로 구성된 3기 업주위가 2009년 12월 출범했다. 7명의 업주위 구성원 가운데 6명은 2007년 정부로부터 그 승인이 거부되었던 2기 업주위 대표들이었다.

앞서 살펴본 따시양신청 사례처럼 〈물업관리조례〉 등 관련 법률의 도입에 따른 사구 관리의 제도화는 업주에게 있어 양날의 칼처럼 때로는 권익 보장의 근거가 되기도 하지만, 당정 부문의 지도를 기본 전제로 하고 있

44_이 글에서는 특히 주민위 부주임을 맡고 있는 시공회사 대표 부인을 직접 겨냥하며 주민위 선거 참여를 통한 업주 권익 수호를 강조하고 있다. http://house.focus.cn/msgview/278/160983150.html(검색일:2010년 11월 30일)에서 관련 내용의 원문을 확인할 수 있다.

45_베이징시의 사구주민위 선거 방식은 대체적으로 일종의 대의원 선거인 주민 소조(居民小組) 방식을 통해 이뤄진다. 베이징시 사구주민위 선거 방식에 대한 자세한 내용은 〈베이징시거민위원회선거 방법〉(北京市居民委員會選擧辦法)을 참고.

다는 점에서 절차상의 문제를 삼아 자치활동을 '법'에 따라 제어 할 수 있는 제약 요인으로 작용하기도 한다. 비슷한 상황에 처한 스따이좡위엔 업주들은 이런 제도적 제약을 극복하기 위해 이미 갖춰진 인터넷 공론장을 통해 새로운 업주 권익 운동을 조직했고, 주어진 제도를 기반으로 해 합법적인 경로를 통해 주민위 선거에 대한 조직적 참여를 이뤄 냄으로써 자치 조직으로서 제 기능을 다하지 못했던 주민위를 새로운 갈등 해결의 장이자 기층 거버넌스의 기제로 탈바꿈시켰다.

V. 결론

단위를 통한 주택 공급을 중단하려는 노력은 1980년대 이후 줄곧 지속되어 왔지만, 중국 특유의 제도적 제약으로 인해 소기의 성과를 거두지 못했다. 1998년 도입된 급진적 주택 제도 개혁 조치는 사회 각 방면에 상당한 충격을 주게 되었다. 도시 기층에는 다양한 이해 관계자들이 동시에 생성된 반면, 서로의 이해 갈등을 조정할 적합한 제도가 미처 마련되지 못했다. 국가가 단위제를 대신해 도입한 사구관리제도는 그 핵심 주체인 주민위가 그 자치성을 충분히 발휘하지 못함으로 해서 제 기능을 다하지 못했다.

반면 업주위는 적극적인 활동을 통해 업주의 권리를 강화시켜 나가며 거주 공간의 자율성을 제고시키고 있다. 업주위의 활동 방식은 그동안 미비했던 부동산 관련 법규와 규제가 도입되기 시작하면서 새로운 변화를 맞이하게 되었다. 관련 법규의 도입에 따라 사구 관리가 점차 제도화, 법제화되고 있는데 이는 업주 권익 보호의 근거가 되기도 하지만, 다른 한편 따시양신청 사례에서 보여 주는 것과 같이 업주위 자치활동의 제약 요인으로 작용하기도 한다. 이와 같이 사구에서의 자치활동은 당정의 지도를 전제로 하고 있다는 점에서 업주위가 누리는 자치는 제한적이며 그들이 만들어 가는 자율 공간 역시 비록 연성적일지라도 여전히 국가의 지도가 관철되는 장소임은 분명하다.

사구 관리를 제도화하려는 중국 당국의 노력은 국가 통치의 제도화를 의미하며, 밑으로부터의 사회적 불만과 저항을 흡수해 안정시키고자 하는 의도를 담고 있다. 1990년대 이후 중국의 정치 개혁은 국가-사회관계를 재정립하고 사회로부터 당과 국가의 도덕적 권위를 회복하기 위한 조치이다. 이는 경제 발전에 따른 아래로부터의 변화 요구를 체제 속으로 흡수하고자 하는 제도 개혁이다.[46] 즉, 정치와 사회 영역에서 중국 당국이 주도한 제도화는, 대중의 정치 참여를 보장하는 민주화의 과정이라기보다는 안정을 위한 국가 통치의 제도화를 의미하는 것이다.[47]

그러나 이런 국가 주도의 제도화 과정이 반드시 의도한 결과만을 가져오는 것은 아니다. 위로부터 도입된 제도화된 정치 참여 공간은 시민 자치를 위한 활동의 장을 제공한다. 게다가 급속한 정보화에 따른 온라인 공간의 발달은 비용과 법적인 구속으로 인해 활발하지 못했던 자유로운 토론을 가능하게 하고 있다. 상하이시 15개 사구의 업주 활동에 대한 한 연구는 기층 자치활동에 있어 인터넷 및 온라인 커뮤니티의 역할이 매우 큼을 보여

46_1980년대와 1990년대 중국 정치 개혁의 내용과 특징에 대한 자세한 소개는 김도희(2002, 199-240) 참고.

47_중국 정치의 제도화는, 경제 발전의 기초가 될 정치 안정을 가져다주는 국가 통치행위의 제도화를 의미하며 이를 민주화의 전단계라고 속단할 수는 없다는 의견은 전성흥(2010, 343-345)을 참고.

주고 있다(黃榮貴·桂勇 2009). 이 연구에서는 업주들이 온라인 커뮤니티를 통해 자유로운 토론을 진행하고 있으며, 이는 정치 참여를 직접적으로 견인하고 집단의 일체감을 형성하게 함으로써 집단행동의 심리적 기초와 조직 기초를 제공하는 공공 영역으로 기능하고 있다고 보고 있다. 베이징시 스따이좡위 주민들의 활동 역시 자신들의 재산권과 자치활동이 법적으로 제약을 받게 되었을 때 온라인을 통한 상호 소통을 거쳐, 위로부터 도입된 주민위 선거에 역량을 동원했다. 또한 이런 조직적 집단행동을 통해 주민위의 주도권을 획득함으로써 '합법적인' 자치활동의 장을 창출했다.

업주들이 자신들의 권익을 지키기 위해 합법적으로 용인된 주민위 선거에 대해 조직적 참여를 이뤄 낸 스따이좡위엔 사례는, 밑으로부터의 사회적 자치 역량이 사구관리제를 갈등 해결의 장으로 탈바꿈시킬 수도 있다는 새로운 가능성을 보여 주고 있다. 동시에 이는 과거 계획경제 시기에 비해 국가의 통제가 이완되었다고 해서 도시 기층의 자율성이 저절로 생기는 것이 아니며, 민주화의 첫걸음인 자율 공간 형성을 위해서는 규칙 제정자이자 규제자인 국가로부터 자유로운 시민사회 역량의 노력이 필수적임을 다시 확인해 주고 있다.

7장

중국의 농민 저항과 당국가의 대응, 그리고 민주화

이기현

Ⅰ. 서론

역사적 경험을 통해 볼 때, 대중 저항은 민주주의 과정의 필수적인 요소였다. 갈등과 충돌은 민주주의와 상호 의존의 관계였으며 유럽의 민주주의 역사도 대중 저항의 결과였다(Tilly 2004). 이에 따라 대중 저항은 민주화 논의에서 주변부가 아니라 중심부가 되고 있다. 20세기 중국의 대표적 대중 저항은 톈안먼사건이다. 톈안먼사건을 민주화 운동으로 부를 수 있는가 없는가 하는 논란이 제기되고 있기는 하지만, 중국의 대중들은 당국가의 독단적 일방통행에 제동을 걸었고 자신들의 불만을 표출했었다.[1] 그러나

• 이 글은 『국제지역연구』 15(1)(2011년)에 게재된 "중국 농민 저항과 국가-사회관계의 새로운 조정"이라는 저자의 논문을 수정 보완 집필한 것이다.

그들의 요구는 체제 안정을 중시하는 공산당 보수파들의 폭력과 강제로 인해 처참하게 짓밟혔다. 톈안먼사건 이후 중국 시민 세력은 발본색원의 과정을 거쳐 그 존재감이 약화되었으며, 시민사회의 발전 가능성은 더욱 후퇴하게 되었다. 아래로부터의 민주의 요구는 폭압적인 경찰력에 의해 사전 통제되기 일쑤였다. 이 때문에 중국 외부 세계의 시각은 당국가에 대한 밑으로부터의 저항이 쉽지 않을 것이라는 그림을 그려 왔고, 대중의 불만을 잠재운 당국가의 통제력은 초고속 경제성장을 일구는 데 기여했다고 보았다.

그러나 최근 중국에 새로운 저항의 시대가 도래하고 있다. 중국 전역에서 노동자, 농민, 일반 대중들에 의한 청원, 집단 항의, 평화 시위, 파업, 데모, 행진, 점거, 교통 방해, 심지어 대규모 폭동까지 다양한 형태의 저항이 확대되고 있는 것이다. 물론 밑으로부터의 저항이 톈안먼사건의 학습효과로 정치적 저항으로까지 발전, 확대되지는 못했지만, 중국 경제 발전의 모순과 역설에서 비롯된 민생 위주의 대중 요구와 기층의 저항은 급증하고 있는 추세다. 특히 중국 경제 발전의 혜택을 상대적으로 누리지 못한 농촌 사회에서 농민들의 갈등과 저항이 더욱 급증하고 있다.

이에 대해, 중국 당국가는 농촌 사회의 안정이 향후 경제 발전과 개혁의 심화에 중요한 전제 조건이자 기초라고 강조해 왔다. 더구나 후진타오 체제에 들어서는 농촌·농민·농업 중시의 3농 정책, 조화로운 사회 강조, 도농 간의 균형 발전 중시 등, 친농 정책을 수립해 왔다. 그럼에도 불구하고 농촌 사회의 불만과 갈등은 쉽게 해결되지 않고 있으며, 농민들의 저항은 더욱 다양화되고, 심지어 폭력적 성향을 나타내고 있다. 중국 농촌 사회

1_본문에서는 중국공산당의 영향력이 크다는 의미에서 중국 정부 혹은 국가라는 표현 대신 당국가라는 표현을 사용했다.

의 불만 증대와 농민 저항은 사실 어제 오늘의 일은 아니다. 중국 연구자들은 개혁·개방 이후 농촌 사회의 저항에 대한 관심을 지속적으로 보내 왔다. 엘리자베스 페리는 중국 농촌 사회 내부의 충돌 사건에 대한 경험적 연구를 통해 농민 저항에 대한 선도적 연구를 제시했다(Perry 1985). 페리는 중국 농촌 사회에서 종족 간 혹은 집체 지도자들 간에 갈등이 존재했으며, 가정생산책임제 도입 이후 이런 갈등이 더욱 심화되고 있다고 보았다. 농촌 사회에 탈집체화가 진행되면서 농민들은 이웃 촌락들과 경제성장과 탈집체 방식 등에 대한 문제로 갈등을 빚었고, 이에 따른 충돌이 발생했음을 소개했다. 1980년대의 연구가 중국 농촌 내부의 갈등과 충돌의 존재를 소개했다면, 이후 연구들은 개혁 시기 중국 농촌 사회의 불만과 이에 따른 저항이 급증하고 있다는 것을 잘 보여 주었다. 1990년대에는 중국 농촌 사회에서 저항이 점차 상습화되었다(Bianco 2001, 245; Bernstein and Lu 2000, 753-754). 저항의 건수만 급증한 것이 아니라, 불만의 표출 방식 역시 내부적으로 해결하기보다 대외적으로 확대하려는 경향이 강해졌다(Unger 2002, 197). 이는 농촌 사회의 갈등과 충돌이 농민들 간의 갈등이나 촌락 간의 충돌에 국한되는 것이 아니라, 농민과 지방(기층)정부 간의 자원과 이익 갈등 또는 농민들의 이익과 권익을 보호하기 위한 국가에 대한 저항으로 그 형태가 변화하고 있다는 것을 의미했다(肖唐鏢 2005). 이에 따라 농민 저항의 특성에 대한 연구, 농촌 저항의 원인 ― 예를 들면 농업세, 농촌 환경, 토지 징용, 촌급 선거, 기층 민주, 기층 조직, 입법 ― 등 다양한 시각에서 연구가 진행되었다(Li and O'Brien 1996; Bernstein and Lu 2000; Jing 2000; Guo 2001; 柳金財 2010). 중국 학계도 톈안먼사건 이후 당국가가 사회적 안정을 매우 중시하기 시작하면서 농민 저항 문제에 관심을 갖기 시작했다. 다수의 연구들은 안정과 관련된 테마를 다루면서 농촌 사회 충돌과 갈등의 현황, 특징, 그 원인, 해결과 정책 대안을 제시했다.

이처럼 농민 저항의 급증은 최근 중국 연구에 있어 경제개혁, 산업화, 재산권의 변화 등에 밀려 있었던 농촌 사회 변화에 관한 연구를 점차 주목받는 대상으로 만들고 있다. 그러나 국내에서는 중국 농민 저항에 대한 연구가 크게 주목받지 못하는 현실이다. 이는 자료에 대한 접근의 제한과, 농촌 현지 조사의 필요성 등의 이유 때문에 한국 학자들이 관심을 갖기에는 아직 쉽지 않은 주제이기 때문인 것으로 보인다.[2]

본 연구는 이런 한계를 인식하고, 기존 연구 성과의 종합적 재구성을 통해 중국 농민 저항의 현황을 분석하는 것을 주목적으로 하고 있다. 그러나 성과를 나열하는 방식을 택하기보다는 기존 연구를 통해 중국 농민 집단 저항의 경향과 특징을 파악하고, 중국 국가-사회관계의 변화라는 틀 속에서 그 내용을 담아 보고자 했다. 이런 작업은 한편으로 밑으로부터의 저항이 중국의 정치적 민주화의 기초로 작용할 것인지, 아니면 일상적인 경제투쟁의 수준에 머물 것인지에 대한 진단을 가능케 할 것이며, 다른 한편으로는 당국가의 대응에 대한 분석을 통해 중국 국가-사회관계의 변화와 민주화의 방향성에 대한 예측을 제시할 수 있을 것이다.

글의 구성은 다음과 같다. 서론에 이어 2절에서는 중국 농민 저항의 현황과 그 원인을 파악하고자 했다. 3절에서는 중국 농민들의 저항 방식과 특징의 변화를 살핌으로써 농민 저항이 어느 정도 수준이며, 현재는 어떤 성격을 띠고 있는지 분석하고자 했다. 4절에서는 중국 당국가가 어떻게 농민 저항에 대응하고 영향을 주었는지 탐구할 것이다. 마지막으로 중국 국

2_최근 중국 농민 저항과 관련된 국내 연구로는 이민자(2009) 등이 있다.

가-사회관계의 변화를 종합하고, 밑으로부터의 민주화 가능성에 대한 나름의 진단을 내리고자 한다.

II. 중국 농민 저항의 현황과 원인

1. 밑으로부터의 저항의 증대

중국에서는 대중들의 불만 표출 혹은 시위 등을 포함하는 집단적 대중저항을 군체성 사건(群体性事件)이라는 개념을 통해 정리하고 있다. 사실 군체성 사건이란 엄격한 개념은 아니다. 왜냐하면 중국의 관방이나 학계에서조차 아직 개념에 대한 의견이 분분하며, 통일되고 명확한 정의를 내리지 않고 있기 때문이다. 최근에는 돌발적 군체성 사건(突發群体性事件), 군체성 돌발 사건(群体性突發事件), 군체성 치안 사건(群体性治安事件) 등의 용어가 혼용되고 있다. 군체성 사건은 '군체성'(집단 군중이 공통으로), '위법성'(법률, 법규의 위반), '사회질서의 혼란 및 공공 안전의 위해 야기'라는 특징을 포함하고 있다(于建嶸 2009, 114-115). 일반적으로 군체성 사건은 5인 이상의 인원이 참여하며, 참여 인원수에 따라, 소형, 대형, 특대형 사건으로 분류된다.[3] 중국의 통제된 사회 체계 속에서 군체성 사건의 정확한 발생

3_참여인 수가 50~100명 정도는 중형 군체성 사건, 500~1,000명은 대형, 1,000명 이상은 특대형 군체성 사건으로 분류된다(陳普胜 2004, 32).

그림 1 | 중국 군체성 사건

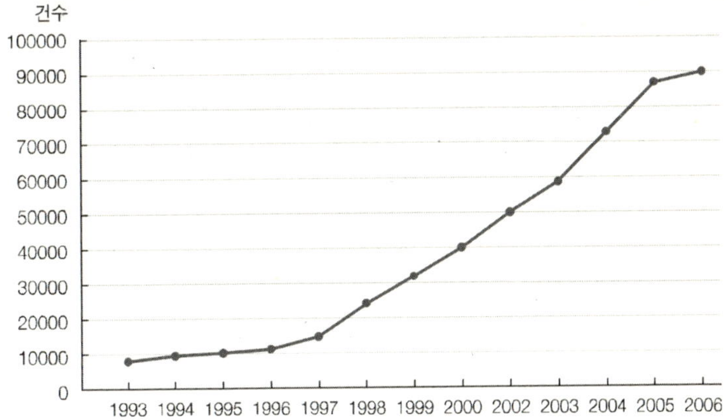

주: 2001년 자료는 누락.
자료: Keidel(2006, 3); Chung, Lai and Xia(2006); 『羊城晚報』(10/02/27); 〈전국 사회 치안정세 보고〉.

빈도와 규모를 측정하기는 매우 힘들다. 사건의 정확한 통계 수치가 정기적으로 공개되는 것도 아니고, 설령 공개된 자료라 하더라도 신뢰성의 문제가 있기 때문이다. 이런 한계에도 불구하고 분명한 사실은 중국 전역에서 군체성 사건의 수치와 규모가 급증하고 있으며, 심각한 사회문제로 대두되고 있다는 것이다. 연구된 통계 자료를 보게 되면, 1993년 중국 전역의 군체성 사건은 8,700건 수준이었지만, 1990년대 중반 이후 그 수치와 규모가 급증하기 시작했다. 2005년에 이르면 8만 7,000건으로 그 수치가 10배 이상 증가했으며, 10만 명 이상이 참여하는 사건까지 발생했다. 2006년에도 9만 건 이상의 군체성 사건이 발생했다는 중국 관방의 공식 보고가 있었다.[4] 중국 공안부는 정부 기관에 대한 집단 청원의 비중이

1990년대를 통해 거의 매년 두 자리 수 증가세를 보여 왔다고 공개하기도 했다(Cai 2004, 441). 최근에는 공식적으로 통계가 공개되지 않고 있지만 매년 9만 건 이상의 사건이 발생하고 있는 것으로 분석되고 있으며, 특히 중국 언론들이 2008년을 군체성 사건의 폭발년(爆發年)으로 표현하거나 2009년 "군체성 사건에 대한 위기의 해" 라는 문구들이 사용되는 것으로 볼 때, 군체성 사건의 규모와 빈도는 지속적으로 증가하고 있는 것으로 추론해 볼 수 있다.

중국 군체성 사건 중 농촌 특히 농민 관련 사건의 비중은 매우 높은 편이다. 군체성 사건에 대한 정확한 통계와 분석이 결핍되어 있는 상황에서 농촌과 도시의 사건 현황을 정확히 구분한다는 것은 매우 어려운 상황이다. 그러나 최근에 일어나는 대형 군체성 사건들 중 농민들에 의한 집단 시위나 폭동이 자주 등장하고, 특히 군체성 사건이 급증하는 1990년대 중반 이후의 시기가 중국에서 도시화 등 본격적인 개발이 진행되는 때였기 때문에, 농촌 사회 구조의 급격한 변화 속에서 농민들의 불만과 갈등이 표출될 가능성이 높을 수밖에 없었다. 또한 군체성 사건들의 주요 원인 중 하나가 토지문제와 연관이 깊기 때문에 농촌 사회에서 발생하는 군체성 사건의 규모와 빈도는 매우 큰 것으로 유추할 수 있다. 예를 들어, 중국 사회과학원의 2004년 조사에 따르면 조사 대상이 되었던 130건의 군체성 사건과 경찰과의 충돌 사건 중에서 발생 원인의 66.9%가 토지문제와 관련이 있었다. 특히 토지문제와 관련된 분쟁 중 60.1%는 토지 징용 과정에서 보상 등의 문제로 발생한 것으로 나타났다(于建嶸 2005, 23). 이런 분석 결과는 현재

4_구체적 수치에 대한 정보는 Keidel(2006); Chung 외(2006); 『羊城晚報』(10/02/27); 〈전국 사회 치안정세 보고〉(全國社會治安情勢報告)를 참조함.

중국 농촌 사회가 급속한 경제성장에 따른 부의 분배에 있어 합당한 대우를 받지 못하는 것에 대한 불만이 팽배해 있으며, 이에 따른 집단 저항이 많음을 반영한다고 할 수 있다.

2. 농민 저항의 원인: 이익 분배의 불균형과 농촌의 희생

1) 농촌 이익 주체의 분화

중국 농촌 사회의 충돌은 주로 부락 간 혹은 농가 간에 공공 자원, 전통적 규범, 미신 활동 등을 둘러싸고 일어났다(Perry 1985). 그러나 중국 경제·사회 발전이 심화되면서 농촌 사회의 충돌과 분쟁은 농촌 내부의 농가 간 갈등이나 부락 단위의 자원 획득 차원이 아니라, 농민과 지방정부 혹은 관료들 간의 이익 갈등과 지방정부의 이익 착취에 대한 농민들의 이익 보호 차원에서 발생했다. 이는 농촌 내부 이익 주체들이 분화되었기 때문이다. 과거에는 농촌의 생산구조가 집체화되어 있었기 때문에 개별 이익의 추구보다는 공동적이고 집단적인 이익이 중시되었다. 그러나 농가생산책임제가 중국 농촌 사회에 도입되면서, 농민 개별 이익에 대한 인식이 증가하기 시작했다. 농민들은 토지사용권을 임대한 자신의 토지를 통해 자신만의 소득을 생산해 내면서, 재산권에 대한 권리를 새롭게 이해하기 시작했고 개별 이익의 보호를 중시하게 되었다. 농민들은 농촌 사회에서 하나의 이익 주체가 된 것이다. 반면 개혁·개방과 함께 중앙집권적 국가 체계가 분권화되면서, 특히 농촌 사회를 기반으로 하는 하급 지방정부와 국가 대리인들 역시 새로운 이익 주체로 성장했다. 지방정부들은 중앙에 의존하던 과거와 달리 자신의 이익 문제를 스스로 해결해야만 하는, 확대된 재정 자율성을 갖게 되었다.[5] 이런 배경하에서 농촌의 간부들과 지방정부의 관료들은 권력 자원과 정보의 우위성을 발휘, 농촌 내 권력 계급으로 성장했으며, 자신들의 이익을 확대하려 했다. 이런 이익 주체의 변화는 이익을 둘러싸고 국가-사회 간의 새로운 갈등을 야기했다.

2) 농촌의 소외: 도농 격차의 심화

개혁·개방 이후 도시와 농촌 간 이익 분배의 불균형 현상이 심화되었고, 도농 간의 소득 및 사회적 서비스 수준의 격차가 크게 벌어졌다. 농업경제의 출현으로 농업 생산성이 높아지고 농업 전체 생산이 증가하기는 했지만, 도시 소득과의 차이는 시간이 지날수록 더욱 벌어졌다.[6] 1978년 2.56배였던 도농 간 소득 격차는 농촌 개혁이 먼저 이뤄진 덕택에 1983년 1.82배로 줄었으나, 1990년대 다시 벌어지기 시작해서 2009년에는 3.3배로 확대되었다(『法制晩報』 10/05/24). 더구나 공공재와 사회적 서비스의 제공 수준이 저하되었다. 개혁 전 농촌 집체들은 농민 개인들에 대해 낮은 수준이기는 했지만 질병의 예방과 치료를 포함한 공적 서비스를 제공해 주었다. 그러나 탈집체화는 농촌의 사회적 보호 체계를 심각한 수준으로 전락시켰다. 의료와 양로의 기능은 말할 것도 없으며, 교육의 기능까지도 저하되었다. 도농 간의 사회적 서비스의 차이는 더욱 확대되었다. 예를 들어

5_중국 중앙과 지방정부의 재정 개혁에 관해서는 정재호(1999); 中國財政學會(1999)를 참조.

6_농민들의 낮은 수입은 낮은 농업 생산성에서 비롯되는데, 중국 전체 노동력의 50%에 달하는 인구가 농업에 종사하지만 이들의 생산력은 GDP의 12.5%밖에 못 미치고 있다. 가용 농토의 절대적 제한성을 감안한다면 중국의 식량 생산은 적정한 수준이라고 볼 수 있을지 모르지만, 선진국들의 경우와 비교해 보면 그 생산력은 매우 낙후한 수준이며 이는 중국 농민들이 농업을 통해 적정한 수입을 얻기 힘들게 하는 이유이다(UNDP 2006, 7).

2002년 평균 교육 연수가 농촌이 도시보다 평균 2.9년 짧았으며, 문맹률 또한 2.5배 높았다. 공공 의료의 경우 농촌은 인구 1,000명당 1개의 병상이 제공 가능하다면, 도시는 인구 1,000명당 3.5개의 병상이 가능했다. 당국가의 사회적 서비스 투자도 농촌보다는 도시에 집중되었다. 1990년 도농 간 사회 치안 부문에 대한 투자 비율은 30배의 격차를 보였는데, 이후 2001년까지 10년의 기간 동안 투자 비율은 거의 변화가 없었다(UNDP 2006, 13). 교육, 의료 등의 사회 서비스를 포함하면 도시 거주자는 농촌 거주자에 비해 실질적으로 6배 이상의 생활수준 차이가 난다는 주장도 제기되었다(Ma 2005). 도시에 비해 상대적 빈곤을 겪고 있는 농촌 사회의 불만들은 자연스럽게 저항의 형태로 표출되었다.

3) 농민 부담의 증가

농업의 탈집체화 이후, 각종 세수는 집체가 아닌 개별 농가에게 부담 지워졌다. 개혁 초기 농업 생산성이 급증하면서, 일부 지방정부의 과도한 세금 요구에도 불구하고 농민들의 세수 부담은 그리 큰 편은 아니었다. 그러나 1990년대 이래 국가 개혁의 방향이 도시 중심으로 전환되면서 공업 중시 정책이 본격화되었다. 당국가는 농산품 가격을 억제하고, 공산품 가격을 올리는 가격의 인위적 조정을 통해 도시 성장을 촉진시켰는데, 이는 농업 생산력을 증가시키기는 했지만 농민들의 수입은 오히려 줄어들게 만드는 결과를 낳았다(李茂君 1996, 172). 더구나 1994년 분세제(分稅制) 개혁에 따라 농촌을 기반으로 한 지방정부 재정, 특히 향진(鄕鎭) 정부의 재정이 악화되면서, 각 지방정부들이 부족한 재정을 확충하기 위해 농민들을 쥐어짜기 시작했다.[7] 이때부터 농촌 사회에서는 지방정부에 의한 무분별한 세수 책정 현상이 심각해지기 시작했으며, 농민들의 부담과 불만이 팽창했다. 예를 들어 1997년 불합리한 세수 항목에 대한 전국적인 정리 운동이 있었는데, 적발된 건수 중 80%이상이 향진 정부의 세수 항목들이었다. 농민들의 세수 부담액도 1990년에 비해 2000년 약 3배 증가했으며, 농업세의 경우는 10년 기간 동안 무려 4.3배 이상 증가했다(趙云旗 2007). 지방정부들은 당국가 중앙에서 하달된 세수 비율 규정을 거의 위반했으며, 안정적 세수 획득을 위해 강제력을 동원, 농민들과 갈등을 빚기도 했다.[8]

농촌 사회의 난(亂)세수 현상에 따른 농민 저항이 거세지고 심지어 대규모 폭동까지 급증하자, 당국가는 농업 세수 개혁을 단행해, 2006년 농업세의 완전 폐지를 선언하게 되었다.[9] 이에 따라 최근 농업 세수에 따른 농민들의 부담은 상대적으로 개선되고 있는 형국이다. 그러나 지방정부의 재정 문제가 여전히 해결되지 않은 상태에서, 농업세 폐지만으로 농민 부담 문제가 해결된 것은 아니었다. 지방정부들은 새로운 세수원을 확보하려 했고, 그 종착지는 토지였다.

7_재정 제도의 변화는 단지 중앙과 성 정부 간의 재정 관계를 규정했을 뿐, 성 이하 재정 체제에 대한 명확한 규정이 없었다. 대다수 성급 정부는 자신의 재정 능력을 증대시키기 위해 성 이하급 정부의 상납을 증대시켰기 때문에 농촌에 기반을 둔 향진 정부의 재정은 극도로 악화되었다. 성급 정부의 재정수입 비중은 재정 개혁 실시 이전 16.8%에서 2003년 28.8%로 오히려 상승했다. 성급 정부를 기준으로 두고 본다면, 성 정부 이상 재정수입의 비중은 재정 개혁 이전 38.8%가 81%로 상승했으며, 성 이하(성 불포함) 정부의 재정 비중은 61.2%에서 19%로 하락한 셈이다(楊安中 2005).

8_구체적 예시와 분석은 Berstein and Lu(2000)를 참조.

9_중국은 2000년 3월 〈농촌세수개혁 진행에 관한 통지〉(關于進行農村稅費改革的通知)를 발표하고, 일부 지역의 개혁 실험을 단행했다. 2002년부터 전국 20여 개의 성과 자치구 직할시의 세비 개혁 모델이 적용되었고, 2006년 농업세가 완전히 폐지되었다.

4) 토지 개발과 농민의 희생

중국 지방정부에게 토지는 재정 확대를 위한 새로운 출구였다. 경제 발전과 도시화는 농촌 토지의 가치를 상승시켰다. 공장과 주택들이 도시의 확장에 따라 농촌으로 이동하면서, 농촌 토지의 개발이 불가피해졌다. 중국의 농촌 토지는 집체 소유로 소유권의 소재 여부가 불명확하다. 토지에 대한 권리가 모호한 상황에서, 지방정부는 사실상 토지에 대한 주도적 권리를 확보할 수 있었다(Ho 2001; Zhu 2002). 지방정부는 농촌 토지를 강제 수용해서 개발하는 과정에서 막대한 이익을 챙길 수 있었다. 토지 수입과 이익은 지방재정의 주요 부분을 차지하게 되었으며, 토지 이익을 확대하기 위해 지방정부는 주로 농촌 토지 개발에 집중했다. 이는 개발을 위해 도시 토지를 활용할 경우, 농촌 토지에 비해 상대적으로 높은 보상 비용이 필요했기 때문이다. 지방정부는 저가의 농촌 토지를 징용해 도시 건설 용지로 활용했다. 토지 징용은 반드시 원 토지 권리인(농민)에게 징용에 따른 토지 보상액을 토지의 생산 가치에 의거해 보상하게 되어 있었으나, 그 보상 비용은 토지가 징용된 이후의 개발이익에 비하면 터무니없이 낮게 책정되어 있는 경우가 대부분이었다(이기현 2009). 토지 개발 수익의 분배 비율을 보게 되면, 수익의 대다수인 40~50%는 부동산 개발상이, 20~30%는 상급 지방정부에게 돌아갔다. 나머지 20~30%가 향진 정부 이하로 배정되었으며 그중 농민에게 보상되는 액수는 5~10%에 불과했다(劉彦 2007, 47). 최근 보상 수준이 점차 증가하고 있다고는 하지만 이 또한 경제 발전의 정도가 높은 도시나 동부 지역에 국한된 현상이며, 경제가 낙후된 현급 지역이나 중서부 지역의 경우는 그 보상의 수준이 매우 낮은 것으로 나타났다(財經 2006, 34-44). 보상 과정 또한 불공정하고 불투명해, 지방정부의 토지 징용 과정이나 개발상의 개발 과정에서 지역민과 농민들과의 소통은 매우 제한적이었다. 설령 농민이 토지 보상을 받고 도시로 흡수된다고 해도 새로운 직업교육 등 사회보장제도가 매우 약하기 때문에, 농사 이외의 일을 할 수 없는 대다수 농민들은 실직자가 되어 2등 도시민으로 전락하게 되었다.

III. 중국 농민 저항의 특징과 변화

중국 농민 저항에 대한 기존 해석의 틀은 주요하게 세 가지로 나누어 볼 수 있다. 첫째, 일상 저항(everyday resistance)이다. 저명한 농민문제 연구가인 제임스 스콧(James C. Scott)에 따르면, 산업화 등 전환 과정이 진행되는 국가에서 농민 저항은 주로 새로운 체제가 ― 예를 들면 시장 자본주의 ― 전통 농업 사회와 충돌하는 과정에서, 농민들의 생존 윤리가 작동하면서 발생한다(Scott 1977). 빈곤 상황은 그 자체로 농민 저항의 원인이 아니며, 농민의 생존과 사회 공정의 규칙이 침해를 받을 때 농민들은 저항을 시작하고, 위험까지도 무릅쓴다는 것이다. 그러나 농민들에게 집단적인 정치 행동은 사치에 가까우며, 자신들의 생사가 달려 있는 문제이기 때문에 매우 위험하다. 따라서 그들은 이런 위험을 피하기 위해 일반적으로는 일상에서 저항하는 방식을 택하게 된다. 즉 일상적이지만 끊임없이, 농민들은 자신의 노동, 양식, 세수, 그리고 이익을 탈취하려는 세력들에게 저항한다. 통상적으로 게으름 피우기(일종의 태업), 바보짓, 이탈, 순종하는 척하기, 도둑질, 비방, 방화 등이 있다. 이는 약자의 무기(weapons of the weak)이다. 그러나 이런 저항 방식은 거의 사전 협력이나 계획 없이 개별적으로 진행되며, 직접적으로 권위에 대항하지는 않는다. 비록 스콧의 연구가 동남아 국가를 사례로 한다는 한계가 있지만, 대다수 중국 농민들의 저항도 일상 저항의 형태에서 크게 벗어나지 못하고 있었다. 중국 농촌에서 발생한 각종 항의와 시위 등을 연구한 결과들도, 농민 저항은 농촌 사회 내부의 분쟁성 사건들이 대다수를 차지하고 있으며, 일반적으로 농민과 농민 간, 촌락과 촌락 간의 이권 혹은 자원 경쟁에 의한 것들이 많았고 지방정부나 관료들을 직접 대상으로 한 사건은 많지 않았다는 것을 보여 준다. 불만을 가진 대부분의 농민들은 항의하기 위해 집단을 형성하거나 조직을 설립하지 않았으며, 항의자의 수 역시도 대부분 몇 명에서 몇 십 명에 불과했다. 설령 집단 저항이 이뤄진다고 해도 대부분이 같은 마을이나 단위의 구성원들이었고, 저항 방식도 대체적으로 평화적이며, 요구 조건 역시도 권위에 대한 도전인 체제 변화보다는 지엽적인 문제 해결에 중점을 두었다(Tanner 2004, 140).

권위에 직접적으로 도전하지 않은 농민들의 특징은 중국 농민 저항의 두 번째 해석 틀인 '정당한 저항'(rightful resistance)이라는 개념을 만들어 냈다. 케빈 오브라이언(Kevin O'brien)에 따르면, 농촌에서 농민 이익과 직접적으로 경쟁하는 대상은 지방정부의 관료들이었다(O'brien 1996). 중국 농민들에게는 당국가의 정책과 법률의 착오보다 지방정부와 관료들의 토지, 양식, 세수 약탈이 더 직접적이었다. 농민들은 자신들의 주요 적에 대항하기 위한 든든한 지지자로, 오히려 당국가를 선택했다. 또한 저항의 형태가 비합법적일 경우 자신들의 주요 적을 처벌해 줄 당국가, 즉 자신의 지지자와 분열이 야기될 것을 두려워했다. 이에 따라 다수의 농민들은 당국가가 제시한 합법적 통로를 통해 문제 해결을 시도했다. 오브라이언은 이를 러시아 전제 정권의 폭압 속에서 농민들이 그들을 구원할 새로운 차르—해방자의 전설을 믿는 것처럼, 전제 체제에 불만을 가지면서도 문제 해결을 그 체제 영역 내에서 하려 하는 것과 같다고 비유했다. 따라서 중국 농민들은 공개적이고, 제도화된 형식의 저항을 선호했다. 저항 형식은 당 중앙 혹은 상급 정부의 권위에 호소해서 베이징의 법을 위반하는 지방 탐관오리를 응징해 줄 것을 요구하는 것이었다. 이는 중앙의 권위에는 도전하지 않으면서도 농민 자신들의 이해와 목적을 달성하는 방식이었다. 또한, 중국 농민들은 문제를 해결하기 위해 하급 기관보다는 더욱 높은 상급 기관을 통하고 싶어 하는, 일종의 위로부터의 정의(Justice from Above)를 추구했다. 농민들은 지방 관료 네트워크의 영향력에서 멀어지면 멀어질수록 문제 해결의 가능성이 더욱 높아지며, 더욱더 높은 상급 기관이 자신들의 문제에 개입해야 그들의 불만이 더욱 정당해지고 권위가 생긴다고 여겼다. 이런 현상은 바퀴가 삐걱거릴 때 윤활유를 바를 가능성은 그 소리가 크면 클수록 높다는, 삐걱거리는 바퀴(squeaky wheel) 이론과 같았다(Michelson 2008, 45). 즉 상급으로 가면 갈수록 문제가 더 커지고, 해결점을 찾을 수 있는 가능성이 더 높아진다는 것이다. 이는 중국 농민들의 문제 해결 방식을 "큰 소란은 크게 해결되고, 작은 소란은 작게 해결되며, 소란이 없으면 아무것도 해결되지 않는다"(大鬧大解決, 小鬧小解決, 不鬧不解決)라고 표현하는 데서도 잘 드러난다고 할 수 있다.

세 번째 틀은 중국의 대표적 농촌문제 전문가인 위젠룽의 주장이다(于建嵘 2008). 그는 '일상 저항' 이나 '정당한 저항' 개념이 중국 농민 저항을 설명하는 데 일정 정도의 설명력은 있지만, 최근의 농민 저항 현상을 설명하는 데는 한계가 있다고 비판했다. 그는 동남아의 농촌 현상을 근거로 한 일상 저항의 개념을 문화적 전통이 다른 중국에 적용하는 것은 한계가 있으며, 최근 농민 저항이 점차 집단화, 대규모화되는 추세이기 때문에 '정당한 저항'의 영역을 이미 넘어서고 있다고 진단했다. 따라서 그는 최근 중국 농민 저항의 특징을 '법으로써의 투쟁'(以法抗爭)이라는 개념으로 정리했다. '정당한 저항'이 중앙 정책과 당의 정신 등이 허용하는 범위 내에서 이뤄진 간접적인 성격이 강했다면, '법으로써의 투쟁'은 농민들이 중앙의 법률과 정책을 투쟁의 수단으로 활용한다는 차원에서 적극적인 의미가 부여된다고 보았다. '정당한 저항'이 대상과의 직접적인 대립을 피하면서 상층부의 권위를 이용하는 간접적인 행태를 보여 주었다면, '법으로써의 투쟁'은 법과 정책을 수단으로 대상을 직접적으로 겨냥하는 차이를 보인다.

실제로 중국 농민들은 법률적 근거를 저항 과정에서 적극 활용하거나, 지방정부나 관료들의 부정부패를 직접적으로 저지·압박하고, 자신들의 이익을 회수하고 보호하는 경향이 강해지고 있다. 과거에 비해 농민들은 자신들이 객체가 아닌 주체가 되어서 법률과 정책을 적극적으로 활용하면서 자신들의 권익을 보호하고자 하는 것이다. 따라서 '법으로써의 저항'이라는 개념은 중국 농민 저항의 새로운 변화를 어느 정도 포괄하고 있다고 할 수 있다. 그러나 이 개념은 '정당한 저항'과 마찬가지로 체제 내에서의 문제 해결이라는 범위를 벗어나지는 못하고 있다. 이는 중국 농민들이 과거에 비해 주체적이고 권익 보호를 위해 적극적인 태도를 보인다는 점을 반영할 수 있지만, 최근 중국 농민 저항이 체제 내부의 틀을 벗어나려는 경향이 있다는 것을 설명하는 데는 한계를 가진다. 우선, 저항의 규모가 점차 확대되면서 수백 명, 수천 명 심지어 수만 명이 참가하는 대형 저항들이 발생하고 있다. 다음으로, 저항이 조직화되고 그 수준 역시 발전하고 있다. 조직의 결속력을 약화시키기 위한 당국가의 노력이 지속되었음에도 불구하고, 경찰 보고서들은 농촌 사회 내에 다수의 정교한 조직들이 구성되고 있으며, 조직의 리더, 지도자가 존재한다고 보고하고 있다.[10] 이런 조직들은 불법단체로 해산되지 않기 위해 표면적으로는 기업의 노조, 씨족 회의, 종족 협회들로 위장되어 있으며, 심지어는 운동 단체, 유흥 단체로 되어 있다고 한다. 일부 조직들의 경우 단체 청원을 위한 기금 모금, 변호인 구비, 언론 홍보를 위한 조직까지 따로 형성되어 있다(Tanner 2004, 141). 또한 휴대폰과 인터넷 등 통신 기술의 발달로 상호간의 정보 교환과 비밀결사의 가능성이 점차 높아져 조직의 결속력은 더욱 강화되고 있다. 그다음으로, 폭력적 성향 역시 증가하는 추세이다. 중국의 경찰은 대다수 시위들이 평화적으로 진행되고 있다고 주장하지만, 폭력 시위들의 증가 추세는 부정할 수 없는 사실이다. 최근에 언론에 공개된 대규모 군체성 사건에서도 경찰과의 충돌, 건물(재산) 파괴, 사망자 및 부상자 발생 등은 이미 보편화되었다. 예를 들어 경찰력의 사망 건수가 개혁·개방 이전에는 매년 평균 36명 이하로 집계되었던 반면 개혁 이후 이 수치는 매년 450~500명 이상으로 급증하고 있다는 분석을 볼 때, 일선 경찰들과 시위자들의 충돌이 매우 거세지고 있다는 것을 유추해 볼 수 있다(Tanner 2004, 142).

종합해 보면, 기존의 해석 틀이 정확하게 현재 농민 저항의 특징을 포괄하고 있지는 않다는 결론을 얻게 된다. 분명한 것은 중국 농민 저항이 과거에는 농민 개인 위주로 산발적이고 상부 권위에 의존하는 간접적 방식이었다면 최근 들어서는 좀 더 주체적이고 조직화되었으며, 외부 세력과의 연대를 통한 대형화도 가능해졌고, 체제 내적이건 외적이건 다양한 수단을 통해 자신들의 이익을 보호하려는 적극적인 방식으로 변화하고 있다는 것이다.

10_이들은 신농민 엘리트(新農民領袖)들로 불리고 있다. 이에 대해서는 羅强强(2010, 139); Li and O'brien(2008, 2-3)을 참조할 것.

IV. 국가-사회관계의 조정: 당국가 대응의 변화

농민 저항 방식의 변화는 중국 당국가의 대응과도 연관이 깊다. 사회 저항의 증가는 국가의 대응에도 변화를 발생시키며, 국가 대응의 변화 속에서 저항의 행태가 변하는 등 양자는 상호 영향을 받는다. 이는 국가-사회관계의 동학이기도 하다. 중국 당국가는 권위주의 체제 유지가 매우 중요했기 때문에 사회 저항에 매우 민감하게 반응해 왔고, 저항에 대한 대책과 전술을 구사해 왔다. 권위주의 국가의 정치 지도자들은 선거의 압력을 직접적으로 받지는 않지만 사회의 저항에는 매우 민감하다. 사회 저항의 증가는 국가의 통제에 문제가 발생했거나, 혹은 당국가 기능이 약화되었다는 것을 의미하기 때문이다. 일반적으로 권위주의 체제는 억제를 통해 국가의 파워와 결단력을 보여 주고, 정치체제를 보호해 왔다(Cai 2008, 413). 중국에서는 톈안먼사건이 대표적 케이스였다. 사회 저항의 확장이 정권 안보에 위협을 가하자, 중국은 적극적인 억제 전략으로 위기를 극복하고자 했다. 이는 중국이 사회의 저항을 어떻게 규정해 왔는지를 보면 잘 나타난다. 1950년대 말 중국 당국가는 농민 및 대중들의 집단 소원, 청원, 시위, 데모 등의 행위를 소수인의 소동(鬧事)으로 규정했다. 이는 농민과 대중들의 불만 표출을 존중한다기보다는 단지 소수인들의 소동에 불과한 것으로 치부하면서, 사실상 농민과 대중의 의견을 무시하고 억제할 수 있다고 본 것이다. 그러나 권위주의 당국가 체제 역시도 단순하게 억제에만 의존한 것이 아니라, 적당한 합의와 절충을 도출해 내기도 했다. 과도한 진압은 저항을 야기하고, 설령 진압이 되었다 하더라도 저항의 불씨를 남겨 놓기 때문이다. 개혁 전 중국의 대중운동 혹은 충돌(예를 들면 문화대혁명)은 당 국가 지도자들에 의해 촉발되었으며, 종결과 마무리 역시도 그들 주도였기 때문에 문제 해결이 용이한 편이었다. 반면 개혁 시기 농민들의 저항은 지도자들의 문제에서 비롯된 것이 아닌, 농민들의 이익에 기반을 두고 있었기 때문에 이 문제를 어떻게 관리하는가는 중국 당국가의 새로운 고민거리가 되었다(Cai 2008, 419). 경제 발전은 농민 저항의 문제 해결에 어느 정도 도움이 되었는지는 모르겠지만, 완벽한 것은 아니었다.

톈안먼사건이 발생한 1980년대 말 이후부터는 사회의 저항에 대한 당국가의 입장이 변화하기 시작했다. 학술계를 시작으로 대중 시위 및 집단 저항 사건을 돌발 사건이라는 용어로 규정해 사용했으며, 1990년대 중반 이후에는 공안 기관을 중심으로 긴급한 치안 사건이라는 용어로 칭했다(李靜·周斌 2009). 이때부터 당국가의 사회 저항에 대한 인식은 별것 아닌 작은 사건으로 무시하거나 억제 혹은 통제할 수 있는 대상에서, 관리의 대상으로 변화하기 시작했다. 이는 농촌 등 기층에서의 집단 저항이 급증하면서, 체제 유지와 안정의 위협이 될 수 있다는 당국가 지도부들의 위기의식이 작용했기 때문이기도 하다. 이에 따라 당국가는 농민들의 갈등과 불만에 대해서도 적극적으로 관리하기 시작했다.

첫째, 당국가는 신팡(信訪)이라는 청원 제도를 발전시켜 농민문제들을 법적, 제도적 틀 안에서 수용하려는 노력을 보여 주었다. 신팡이란, 농민이나 대중들이 편지, 방문 등의 형식으로 국가 부문에 자신의 고충을 호소하면, 국가 부문에서 법에 의거해 제기된 문제를 처리하는 일종의 청원 제도이다. 이는 당국가가 농민들의 불만 표출 및 사회 갈등 해결을 위한 제도적 장치를 제공해 주는 것이었기 때문에, 다수의 농민, 농민공 들에게는 자신들의 문제 해결을 요구할 수 있는 합법적 채널이 생긴 것이었다. 1980년대는 신팡 건수가 그리 높지 않았지만, 1990년대 중반 이후 그 수치는 급속도로 상승하기 시작했다. 전국적으로 집단 청원은 매년 50% 이상씩 증가했으며, 그리고 대다수 집단 청원은 90% 이상이 농촌에서 발생했다(鄭衛東 2006, 11).

둘째, 농민 저항이 급증하는 시점에 출범한 후진타오 체제는 친농민적 성향을 보여 주었다. 장쩌민 체제가 친도시적 정책을 추진했던 반면, 후진타오 체제는 집권 1기부터 농민문제 해결을 최우선 국정 과제로 삼고 관련 정책을 추진했다. 또한 균형 발전 및 사회 안정 중시 기조를 강조했으며, 2004년 이후 5년 연속 농민문제와 관련된 중앙 1호 문건 발표, 조화 사회 건설 제기, 2006년 사회주의 신농촌 건설 운동 및 농업세 완전 면제 등 농촌과 농민을 중시하는 정책을 제시해 왔다(조영남 2008, 61). 이 밖에도 농촌 토지 분쟁을 완화시키기 위해, 토지 관리와 농토 보호의 강조, 농촌 토지사용권의 거래 허용 등 토지 관련 법률과 체계를 정비했다. 당국가가 농민 저항을 관리하려는 의도는 군체성 사건의 정의에서도 잘 나타난다.[11] 중국은 군체성 사건이라는 용어를 2004년부터 사용하기 시작했는데, 군체성 사건이 인민 내부 모순에서 기인하며, 자신의 권익에 침해를 받았다고 여기는 이들이 위법적 방식으로 유관 기관에 의견 전달, 요구하는 과정에 나타는 충돌, 집회 등의 활동이라고 그 의미를 규정했다(中共中央辦公廳 2004). 규정은 사회 폭력, 사회 안정의 위해 행위라는 시각보다는 군중들의 이익 침해, 인민 내부 모순의 부분을 강조하고 있는데, 이런 원인을 중시하는 특징은 중국이 사회 전환기 농촌 사회의 안정을 유지하기 위해 친농민적 접근을 하고 있다는 것을 잘 나타낸다.

11_2004년 11월 8일 국무원의 〈군체성 사건의 예방과 처리에 관한 의견〉(關于積极預防和妥善處理群体性事件的工作意見)이 발표된 이후 군체성 사건이라는 용어가 각종 매체와 정치 지도자들 사이에서 공식화되기 시작했다.

셋째, 중국 당국가는 농민 저항의 직격탄을 피하면서 자비로운 국가의 역할을 수행했다. 이는 농촌 사회에서 대규모 시위와 항쟁이 일어나도 왜 중국 당국가 체제가 흔들림 없이 유지되고 있을까라는 질문의 답이 될 수 있다. 당국가는 농민들의 저항을 적절하게 분산시켜 관리할 수 있는 유연성을 가지고 있었다. 대표적 수단은 분권화된 권력 구조였다. 이는 농민과 지방정부 그리고 농민과 당국가 사이에 일정한 간극을 만들어 냈기 때문에, 당국가가 농민들의 불만과 거리를 둘 수 있게 해주었다. 지방정부가 폭력 등의 강제 수단을 이용, 농민 저항을 진압한다고 해도 당국가는 그 책임을 지방정부에게 돌릴 수 있었고, 그러한 개입에 대해 모르는 척함으로써 책임 회피를 통해 자신의 합법성을 유지할 수 있었다(Cai 2008, 6). 또한 분권화된 권력 구조는 중국 농촌 사회가 외부와 격리된 벌집 같은 세포형 구조로 되어 있다는 주장처럼, 농민들이 상호작용하는 대상을 당국가보다는 지방(기층)정부에 제한시켰다. 이런 구조하에서 농민들과 당국가의 관계는 정치적이거나 상징적인 반면, 지방정부와는 관계는 매우 실제적이고 구체적인 이익 관계였다(Guo 2001, 436). 이에 따라 농민과 지방정부는 자원 통제를 둘러싸고 경쟁하고 충돌했으며, 농민들은 정치체제에 대한 불만보다는 지방정부나 관료에 대한 불만의 해결에 집중하게 되었다. 당국가는 자연스럽게 문제의 핵심을 대리인들(지방정부와 관료)에게 떠넘길 수 있었고, 농촌 사회의 체제 합법성에 대한 불만은 분산될 수밖에 없었다. 농민들의 우선적 적대 세력은 당국가가 희생양으로 내세운 대리인들이 되었다. 사태가 확산되면, 당국가는 소수의 부패한 대리인들을 척결하고 당면 문제의 해결에 대한 성의를 보임으로써, 자비롭고 친농민적인 이미지를 생산할 수 있었다. 이 때문에 위에서 언급한, 중국 농촌 사회의 정당한 저항(rightful resistnace)이라는 체제 내적이며, 피동적인 저항의 형태도 가능했던 것이다.

넷째, 당국가는 당근과 채찍을 통한 안정 관리 정책을 구사했다. 당국가는 농민 저항의 확산에 대해 어느 정도 관망하기도 하면서, 농민들의 입장을 이해한다는 메시지를 심어 주었다. 심지어 공개적으로는 시위자들의 입장을 동조하기도 했다. 그러나 한편으로는 시위 지도자들의 소재를 파악하고, 몇몇 개인들의 문제를 해결해 주는 방식으로 조직의 소통이나 단결력을 와해시켰다(Lum 2006, 9). 또한 시위자들은 용서하나 선동자와 지도자들은 처벌하고, 당면 문제는 해결하나 문제의 원인은 해결하지 않는 일종의 안정 구매(buying stability) 전략을 구사했다.[12] 이런 안정 관리 전략은 중국 지도자들의 농민 저항에 대한 불일치한 행보를 낳기도 했다. 예를 들어 원자바오 총리는 농토 보호, 농민들의 민주적 권리·재산권 보호 등의 발언을 자주했던 반면, 후진타오 주석은 경찰력의 강화와 대형 시위의 적극적 진압을 주장하는 등 법과 질서를 강조하는 경향이 강했다.[13] 중국 지도부의 이중적 태도는 현재 중국이 정치적 문제나 체제의 합법성을 건드리지 않은 저항에 대해서는 묵인하거나 타협할 수 있다는 신호를 주기도 했다. 즉 현 체제의 안정을 해치지 않는 범위 내에서는 농민들의 불만을 당국가가 수용할 수 있다는 것이다. 이는 중국 지도부가 농민들에게 우호적인 정책을 수행하는 데 강한 명분을 주는 동시에, 농민들에게 비우호적인 국가정책을 조정할 수 있는 시간 벌기와 유연함을 마련해 주기도 했다.

12_당국가 지도부의 이러한 모호한 대응 때문에 농민 저항은 "더욱더 큰 소란을 내야 문제가 해결된다"는 방식으로 나타난 측면이 있다.

13_Jonathan Manthorpe, 2006, "Communist Party Divided on Dealing with Dissidents," *Vancouver Sun,* Jan. 30; Lum(2006)에서 재인용.

V. 결론

중국 농민 저항의 급증은 중국 경제 발전의 역설이다. 경제 발전 과정에서 중국 농촌 사회는 희생을 강요당해 왔다. 국가의 발전 전략은 도농 간의 심각한 소득 격차, 과중한 세수와 이익 착취 등의 농민 부담 문제, 토지개발에 따른 강제 이주와 생존권 박탈, 그리고 비합리적 보상 문제를 야기해 농촌과 농민을 소외시켰고, 농민들의 불만 표출을 야기했다. 중국의 권위주의적 당국가 체제는 농민 저항을 전통적인 억제와 진압의 방식으로 통제하려 했으나 점차 한계에 부딪쳤다. 그 이후 정치적 구조나 영리한 술책 등을 이용, 농민의 불만을 무마시키는 일종의 안정 관리 전략을 구사해 왔으며, 어느 정도의 성과를 거두었다.

그러나 중국의 지속적 경제성장을 위해서 산업화와 도시화의 확대는 계속되어야 하고, 이는 향후에도 농촌 사회의 갈등과 충돌을 유발할 가능성이 높다. 비록 중국이 최근 균형 발전을 강조하고, 도농 간의 조화로운 사회 건설을 표어로 내세우고 있지만, 현대화 과정에서 농촌과 농민의 희생은 여전히 불가피할 것이다. 이에 따라 농촌 사회의 저항은 더욱 가속화될 전망이다. 더구나 농민 저항 방식의 자생적 변화는 국가와 농촌 사회의 갈등과 충돌을 더욱 확대시킬 것이다. 위에서 살펴본 것과 같이, 중국 농민 저항의 특징은 과거의 산발적이고 간접적인 방식에서 최근 조직적이고 적극적인 방식으로 변화하고 있다. 중국 농민들은 체제 내적인 저항에 대한 한계를 실감하고, 체제 외적인, 심지어 폭력을 수반한 저항으로 경찰력과 충돌하기도 한다. 물론 중국의 경우 농촌 시민사회의 형성 기반이 약하기 때문에, 조직적 인프라가 구축되는 데는 상당한 시간이 소요될 것이다. 이 때문에 농민의 저항이 지속, 유지되거나, 정치 세력화하기는 쉽지 않아 보인다. 여전히 이들의 투쟁 방식은 당국가에 정면 대응하거나 정치적 주장을 전면에 내세우기보다는, 국가 제도의 틀 내에서 일상적인 권리 보장을 요구하는 수준에 가깝다. 물론 밑으로부터의 저항이 당국가 체제에 정면 대응하지 못하도록 제도의 틀을 짜온 당국가의 대응도 매우 유연했다고 평가할 수 있다. 이에 따라 가까운 미래에 중국에서 과거 폴란드에서 발생한 것 같은 체제 위협적인 저항은 쉽지 않을 것으로 보이며, 농민의 저항 증대가 중국 민주화를 추동할 것이라고 진단하는 것은 시기상조이다. 당분간은 긴장과 충돌이 당국가로 하여금 국가-사회 간의 상호작용을 제도화하게 하여, 농촌 사회의 정치권력 성장을 억제시키고 거리 투쟁을 제도 내 투쟁으로 유도할 가능성이 높다.

그럼에도 불구하고 국가와 농촌 사회 간의 갈등과 충돌이 끊임없이 지속되고 있으며, 점차 농민들이 자신들의 권리와 이익에 대해 눈을 떠가고 있다는 점, 그리고 저항 방식이 점차 대형화·조직화되고 있다는 점에서 당국가의 관리 전략과 대응이 언제까지 효과를 지속할지 장담하기는 힘들다. 문제는 당국가가 농촌 사회의 근본적 원인을 해결할 수 있는 능력이 있느냐는 것이다. 농촌 사회에 기반을 둔 국가의 대리인들이 약탈적 세수 포탈, 과도한 토지 개발이익을 추구하는 데는 지방재정의 악화라는 근본적인 배경이 있다. 당국가는 강력한 권위로 중앙 재정을 확대시키고, 각종 업무권은 지방으로 내려 보냈다. 지방정부 입장에서는 들어오는 돈은 없고, 돈 쓸 일만 늘어난 설상가상의 형국이 현재 중국의 현실이다. 반면 당국가는 친농촌, 친농민 정책을 표방하면서, 농민을 희생시키거나 착취하지 말라고 자비로운 정책과 발언을 쏟아 낸다. 그러나 지방정부도 생존을 해야 한다. 새로운 발전 모델을 창조하는 영리하고 재수 좋은 몇몇을 빼고 대다수의 상황은 크게 다르지 않다. 당국가 대리인들은 울며 겨자 먹기 식으로 농민들의 희생을 강요할 수밖에 없다. 만일 농민들의 저항이 거세지면, 당국가는 재수 없는 희생양 몇몇을 처단하는 방식으로 사태를 무마하는 방식을 선호할 것이다. 그러나 중국 농민들은 더 이상 당국가의 기만과 술책에 당하고만 있는 바보들이 아니다. 이미 밝혔듯이 농민 저항은 좀 더 영리한 엘리트의 주도하에 이뤄지고, 조직화·대형화되고 있다. 만일 당국가가 미봉책에 만족하면서 농촌문제 해결에 전력을 다하지 않는다면, 농민의 저항이 향후 직접적으로 당국가를 겨냥할 가능성이 높다. 바로 이 점 때문에 농민 저항의 확대가 중국의 새로운 민주화의 잠재적 자원이 될 수 있는 것이다.

8장

중국의 입법 개혁과 민주주의

입법 주체·입법기관·법률 체계 개혁에 대한 시론적 평가

이상국

I. 서론

1978년 중국공산당(중공당) 제11기 제3차 중앙위원회 전체회의를 계기로 중국은 현대적인 법률 체제 수립에 본격적으로 나서기 시작했다. 이 회의에서 중공당은 1960년대와 70년대의 문화대혁명의 폭력성과 이 시기 마오쩌둥(毛澤東) 개인 통치, 곧 '인치'(人治)에 따른 폐해를 비판하는 한편, 민주적인 제도화와 법제화의 중요성을 강조했다. 이 중앙위원회 전체회의의 공보(公報)는 이와 같은 점을 분명하게 보여 주고 있다.

> 인민민주의 보장을 위해 사회주의 법제를 반드시 강화함으로써 민주적 제도화, 법률화를 이루고, 이와 같은 제도와 법이 안정성, 연속성, 완전한 권위를 지닐 수 있도록 해야 한다. 의거(依據)할 수 있는 법, 의거해야 하는 법이 있어야 하고, 법

률 집행은 반드시 엄격하게 이뤄져야 하며, 위법은 반드시 처벌되어야 한다. 지금부터 입법 업무는 마땅히 전국인민대표대회(전국인대)와 전국인대 상무위원회의 중요한 의정(議定)이 되어야 한다"(新華網資料 2005).

이와 같은 문제의식에서 중국은 이후 경제의 시장화, 개방화뿐만 아니라 법률 영역에서도 지속적인 개혁을 추진해 왔다. 개혁·개방 초기 중국의 법률 개혁은 문화대혁명으로 사실상 와해된 법과 제도를 정비하는 차원에서, 그리고 주로 경제, 사회 영역 등을 효율적으로 관리하기 위한 차원에서 시작됐다. 이후 시장 경제의 심화와 사회 계급·계층의 분화와 다양화로 중국의 당국가 체제는 새로운 도전에 직면하게 되었으며, 이와 같은 변화된 사회경제적 환경에 대응해 중국은 법률 차원에서 지속적인 개혁을 추진하고 있다.

중국의 이와 같은 법률 개혁과 관련해, 현재 학계에서는 개혁의 내용과 성과에 대해 서로 상반된 주장이 제기되고 있다. 민주주의에 대한 보편주의적 시각에 기초한 일군의 학자들은 중국의 법률 등의 개혁 조치는 새롭게 변화된 환경에서 반체제 세력 등에 대한 통제와 억압을 효과적으로 수행하기 위한 것으로 해석하고 있다(Pei 2006; Schell 2002; Chang 2001; Waldron 1995; Goldstone 1995). 법률 등 개혁의 지체 또는 부재로 인해 중국에서는 법의 지배(rule of law)가 사실상 결여돼 있고, 국가 시스템은 기본적으로 약탈 국가의 성격을 지니고 있다. 이뿐만 아니라 중국의 정치체제는 일반적인 민주주의 체제에서 강조하는 책임(accountability)의 정치와는 거리가 먼 것으로 인식되고 있다. 이런 이유로 중국에는 환경오염과 빈부 격차의 심화, 국가 능력의 점진적 약화, 지방정부의 마피아화와 같은 문제가 발생하고 있고, 중공당 일당 통치라는 당국가 체제는 심각한 위기 국면에 처하게 될 것으로 예측된다. 결국 이들 학자들은 중국이 사회경제적 문제를 해결하고 책임 정치를 실현하기 위해서는 다당제에 기초한 서구식 민주주의의 도입 이외에 다른 길은 없다고 인식하고 있다.

다른 한편, 민주주의에 대한 중국 특수론 또는 중국식 모델(中國模式)의 시각에서 개혁기 법률 등의 개혁을 인식하는 흐름도 존재하고 있다(Peerenboom 2007; Goldman 2005; Yang 2004; Ogden 2002). 이런 관점은 보편주의적 시각과 달리, 개혁기 중국이 법률 영역 등에서 일련의 개혁 조치를 성공적으로 실시해 온 것으로 평가하고 있다. 다시 말해, 법률 개혁 등을 지속적으로 추진함으로써 법률체계와 정치체제는 점진적으로 일반 대중의 요구에 더욱 민감하게 반응하고(responsive) 있고, 또 대중에게 더욱 책임을 지는(accountable) 정치를 실현해 가고 있다. 또 이들은 법과 제도 개혁을 통해 중앙정부를 비롯한 각급 정부의 구조와 운용이 환경의 변화에 대응해 점진적으로 합리화, 민주화하고 있는 것으로 평가한다. 결론적으로 중국은 기존의 당국가 체제를 유지하면서도 변화하는 사회경제적 상황에 적절히, 그리고 효과적으로 대응하는 일련의 법률 개혁을 지속적으로 추진해 왔다. 이뿐만 아니라, 중국은 체제 변동 곧 서구식 민주주의를 도입하지 않은 조건에서도 새로운 민주주의 모델, 곧 중국식 민주정치 모델을 창조할 가능성이 있다.

결국 입법 영역 등의 개혁 조치의 결과(또는 성과)에 대한 평가, 곧 중국 민주주의의 성숙(또는 그 가능성) — '법의 지배', '대중의 요구에 대한 정부의 책임성과 반응성', '시민의 자율성과 권리 보장' — 에 대한 평가와 관련해 학계의 의견이 이처럼 대립하고 있는 상황에서, 서구식 민주주의 불가피론과 '중국식'의 새로운 민주주의 모델 수립(가능)론의 타당성에 대한 평가를 시도해 볼 필요성이 있다.

이와 같은 배경에서 이 글은 중국 입법 개혁의 특징을 1990년대 후반부터 2010년까지의 개혁 내용을 중심으로 살펴본다. 이는 다른 기존 연구들(조영남 1999, 59-69; 2006; 김재철 2002, 130-169; 이정남 2008, 219-250; Delisle 2008)의 성과를 보완하는 한편, 앞서 언급한 두 가지 상반된 접근법에 대한 평가라는 이 글의 문제의식에 더욱 충실하기 위한 것이다. 둘째 목적과 관련해, 이 연구는 또한 언급한 기존 연구가 특정 영역에 집중돼 있는 것과 달리,[1] 중국의 입법 주체, 입법기관, 법률 체계 세 가지 측면을 모두 살펴봄으로써 중국의 입법 개혁에 대한 종합적인 분석을 시도한다.

이 세 영역 중 우선 입법 주체의 성격을 고찰하는 이유는, 현대 민주주의 정치에서 일반 대중의 정치 참여 정도가 민주주의 성숙, 정치발전의 중요한 척도가 되고 있는 것과 관련된다. 곧, 정부의 정책 결정 및 정부 활동과 관련된 공공 정치 생활에 일반 대중의 제도적 참여가 보장될 경우, 대중들은 자신들의 이해관계를 정부 정책에 반영시킬 수 있고, 그 만큼 정부의 책임성과 반응성을 높일 수 있기 때문이다(雷弢 2009, 1-2). 따라서 정부 정책 방향과 내용을 결정하는 중국의 입법 주체의 성격, 대중의 인민대표대회(이하, 인대) 입법 과정 참여 수준을 파악하는 일은 중국의 민주주의 성숙을 평가하는 중요한 평가 기준이 될 수 있다. 다음으로 중국 정치에서 민주주의적 요소의 성숙을 논의하는 데 있어서, 입법기관인 인대에 대한 고찰은 필수적이다. 민주주의 발전과 관련해 의회정치의 발전이 필요하고, 중국에서 의회의 기능을 수행하는 기관은 다름 아닌 인대이기 때문이다. 이

1_이를테면 조영남(1999)과 김재철(2002)은 인민대표대회의 자율성 문제를 주로 다루고 있고, 이정남(2008)은 대중의 입법 과정 참여 문제에 관심이 집중돼 있다. 한편, Delisle(2008)은 중국의 법률 체계와 내용에 분석의 초점을 두고 있다.

런 점에서 볼 때, 인대가 중국공산당과 정부로부터 얼마나 독자적인 지위와 자율적인 권한을 지니고 있는지, 그리고 입법기관의 기능을 적절히 수행할 전문성을 지니고 있는지에 대한 분석 및 평가는 중요한 의미가 있다(조영남 2006, 7-8). 마지막으로 중국의 법률 체계 그 자체에 대한 고찰도 중국의 입법 개혁을 민주주의 측면에서 평가하는 데 중요한 의미를 지니고 있다. 정부, 경제, 사회와 관련된 법률과 법규는 직접 또는 간접적으로 민주주의의 핵심 구성 요소, 곧 정부의 투명성 및 책임성, 법의 지배, 국가에 대한 시장과 시민의 자율성 및 권리 보장과 관련돼 있기 때문이다.

이런 문제의식에서, 우선 다음 절에서는 중국의 입법 주체의 특징에 대한 분석을 시도할 것이다. 이를 통해 입법 주체의 일반적 성격과 일반 대중의 입법 참여 과정을 파악해 봄으로써 일반 대중과 사회의 입법에 대한 참여 및 통제 수준을 평가해 볼 것이다. 입법 과정에 일반 대중의 참여가 어떤 식으로 보장(또는 제약)되고 그 수준이 어느 정도 되는가, 각종 입법 활동의 주요 행위자인 인대의 대표가 어떻게 구성되며, 그들이 어떤 자격으로 참여하는가 등을 분석한다. 곧 이 절에서는 대중의 입법 참여 수준에 대한 평가를 시도한다. 제3절에서는 입법기관의 역할과 기능에 대한 분석을 시도할 것이다. 전국인대 등 인대가 입법 영역에서 차지하는 비중, 전국인대와 중공당 그리고 국무원과의 관계 등을 살펴볼 것이다. 이를 통해 인대가 다른 권력 기관과의 관계에서 어느 정도 자율성을 지니고 있고, 입법 영역에서 어느 정도 중요성을 차지하고 있는지에 대해 논의할 것이다. 이와 함께, 인대 구성을 중심으로 입법기관 자체의 개혁 동향을 살펴봄으로써 입법기관의 효율성 및 합리성에 대한 평가를 시도한다. 제4절에서는 경제, 정부, 사회 세 개 영역과 관련된 법률의 제정 실태를 살펴볼 것이다. 이를 통해 중국의 전반적인 법률 체계가 민주주의의 요구(경제 및 사회 영역의 자율성 보장, 정부의 책임성 실현 정도 등)를 어느 정도 만족하고 있는지에 대한 분석을 시도한다. 마지막 절에서는 앞서 분석한 내용을 요약하고, 서론에서 제기한 문제 — 보편주의적 시각과 중국 특수론 — 를 평가할 것이다. 그리고 이런 논의를 기초로 민주주의의 관점에서 중국 입법 분야의 발전 방향을 가늠해 보고자 한다.

II. 대중의 입법 참여의 제한적 확대

1. 일반 대중의 입법 참여 실태

개혁·개방 이후 인대의 발전 과정에서 주목되는 점 가운데 하나는 입법 과정의 행위자가 다양화, 전문화하고 있다는 점이다. 현재 입법 과정에 참여하는 주요 행위자는 첫째, 전국인대 상무위원회의 법안 마련을 위한 전문 기구로 법제공작위원회, 판공청연구실, 각종 전문위원회를 들 수 있다. 둘째, 정부 기관으로 여기에는 중앙정부인 국무원의 법제국, 각부의 법제국 및 판공청 그리고 성급(省級) 정부 차원의 성급 인대와 정부를 들 수 있다. 마지막으로 사회과학원, 각 대학, 법 학회 및 일반 시민과 같은 각종 민간단체와 일반 대중을 들 수 있다(孫哲 2004, 126-129).

이런 점을 놓고 볼 때, 대중의 정치 참여 유형은 크게 법안과 관련된 전문가 집단·단체의 입법 과정 참여와, 법안에 이해관계가 얽힌 일반 시민의 참여 두 가지로 구분할 수 있다(이정남 2008, 228). 이 중 정치, 경제, 법학

등 분야의 전문적인 지식인들과 단체가 법안의 초안 작성, 심의, 제정 과정에 직간접적으로 참여함으로써 입법 내용의 질이 크게 향상되는 효과를 내고 있다(孫哲 2004, 280-286). 곧, 이들 전문가들의 입법 참여는 법률이나 법규가 현실과 괴리되는 현상을 줄여 주고 있다는 점에서, 입법의 민주화나 과학화에 기여하고 있는 것으로 평가할 수 있다. 특히 최근 들어서는 법학자나 입법 전문가들이 사회적으로 이슈가 되는 현안에 대해 적극적으로 입법에 참여하려는 노력도 증가하고 있다. 이는 기존에 입법 전문가들이 입법기관의 요청에 따라 입법 내용에 대해 자문하는 형식으로 입법 참여가 이뤄졌던 것과는 차이가 있다. 대표적인 예로 2009년 북경대학 교수들이 전국인대에 국무원이 제정한 〈도시주택철거조례〉가 헌법에 위배된다며 이에 대한 수정을 요구한 경우가 있다. 이후 국무원은 이들 교수를 초청해 좌담회를 열고, 관련 규정의 수정 방향에 대한 의견을 수렴했다(曹玉斌 2010).

지식인을 비롯해 민간단체와 일반 대중의 입법 참여는 2000년 〈중화인민공화국 입법법〉(中華人民共和國立法法)이 전국인대를 통과함으로써 비로소 법률 및 제도적 차원에서 보장되기 시작했다. 다시 말해 이 〈입법법〉의 제35조는 법률 제정 과정에서 전국인대 상무위원회 회의 의정에 포함되는 중요한 법률안은 위원장 회의 결정을 거쳐 법률 초안을 공포하고, 각 기관, 조직 및 공민의 의견을 청취할 수 있도록 규정하고 있다. 또 제58조는 정부의 행정 법규 초안 과정에서 유관 기관과 조직 그리고 공민의 의견을 광범위하게 청취하도록 하면서, '좌담회' '심의회' '공청회' 등 다양한 형식을 선택할 수 있도록 하고 있다. 이처럼 〈입법법〉은 대중의 입법 참여를 보장하고 있을 뿐만 아니라 그 형식에 대해서도 규정함으로써 입법의 민주화에 일정한 기여를 하고 있다.

한편 최근 사회 전반적 차원에서 권리 의식이 성장한 것을 배경으로, 일반 대중과 민간단체의 입법 참여 통로와 방식은 과거에 비해 훨씬 다양하게 이뤄지고 있다. 리가오시에(李高協)와 인웨이셴(殷悅賢)의 분석에 따르면, 최근 대중의 입법 참여 방식으로는 (1) 관련 기관의 서면 요청에 대한 의견 피력, (2) 좌담회·토론회·심의회·공청회 요청에 따른 참여, (3) 법제위원회·상무위원회·대표대회의 회의 방청, (4) 언론 매체를 활용해 입법 사항 및 초안에 대한 의견 반영, (5) 각종 입법항목위원회(立法項目委員會)를 통한 법안 초안 위탁 및 공개 입찰 참여, '입법 연계점'(立法連繫點) 제도를 통한 참여, (6) 입법 자문(顧問), 입법 보좌, 초빙 입법 연구원 등 자문 제도를 통한 참여, (7) 입법 관련 웹사이트의 개설, (8) 사회과학 관련 연구소 및 학교, 사회단체가 입법 유관 기관과 협력 관계를 구축하고 관련 이론 문제에 대해 공동 연구, (9) 입법 연구회(소)·협회·센터 등의 구성이 있다(李高協·殷悅賢 2006). 이 밖에 전문 입법 잡지 창간, 입법 도서관, 입법 민의 대표 제도, 입법 자문 서비스 기구 설립 등을 통한 입법 참여 방식도 출현하고 있다.[2]

이처럼 민간단체와 일반 대중의 입법 참여가 다양한 형식을 통해 크게 증가하고 있지만, 이들의 제도적인 참여는 여전히 한계를 보이고 있다. 이를테면 2000년 제정된 〈입법법〉의 경우, 법률 및 행정 법규 제정을 위한 대중의 참여 방식으로서 제시하고 있는 좌담회, 토론회 등의 범위와 개최 과정에 대한 내용이 구체적이지 못한 한계를 안고 있다. 또 좌담회, 토론회

2_입법 연계점은 법제 기관이 법률이나 행정 법규를 제정하기 위해 자문 등을 목적으로 선정한 법률사무소나 대학 등을 가리킨다. 이에 대한 자세한 내용은 山東省青島市人民政府法制辦公室(2006)과 李高協·訾曉輝(2009) 참조.

등의 개최 여부에 대한 결정권이 법안 초안 작업을 맡은 기관에 있고, 이들은 대중 의견 청취에 따른 업무 부담을 줄이기 위해 관련 조치를 취하지 않으려는 경향을 보이고 있다. 결국 이런 요인들은 대중의 입법 권리 행사에 제한으로 다가오고 있다. 또 이들이 과거와 달리 다양한 방식으로 입법 과정에 개입하고 있지만, 이들이 직접 전국인대 등에 법률 제정과 관련해 입법안을 제출할 수는 없다(周天勇·王長江·王安嶺 2007, 130-132). 이와 함께, 일반 대중들이 입법 영역에 참여할 수 있는 자율적이고 조직화, 제도화된 기제도 충분히 발전하지 못하고 있다(Delisle 2008, 186-188).

2. 일반 대중의 인대 대표 진출

개혁기 인대의 중요성이 증대되면서, 1990년대 후반 이후 기층 차원에서 대중의 자발적이며 적극적인 인대 대표 진출 움직임이 일고 있다. 이와 같은 움직임은 1998년 후베이성(湖北省) 치엔장시(潛江市)의 일반 교사인 야오리파(姚立法)가 자신을 시(市) 인대 대표에 후보로 추천, 결국 당선된 것을 계기로 하고 있다. 이후 2003년 광둥성(廣東省) 선전시(深圳市) 인대 선거에서 10여 명의 일반 대중이, 같은 해 베이징시(北京市)의 경우 최소 20여 명의 일반 대중이 각각 야오리파가 했던 것과 유사한 방식으로 출마해 이 중 일부가 인대 대표로 선출됐다. 특히 베이징 경선에 참여한 인사들에는 대학생, 변호사, 학자, 부동산 관련 권익 보호 인사(房産維權業主) 등과 같은 중산층과 지식인이 대거 포함돼 있었다(黃衛平·鄒樹彬·唐娟 2004). 이와 같은 일반 대중의 자발적인 경선 참여 움직임은 2007년과 2008년에 실시된 지방인대 선거에서도 그대로 이어져, 현급 인대의 대표에 '독립 후

보'(獨立候選人)로 나선 인사는 전국적으로 수백 명에 이르고 있다.[3]

한편, 정부 차원에서도 인대 대표에 일반 대중의 진출을 확대하기 위한 일련의 조치를 취했다. 우선 2003년 나타난 일반 대중의 경선 참여 열기를 계기로, 2004년 인대 대표 선출 관련 규정을 담고 있는 〈전국인민대표대회 및 각급인민대표대회 선거법〉(全國人民代表大會和地方各級人民代表大會選擧法)이 수정됐다. 곧 기층 인대의 대표 선출 규정이 수정되면서 대표의 예비선거에 관한 내용이 회복되고, 후보와 선거민 사이의 접촉 및 선거민의 질문에 회답하도록 하는 제도적 장치가 마련됐다(黃衛平 2008). 또 2008년 제11기 전국인대 대표 선출에서 중앙은 그간 문제로 지적돼 온 지나치게 큰 간부 비중을 축소하고 일반 대중의 비중을 확대하는 조치를 단행했다. 중국의 공식 발표에 따르면, 이 조치로 성급 간부는 제10기에 비해 1/3가량 감소했다. 또 노동자 대표는 100% 이상 증가했으며, 농민 대표는 70%가량 늘었다. 동시에 농민 출신 도시 노동자인 농민공(農民工) 세 명이 처음으로 공식적으로 해당 계층의 대표로 선출됐다(羅昌平 2008).

그러나 이와 같은 일반 대중의 인대 참여 움직임과 정부의 관련 조치에도, 지급시(地級市)급 이상의 인대 대표 선출이 간접 선거이고, 관료들이 선거에 개입하는 등의 영향으로[4] 전국인대나 지방인대에서 일반 대중의 진출은 사실상 크게 개선되지는 못하고 있다.

3_이의 대표적인 사례로 언론의 주목을 받은 경우로는 葛樹濤·廖世傑(2010)과 李增輝(2008)를 참조.

4_李凡(2009). 1954년 제정된 선거법은 인대 대표의 직접 선거의 범위를 향진(鄕鎭) 인대로 한정했으며, 개혁·개방 이후인 1979년 현급 인대로 확대했으나 그 이상의 인대 대표는 간접 선거로 선출하고 있다. 한편, 지급시는 지구급(地區級) 시(市)를 의미하며, 중국 행정 체계에서 현(縣)과 성(省) 사이에 위치하고 있는 사실상(de facto)의 행정구획 단위이다.

표 1 | 전국인대 대표 신분 구조의 변화 추이

기수	대표 총수(명)	노동자/농민		군인		간부		지식인		귀국 화교		기타	
		수량(명)	비율(%)	수량(명)	비율(%)	수량(명)	비율(%)	수량(명)	비율(%)	수량(명)	비율(%)	수량(명)	비율(%)
제5기 (1978~82)	3497	1655	47.3	503	14.4	468	13.4	523	15.0	35	1.0	313	9.0
제6기 (1983~87)	2978	791	26.6	267	9.0	636	21.4	701	23.5	40	1.3	543	18.2
제7기 (1988~92)	2970	684	23.0	267	9.0	733	24.7	697	23.5	49	1.7	540	18.2
제8기 (1993~97)	2978	612	20.6	267	9.0	841	28.2	649	21.8	36	1.2	573	19.2
제9기 (1998~2002)	2979	563	18.9	268	9.0	988	33.2	628	21.1	37	1.2	495	16.6
제10기 (2002~07)	2984	551	18.5	268	9.0	968	32.4	631	21.2	38	1.3	528	17.7

자료: 蔡定劍(2008, 220).

〈표 1〉에서 확인할 수 있는 것처럼, 전국인대 대표의 경우 개혁·개방 초기에는 노동자, 농민의 대표가 47.3%로 가장 높은 비율을 차지한 가운데, 당정 및 사업 단위의 각급 간부 대표의 비중은 13.4%로 주요 계급/계층 중에서 하위권에 그쳤다. 그런데 이후 점차 간부 비율이 높아지면서 제9기(1998~2002년) 이후에는 전체 대표수의 30%를 초과함으로써, 주요 계급·계층 중에서 가장 많은 비중을 차지하고 있다. 한편, 지방인대의 경우 간부의 비율은 일반적으로 45% 정도이며, 심지어는 60%에 이르는 경우도 있는 것으로 조사되고 있다(周天勇·王長江·王安嶺 2007, 76). 2008년 새롭게 선출된 전국인대 대표들의 신분 구조도 간부 중심에서 크게 벗어나지 않고 있다. 안후이성(安徽省), 간쑤성(甘肅省), 허베이성(河北省), 베이징시의 제11기 전국인대 대표 신분에 대한 한 조사에 따르면, 사실상 부(副)현급 이상의 당정 간부의 비율은 60% 이상을 차지하고 있다. 이에 반해 일반

그림 1 | 전국인대의 관원(기업가 포함) 및 평민 대표의 구성 비중

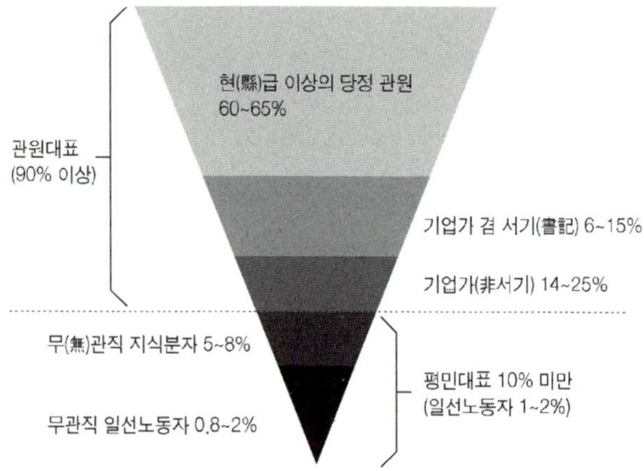

자료: 應學俊(2009).

대중의 비중은 10%에 미치지 못하고, 이 중 일선 노동자의 비율은 대부분의 지역에서 1~2% 수준에 그치고 있다(應學俊 2009)(〈그림 1〉 참조).

이처럼 관료 및 간부 대표가 사실상 인대 대표에서 절대적인 비중을 차지하고 있는 만큼, 입법 활동 과정이 당과 정부 간부의 통제에서 벗어나기 어려운 상황이다. 결국 이들에게 불리한 법률이나 법규가 성립되기 어려운 실정이다. 다시 말해, 인대 대표 구성 및 입법 과정에서 간부가 절대적 비중을 차지하고 영향력을 발휘하는 조건에서 이들은 인대의 일원으로 행정기관을 감독해야 하는 동시에 자신이 감독 대상이 됨에 따라 인대의 감독기능이 제대로 발휘되지 못하도록 한다. 이를테면 2005년 공무원법 제정 당시 원래 '관원재산신고제도'가 포함될 것으로 기대됐으나, 법률 초안에

그림 2 | 1949~2010년 6월 사이 제정된 법률 수량의 증감 추이

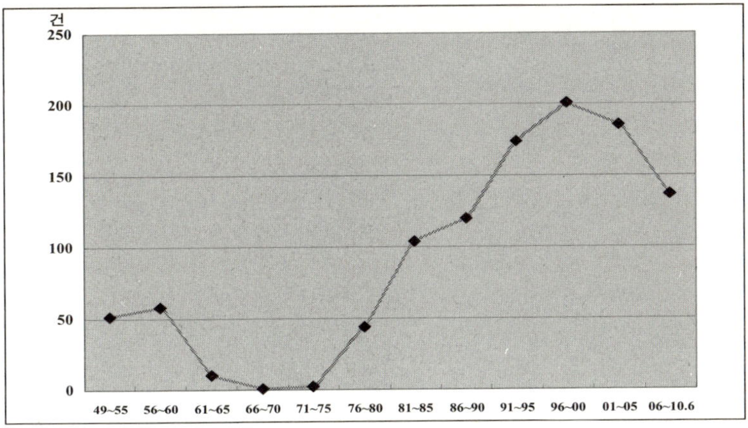

자료: 전국인민대표대회 법률 법규 데이터베이스 자료 이용, 필자 작성.

대한 마지막 표결 과정에서 관련 조항이 삭제됐다. 또 2009년 이른바 '햇빛 법안'(陽光法案)에 대한 논의가 열띤 상황에서 원자바오 총리가 '관원재산 신고제도'를 신속히 도입할 것이라고 언급했으나, 전국적인 차원에서 볼 때 그 도입은 더디게 진행되고 있다(陳雲 2010, 18).

결론적으로 대중의 입법 참여 정도와 대표 구성 측면에서 볼 때 개혁의 심화에 따라 제도적 차원에서 대중의 입법 참여가 일정 정도 보장되고 있고, 또 권리 의식의 향상에 따른 대중의 자발적 참여 증가와 정부의 노력 등으로 일반 대중의 인대 대표 진출이 증가하고 있다. 그러나 대중의 자율적이며 제도적인 입법 참여 수준은 여전히 낮은 상황이다. 아울러 인대의 상당수를 점유하는 당과 정부 조직의 간부가 사실상 통제하고 있는 입법

과정은, 민주주의 측면에서 여전히 한계를 드러내고 있는 것으로 평가할 수 있다.

III. 인대의 입법 기능 강화와 그 한계

1. 개혁기 법률 제정의 급속한 증가

개혁·개방 이후 중국의 통치에서 전국인대 등 인대의 중요성은 입법 산출 측면에서 분명하게 드러난다. 다시 말해, 개혁·개방 전후의 법률 제정 수량이 큰 차이를 보이는 데서 확인할 수 있다. 필자가 전국인대의 법률 데이터베이스(http:// law.npc.gov.cn:87/home/begin1.cbs)를 검색, 분석한 데 따르면, 중화인민공화국 수립 초기인 1949~60년 사이 전국인대는 109건의 법률을 제정했다. 그러나 이후 전국인대의 입법 산출은 크게 감소해 1961~65년 사이 10건으로 크게 줄었다. 문화대혁명 기간인 1966~75년 사이에는 단지 3건의 법률을 제정했을 뿐이다. 그런데 개혁·개방 이후 법의 중요성이 강조되면서 전국인대의 법률 제정은 크게 증가했다. 구체적으로 1976~80년 사이 44건의 법률이, 1981~85년 사이 104건의 법률이 각각 제정됐다. 이후 1992년 사회주의 법률 체계 수립 결정 이후 입법 산출은 다시 한 번 크게 증가해, 1991~95년 사이 174건의 법률이 제정됐다. 이후 WTO 가입을 전후해 대대적인 법률 개편이 이뤄지면서 1996~2000년 사이에는 201건의 법률이, 2001~05년 사이에는 186건의 법률이 각각 제정됐다.

2. 당·정에 대한 인대의 자율성 증가와 한계

앞서 살펴본 것처럼, 개혁기 인대가 제정한 법률의 급속한 증가는 중공당, 국무원 관계에서 입법기관으로서 인대의 자율성과 전문성이 지속적으로 증대된 것과 밀접히 관련돼 왔다. 우선 당과의 관계 측면에서, 전국인대의 입법 자율성은 법의 중요성이 강조되면서 1980년대 말부터 증대됐다. 특히 1991년에 발표된 이른바 중앙 8호 문건, 곧 '국가 입법 업무 영도 강화에 대한 중공 중앙의 약간의 의견'(中共中央關於加强對國家立法工作領導的若幹意見)이라는 중공당 중앙의 내부 문건에 의해 인대의 자율성은 공식화되었다. 이 문건에 따르면, 전국인대는 헌법 관련 법률이나 중요한 정치·경제·행정 관련 법률을 제외한 나머지 법률을 제정할 때에는 중공당 중앙에 보고하지 않고 독자적인 판단에 따라 제정할 수 있다(王仰文 2010, 25-29).

2000년대에 들어서는 인대의 권한이 법적으로 더욱 분명하게 보장받기 시작했다. 구체적으로 앞서 언급한, 2000년 제정된 〈입법법〉 제8조는 전국인대의 법률 제정 내용을 명확히 제시하고 있다. 구체적으로 (1) 국가주권 사항, (2) 각급 인대, 법원, 검찰원의 생산, 조직 및 직권에 대한 권한, (3) 자치구, 특별행정구, 기층 자치제도, (4) 범죄와 형벌, (5) 비국유자산의 징수, (6) 민사 기본 제도, (7) 기본 경제제도 및 재정, 세수, 세관, 금융 및 대외무역 기본 제도, (8) 소송 및 중재 제도 등이 여기에 포함된다.

한편 이런 인대의 권한 확대 과정은 순조롭게만 진행된 것은 아니다.

표 2 | 1976~2010년 6월 사이 중국의 법률 및 행정 법규 통계표

연도	총수(건)	법률		행정 법규	
		수(건)	비율(%)	수(건)	비율(%)
1976~1980	98	44	44.9	54	55.1
1981~1985	293	104	35.5	189	64.5
1986~1990	366	120	32.8	246	67.2
1991~1995	351	174	49.6	177	50.4
1996~2000	358	201	56.1	157	43.9
2001~2005	340	186	54.7	154	45.3
2006~2010.6	258	137	53.1	121	46.9

자료: 전국인민대표대회 법률 법규 데이터베이스 자료 이용 필자 작성.

인대의 권한 강화는 상대적으로 국무원 등 각급 정부의 기능과 역할 축소를 동반하는 것으로, 인대와 정부 사이에 일정한 힘겨루기는 불가피한 것이었다.[5]

그럼에도 입법 측면에서 정부에 비해 인대의 중요성은 개혁의 심화와 함께 더욱 증대되고 있다. 이는 우선 국무원의 입법 활동과 관련된 2000년의 〈입법법〉에서 확인할 수 있다. 이 법의 제56조는 국무원이 행정 법규를 제정할 경우, 헌법뿐만 아니라 전국 인대가 제정하는 법률에 근거하도록 규정하고 있다. 또 같은 법 제91조에서는 행정 법규가 헌법, 법률에 저촉되는지에 대한 심사 및 수정 및 폐지 권한이 전국인대에 있음을 분명히 하고 있다. 이런 사실들은 입법 영역에서 국무원에 대한 전국인대의 우위를 명확히 하고 있는 것으로 평가할 수 있다.

이와 함께 개혁기 전국인대가 제정한 법률과, 중앙정부인 국무원이 제

5_개혁·개방 이후 1990년대 후반까지 전국인대의 자율성 증대에 대한 논의로는 조영남(1999, 59-69) 참조.

그림 3 | 제11기 전국인대 상위 위원의 연령 분포

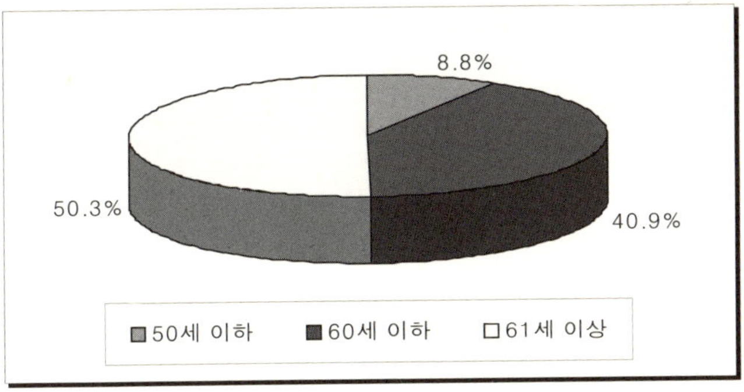

자료: 필자 작성.

정한 행정 법규의 규모 비교에서도 인대가 정부보다 우위에 있음을 확인할 수 있다. 〈표 2〉에서 알 수 있는 것처럼, 특히 1990년대에 들어서는 법률, '의법치국'이 강조되면서 행정 법규에 비해 법률 제정이 크게 증가하기 시작했다. 이런 사실들은 법에 의한 통치가 강화하고 있음을 보여 주고 있을 뿐만 아니라 정부의 행정 법규 대신 의회의 법률에 의한 지배가 심화되었음을 보여 준다.[6]

그러나 2000년대 들어서도 국무원이 정하는 행정 법규가 여전히 45% 전후의 비중을 차지하고 있어 입법 영역에서 정부의 역할은 여전히 무시할 수 없다. 그리고 앞서 입법 주체 영역에서 살펴본 것처럼 당정 간부가 인대

6_통계 자료는 법률과 행정 법규의 반포(頒布) 일자를 기준으로 한다. 여기서 법률은 전국인대 및 전국인대 상무위원회가 제정하고, 행정 법규는 국무원이 정한 것이다.

의 주요 구성 부분을 차지하고 있는 가운데, 당정의 인대에 대한 영향력은 상당하며 이 때문에 인대의 자율성은 손상되지 않을 수 없는 상황이다. 따라서 실제 입법 여부의 결정이나 법률 제정 과정 및 그 결과에서, 당정의 조직이나 상급의 의지가 종종 '결정적인 역할'을 하고 있는 것으로 분석되고 있다(周天勇·王長江·王安嶺 2007, 130).

3. 인대 구성의 합리화와 효율화

인대가 입법 업무를 원활하기 수행하기 위해서는 인대 대표들이 관련 직무 능력을 수행할 수 있는 일정 수준 이상의 체력, 능력 그리고 소양을 지니고 있어야 한다. 특히, 통상 매년 3월 연 1회 개최되는 전국인대 대표대회 기간을 제외하고, 사실상 일상적인 입법 활동을 책임지는 전국인대 상무위원회 위원의 경우는 더욱 이런 조건을 충족하고 있을 필요가 있다. 이런 점에서 상무위원회 위원의 연령 구조 및 학력 수준에 대한 분석은 중요한 의미를 지니고 있다.

연령 구조

연령 구조 측면에서 인대는 개혁기 내내 점진적으로 합리화하고 있는 것으로 평가할 수 있다. 이는 전국인대 상무위원회 위원의 연령이 점차 낮아지고 있는 데서 확인할 수 있다. 구체적으로 1983~88년의 제6기 전국인대 상무위원회 위원 가운데 60세 이하는 8명에 그친 반면, 61~70세는 51명, 71세 이상은 61명에 이르렀다. 이후 71세 이하는 지속적으로 감소하여 8기에는 19명, 9기에는 1명으로 각각 줄었다. 이 시기 61~70세는 110명

표 3 | 제11기 전국인대 상위 위원의 학력 분포

학위	박사	석사	학사	기타(전문대 이하)	합계
인원	37	31	65	26	159
비율(%)	23.3	19.5	40.9	16.4	100

자료: 필자 작성.

에 이르렀고, 51~60세는 18명, 50세 이하는 단지 5명에 그쳤다(尹中卿·周芳芳·施祖軍 2003). 중국의 정치, 사회 등 엘리트 관련 웹사이트인 '군정온라인'(軍政在線, http://www.ourzg.com/index.html)의 전국인대 상무위원회 위원 자료를 이용해 필자가 분석한 데 따르면, 이와 같은 위원의 고령화(高齡化) 문제는 11기 상위 선출에서 크게 해소됐다. 2008년 11기 전국인대 출범 시점을 기준으로, 159명의 위원 중 70세 이상의 위원은 존재하지 않았으며, 61세 이상과 60세 이하 위원이 각각 절반을 차지했다. 그러나 적극적인 활동을 기대하기 힘든 65세 이상의 위원이 40명으로 여전히 높은 비중을 차지하고 있다.

학력 및 전문화

전국인대 상무위원회 위원의 학력 수준은 시간의 경과에 따라 점차 높아지고 있다. 구체적으로 제6기 상무위원회 위원 중 전문대 이하 학력 소지자는 52명에 달했다. 이후 제9기 전국인대 상무위원회에서는 대학 이상의 학력을 가진 위원이 99명으로 73.89%에 이르렀다(尹中卿·周芳芳·施祖軍 2003). 이 중 대학원 이상 학력 소지자는 20명으로 14.9% 정도를 차지했다. 군정온라인 자료를 이용해 제11기 전국인대 상위의 학력에 대한 필자의 분석에 따르면, 159명의 위원 중 대학 이상의 학력 소지자는 83.6%

표 4 | 제11기 전국인대 상위 위원의 전공 분야(학사 이상 학위 소지자 대상)

전공	경제	정치	법학	공학(군사)	이학	농학	기타(미상 포함)	합계
인원	15	5	15	50	10	8	30(2)	133
비율(%)	11.3	3.8	11.3	37.6	7.5	6.0	22.6(1.5)	100

자료: 필자 작성.

에 달해 9기에 비해 10% 포인트가량 상승했다. 또 전체 위원에서 대학원 이상 학력을 지닌 위원은 52%를 넘어섰다.

그러나 대학 이상의 학력을 가진 위원의 교육 배경을 보면, 이들이 각 영역별 업무 수행에 필요한 전문적 소양을 갖추고 있는지는 의심스럽다. 이를테면 대학 이상 학력을 가지고 있는 9기의 경우 위원 중 이공 계열(의학, 군사 계열 포함) 전공자는 74명에 이른 반면, 인문·사회 계열 전공자는 31명에 그쳤다. 특히 인문·사회 계열 중 경제학, 법학, 관리학 전공자는 15명에 그치고 있다(尹中卿·周芳芳·施祖軍 2003). 필자의 분석에 따르면 제11기 전국인대 상위의 경우 대학 이상의 학력 소지자가 증가하면서, 〈표 4〉에서 확인할 수 있는 것처럼 사회과학 계열 전공자도 수적으로 과거에 비해 크게 늘었다. 그러나 공학(군사 포함), 이학, 농학 등 이공 계열 전공자가 60% 이상을 차지한 가운데, 정치, 경제, 법학과 같은 사회과학 계열은 26.4%로 여전히 낮은 비중을 차지하고 있다.

이와 같은 전국인대 상위 위원의 지식 구조는 인대의 적극적인 입법 활동에 부정적인 영향을 주고 있다. 이를테면, 제9기 전국인대 상위 제19차 회의에서 증권 투자자 기금 관련 법 초안에 대한 조별(組別) 심의 과정에서 단지 1개 소조 1명의 법률 전문가만이 의견을 제시했을 뿐 기타 위원들은 어떤 의견도 제시하지 못했다(應克複 2006).

III. 법률 체계의 불균형 발전

1. 경제 영역: 시장경제화, 세계경제 편입에 부응

1981년 〈경제계약법〉의 제정을 시작으로 중국은 계획경제에서 벗어나 시장경제화를 추구하기 시작했다. 이후 중국의 경제체제 개혁의 목표가 사회주의 시장경제 체제로 분명해진 1992년 중공당 14차 당대회와, 사회주의 시장경제 법률 체계의 수립을 목표로 한 1993년 전국인대를 계기로, 중국에서는 경제 관련 법률에 대한 정비가 적극 추진됐다(江澤民 1992; 彭沖 1993). 이 시기 제정된 경제 관련 법규를 영역별로 살펴보면, 우선 시장 주체 측면에서는 〈회사법〉〈합명회사법〉〈개인독자기업법〉 등이 제정됐다. 시장 질서 보호를 위해서는 〈대외무역법〉〈수출입상품검역법〉〈중재법〉〈불공정거래법〉〈소비자보호법〉 등이 제정됐다. 또 〈예산법〉〈가격법〉〈중국인민은행법〉〈상업은행법〉〈보험법〉〈증권법〉 등이 제정되어 정부의 거시경제 관리의 중요 근거로 이용되기 시작했다.

특히, 중국은 2001년 11월 WTO 가입을 계기로 경제 분야의 법이 대폭 개선됐다. WTO 가입을 전후해 이뤄진 주요 법률의 개정 내용을 보면, 2000년 〈세관법〉(海關法), 2000~01년 〈중외합작경영기업법〉 등 외국인 투자 관련 법, 〈특허법〉〈상표법〉 및 〈저작권법〉, 2002년 〈보험법〉〈수출입검역법〉 등이 각각 개정됐다(田燕苗 2003). WTO의 요구와 이들 법률에 적합하도록 중국은 법규, 규장 등에 대한 전면적인 정리 작업을 실시했다. 이 과정에서 국무원은 50건의 행정 법규를 제정 및 개정했으며, 34건의 행정 법규의 집행을 정지시켰다. 또 국무원의 유관 부문은 1,000여 건의 규장(規章)을 제정, 개정 또는 폐지했다. 또 지방정부 규장 중 4,490건이 폐지됐고, 1,226건이 수정됐다(蔡定劍 2008, 158). 이후 2007년에는 오랜 논란 끝에 소유권 인정을 합법화하는 〈물권법〉이 제정됐다.

이와 같은 경제법들 중 정부 행위와 관련된 〈재정기본법〉 〈재정이전법〉 같은 재정 관련 법률들과 같이 일정 정도 보완이 필요한 법률이 있긴 하지만(2007년 봄 북경대학 공공경제학 전공 교수와 필자의 면담), 경제법은 전체적으로 시장경제화에 부응하고 있을 뿐만 아니라 그 법제화 수준은 이미 선진국에 버금가는 것으로 평가되고 있다(Delisle 2008, 186-188).

2. 정부 영역: 정부 관리 및 감독의 점진적 강화

개혁기 중국에서는 정부 자신의 관리, 즉 정부 행위의 제한 및 감독을 위한 일련의 법규가 새롭게 정비되기 시작했다. 이는 90년대 이후 법의 중요성, 특히 2000년대 들어서 '법에 의거한 행정'(依法行政)이 강조되면서 본격화하기 시작했다. 이를테면, 1999년 국무원은 '의법행정의 전면적 추진에 관한 결정'(關於全面推進依法行政的決定)을 통해 각급 정부의 의법 행정의 임무와 요구를 처음으로 명확히 했다. 그리고 WTO 가입 이후 정부 기능 전환의 필요성이 크게 요구되면서, 2004년 국무원은 '의법행정의 전면적 실시 대강'(全面推進依法行政實施綱要)을 공표했다. 이 대강에서 중국 정부는 정부 영역 관리와 관련해, 행정 집행 관련 법 체제 및 행정과정 합리화, 행정 집행 규범화, 행정감독 제도 개선 및 행정행위에 대한 감독 강화 등을 제시하고 있다(國務院 1999; 國務院 2004).

구체적으로 개혁기의 영역별 주요 법규 제정 실태를 보면, 우선 정부

조직 관련 법규로는 1979년에 지방인대와 지방정부의 〈조직법〉이 제정됐으며, 1982년에는 〈국무원조직법〉이 제정됐다. 1990년대에 들어서는 이후 공무원 선발, 임용 등을 합리화하기 위한 법률이 정비되기 시작했다. 곧 1993년 국무원 차원에서 〈국가공무원임시조례〉(國家公務員暫行條例)가 마련됐고, 이를 기초로 2005년에 들어서는 전국인대 차원에서 〈국가공무원법〉이 제정됐다. 정부 행위 관리 차원에서는 1989년 〈행정소송법〉, 1994년에는 〈예산법〉과 〈국가배상법〉, 1996년에는 〈행정처벌법〉 등이 각각 제정됐다. 그리고 2004에는 〈행정허가법〉이 제정됐으며, 2007년에는 정부 업무의 투명성을 보장하기 위한 차원에서 행정 법규 형태인 〈정부정보공개조례〉가 제정됐다.

이와 같은 정부 관리 관련 법률과 법규의 제정은 정부 조직 및 활동이 법의 제약하에 놓이게 됐다는 점에서도 큰 의미가 있다. 이와 함께, 정부와의 관계에서 시민의 권리가 크게 상승한 것으로 평가할 수 있다. 이를테면, 정부의 행위에 대한 이의 제기 및 시정을 요구할 수 있도록 하는 〈행정소송법〉의 시행은 시민의 권리 향상에 크게 기여한 것으로 평가되고 있다. 1990년 〈행정소송법〉 실시 초기 수년 동안 수리 안건은 연평균 최고 2~3만 건에 그쳤다. 그러나 1995년에 수리 안건 수는 5만여 건으로 상승했으며, 최근 수년간은 10만 건에 이르고 있다. 이들 수리 안건 중 원고 승소율은 30%에 이르고 있다(朱景文 2007, 279).

이와 함께 2004년도에 제정된 〈행정허가법〉도 대중과 사회조직의 자율성 신장에 기여하는 것으로 평가할 수 있다. 이 법은 정부의 경제·사회 활동에 대한 허가의 설정 범위, 종류, 절차에 대한 한계를 엄격히 규제하고 있다. 이 법의 제12조와 제13조에서는 행정 허가를 할 수 있는 6개 영역과 할 수 없는 4개 영역을 각각 규정하고 있다. 이를테면 국가 안보, 공공 안전, 거시 경제 조절, 생태 환경보호 등과 같은 영역은 행정 허가를 할 수 있는 반면, 시민, 법인 등의 자율적인 결정, 시장경제 기제 조절 등과 같은 영역은 행정 허가를 할 수 없도록 하고 있다. 이 법의 제정 이후 2007년 10월 현재, 중앙 차원에서 1,992건의 행정 법규가 정리됐으며, 성급 정부 차원에서는 2만 2,000건의 행정 규제가 철폐됨으로써 기존 행정 규제의 50% 이상이 폐지됐다(李嶽德 2008, 7). 이와 같은 사실은 법률이 행정 권력의 주요 원천임을 분명하게 보여 주고 있다.

그러나 정부 관리와 관련된 법률은 여전히 상당한 개선을 요구하고 있다. 이를테면 〈국무원조직법〉, 각급 지방정부 〈조직법〉은, 제정 취지에 맞게 하기 위해서 조직 기구와 직권 등의 영역에서 그 내용이 더욱 자세하고 구체적이어야 한다는 평가가 제기되고 있다. 이와 함께 정부 부처의 이기주의를 해소하는 방향으로 법 개정이 필요하며, 〈공무원재산신고법〉 제정 등으로 관료들의 행위를 감시하기 위한 보완 조치가 필요하다(蔡定劍 2008, 168-169).

3. 사회 영역: 행정관리 위주의 법체계

개혁·개방기 중국은 경제의 시장화와 사회의 다원화를 배경으로 사회관리 영역에서 지속적인 법제화를 추진해 왔다. 구체적으로 사회 영역에서는 공공사무와 관련된 경찰·치안, 교육, 문화, 공공 위생, 환경보호, 도농규획(規劃)·건설 등 방면의 법이 제정돼 있다. 이들 영역의 법으로는 〈노동교화법〉 〈경찰법〉 〈주민신분증법〉 〈치안관리처벌법〉 〈교육법〉 〈식품위생법〉 〈돌발사건대응법〉 〈약품관리법〉 〈도시부동산관리법〉 〈도시 주택철거관리조례〉〈환경보호법〉〈건축법〉 등이 있다. 또 사회 조직과 관련해서는 〈노동조합법〉〈변호사법〉〈공증법〉〈회계사법〉이 제정됐고, 국무원이 정한 행정 법규 형태로 〈출판관리조례〉〈사회단체 등록관리조례〉〈민간비기업단위(NPO) 등록관리임시조례〉〈기업단위 등록관리임시조례〉〈기금회관리조례〉 등이 제정됐다.

이 사회 영역, 특히 사회조직 관련법에서 주목되는 점은 인대가 제정하는 법률이 아닌 국무원이 마련하는 행정 법규 곧 조례 형식을 취한 경우가 많아, 경제·정부 관리 관련법에 비해 전반적으로 그 법적 지위가 낮다는 사실이다. 이와 함께 이들 법규는 인권과 시민권의 보호에 초점이 맞춰져 있기보다는 시민의 권리를 과도하게 제한하고 있으며, 기본적으로 행정관리의 성격을 지니고 있다. 이를테면, 〈노동교양법〉의 경우 법률적 근거가 부족하고 운영 기제 역시 법치의 요구에 위배되는 만큼 개혁이 불가피하다는 의견이 제시되고 있다. 이런 이유로 실제 전국인대 차원에서 〈위법행위교육교정법〉(違法行爲教育矯治法) 제정이 추진되고 있으나 여전히 결실을 맺지 못하고 있다(黃紅宇 2008; 雲山城 2008, 135-141; 何春中·王亦君 2010). 사회단체 관련 법규의 경우, 사회의 다원화 추세에 맞게 정부 주관 부문의 불필요한 개입과 간섭에 관한 규정을 수정할 필요가 있다는 평가가 제시되고 있다. 동시에 이들 법은 정부가 사회단체를 규제하는 데 초점을 둘 게 아니라, 사회단체의 자율적 발전을 도와주고 지원해 주는 방향으로 개정되어야 한다는 주장도 있다(康新貴 2007; 楊道波·王旭芳 2009, 127-130, 138; 嚴振書 2010; 冀祥德·王文遠 2005). 이뿐만 아니라 노동 관련 법규에 대한 개정의 필요성도 제기되고 있다. 이를테면 노동과 관련된 대표적 법률인 〈노동조합법〉(工會法)의 기존 조항에 따르면, 노동조합이 노동자의 권익을 보호하는 데 많은 한계를 지닐 수밖에 없는 상황이므로, 이런 문제를 극복하

표 5 | 중국 법률 체계의 현황, 한계 및 평가

<table>
<tr><th colspan="2">영역</th><th>현행 주요 법률</th><th>미비된 중요 법률</th><th>평가</th></tr>
<tr><td rowspan="4">경제</td><td>시장
주체</td><td>회사법, 중외합자경영기업법,
파트너십기업(合伙企业)법, 외자기업법,
개인독자기업법, 중외합작경영기업법,
향진기업법, 타이완투자보호법,
사영기업임시조례(행)*, 파산법 등.</td><td rowspan="2"></td><td rowspan="3">- 국제적인 기준에
부합하도록 수정,
보완하는 것이 필요.
- 세무, 재정 방면의
법률은 대부분 국무원이
정한 행정 법규로
헌정(憲政) 국가의 통치
원리에 부합하지 않은
만큼 법률로 격상해야 함.</td></tr>
<tr><td>시장
질서</td><td>대외무역법, 화물수출관리조례(행),
기술수출입관리조례(행),
소비자권익보호법, 제품품질법,
반불공정경쟁법, 반독점조례,
반덤핑조례(행), 반보조금조례(행), 광고법,
해상(海商)법, 중재법 등.</td></tr>
<tr><td>거시
조정</td><td>세무법, 가격법, 중국인민은행법,
상업은행법, 증권법, 증권투자기금법,
은행업감독관리법 등.</td><td>- 재정기본법, 재정이전법,
세법통칙, 재정투자법.</td></tr>
<tr><td>부문
업종
관리</td><td>광산·에너지, 토지, 농업·농산품,
교통운수, 통신·전신 등 영역에 대해
다수의 관리법규 제정.</td><td></td><td rowspan="2">- 정부 부문의 강한
권력과 이익을 반영하고
내용적으로 현대적인
통치 이념에 부합하도록
전환 필요.</td></tr>
<tr><td rowspan="2">사회</td><td>공공
사무</td><td>경찰·치안, 교육, 문화, 공공 위생,
환경보호, 도농 규획(都農規劃)·건설 등
방면의 법률(**).</td><td>- 노동교양조례,
주택(房屋)관리조례 같은
행정 법규가 헌법에
위배된다는 의견이 많음.</td></tr>
<tr><td>사회
조직</td><td>노동조합법, 변호사법, 공증법, 회계사법,
출판관리조례(행),
사회단체등록관리조례(행)
민간비기업단위(NPO)등록관리임시조례(행)
, 기업단위등록관리조례(행),
기금회관리조례(행).</td><td>- 신문출판법,
결사법(結社法).
- 노동조합법 등 대중의
자율적 활동 통제.</td><td>- 결사, 신문, 출판은
비합법적 상태에 있음.
정부의 법규는 대부분
권리를 제한하는 것으로
헌정(憲政) 요구에
부합하지 않음.
- 각종 조례를 시민의
자율권 보장 방향으로
수정 및 법률화하는 것이
필요.</td></tr>
<tr><td rowspan="2">정부</td><td>정부
조직</td><td>국무원조직법,
지방인대(人大)·지방정부조직법, 공무원법,
행정기관공무원처분조례(행).</td><td>- 국가기구편제법
- 국무원조직법이
조악(粗惡)하다는 문제.
조직 및 직권의
구체화·절차화 필요.
- 지방정부조직법
부실(不實).</td><td>- 정부 조직기구의 규범성
및 의법성(依法性)이 약함.</td></tr>
<tr><td>정부
행위</td><td>행정소송법, 행정처벌법, 행정재심법,
행정허가법, 정부정보공개조례(행),
행정감독법, 국가배상법, 예산법,
회계감사법, 정부조달법.</td><td>- 행정강제법, 행정절차법,
정보공개법, 공무원재산신고법.
- 행정소송법은 전면 수정
필요. 재산신고법 제정.</td><td>- 의법통치의 가장 큰
성취 영역, 더욱 개선할
필요 있음.
- 예산의 규범성과
법치성이 대단히 약함.</td></tr>
</table>

주: *(행)은 국무원의 행정 법규를 의미한다.

** 여기에는 경찰법, 주민신분증법, 치안관리처벌법, 교육법, 의무교육법, 목사법, 식품위생법, 돌발사건대응법, 약품관리법, 도농규획법, 도시부동산관리법, 도시건물철거법, 문물보호법, 환경보호법, 건축법 등이 포함된다.

자료: 蔡定劍(2008, 164)을 기초로 일부 내용 수정, 보완.

기 위한 방편의 하나로 노동조합 간부 선출의 직선제 도입을 허용하는 방식으로 개정할 필요가 있다는 것이다(申劍麗 2010).

결론적으로 법률 체계 측면에서 경제 영역은 비교적 민주주의의 요구에 부합하고 있으나, 정부 영역, 특히 사회 영역은 상당한 문제점을 지니고 있는 것으로 평가할 수 있다.

IV. 평가와 전망

지금까지 살펴본 것처럼, 개혁기 중국은 입법 주체, 입법기관, 법률 체계 면에서 지속적인 개혁과 변용을 추진했다. 입법 주체 면에서는 일반 대중의 자발적인 인대 진출, 입법 과정 참여 움직임과 이에 대한 정부의 대응으로 점차 대중의 역할이 강화되는 방향으로 발전하고 있는 것은 분명하다. 동시에 당·정 관계 측면에서도 인대의 지위와 기능의 중요성과 자율성은 지속적으로 커지고 있다. 이와 함께 인대 구성의 합리성과 인대 업무의 효율성 증대를 위한 일련의 개혁 조치가 이뤄져 왔다. 그리고 이런 노력은 세계은행이 발표한 중국의 거버넌스 수준(Governance Level, 곧 정치 안정성, 부패 통제, 정부 효율성, 법의 지배 등)이 악화되지 않고, 줄곧 안정적 패턴을 유지해 왔다는 점에서 일정한 효과를 보고 있는 것으로 평가할 수 있다.[7]

7_2009년 현재까지 일본, 한국과 같은 다른 동아시아 국가들에 비해 중국의 거버넌스 수준이 전반적으로 낮은 것은 분명하나, 소득 수준이 유사한 다른 개도국들에 비해서는 상당히 높은 편이다. 이에 대한 자세한 내용은 세계은행 관련 웹사이트 참조.

이런 점들을 종합해 볼 때 일부 학자들이 제기하고 있는, 입법 영역에서의 개혁 중단과 이에 따른 중국의 심각한 체제 위기 직면 주장은 설득력을 잃고 있다.

그러나 중국에 새로운 민주주의 모델이 등장하고 있는지도 역시 의심스럽다. 우선, 입법 주체 면에서 당·정 간부가 여전히 주도적인 위치에 있고, 또 당·정 관계 측면에서도 입법기관인 인대가 당과 정부의 영향력에서 완전히 벗어나지 못하고 있는 점도 분명하다. 아울러 인대의 구성과 운영의 합리화를 위한 다양한 노력에도 여전히 한계를 보이고 있는 것도 사실이다. 이런 이유들로 중국의 법률 체계는 불균형적 발전을 보이고 있다. 경제 관련 법의 경우 당·정의 경제성장에 대한 요구, 세계경제 편입에 따른 해외의 요구, 그리고 일반 대중의 요구가 상당 부분 일치하면서 커다란 발전 수준을 보이고 있다. 이에 반해, 당정 간부의 영향력이 여전한 조건하에서 정부 관리 및 감독 관련 법은 많은 한계를 보이고 있다. 특히 사회 관리와 관련된 법은 행정관리 측면이 강하고, 시민의 권리 보호나 사회 조직의 자율성 보호 측면에서 많은 문제점을 지니고 있다. 그리고 이와 같은 대정부 감독과 시민의 권리 보호 미흡으로, 권익 보호 차원의 다양한 대중적 저항이 지속적으로 발생하고 있고 관료의 부정부패에 따른 대중의 불만 또한 줄지 않고 있다. 이런 요인들은 체제 변동을 추구하는 중국 내 자유주의 인사들에게 일정한 활동 공간을 제공하고 있으며, 이로 인해 중국 정치체제의 안정성이 위협받을 가능성이 있는 것도 사실이다.[8] 따라서 중국 특수론

(http://info.worldbank.org/governance/wgi/index.asp).

8_이와 같은 분석은 중국의 당국가 체제에 대한 평가에서 서로 상이한 견해를 보이고 있는 신좌파 지식인들과 자유주의 지식인들 사이에서 공통적으로 보이고 있다. 이와 관련, 신좌파

의 시각에 기초한 중국식 민주주의 모델의 성립을 논하는 것은 아직은 시기상조라고 할 수 있다.

결론적으로 입법 영역에서 지속된 개혁 노력이 일정한 자기 변용을 추진하면서도 중공당 일당 통치라는 중국의 기존 정치체제 골격 유지의 성공으로 이어질지, 아니면 이런 노력이 사회적 변화 요구의 크기와 속도에 미치지 못하여 체제 변동으로 이어질지는 여전히 예측하기 어렵다. 다만 분명한 사실은 중국 정치체제의 변화 방향이 어느 쪽이든 간에, 사회의 다원화와 대중의 끊임없는 요구 증대를 배경으로 중국의 입법 영역에서 대중의 영향력 확대, 사회의 자율성 보장, 정부의 책임성 강화와 같은 민주주의 요소가 지속적으로 확대되어 왔으며, 앞으로도 그러할 것이라는 점이다. 이는 2010년 원자바오 총리의 선전시 발언을 둘러싼 중국 내 정치 개혁 논쟁(博訊網 2010)과 '국민 경제·사회 발전 제12차 5개년 규획에 대한 중공 중앙의 건의'(中共中央關於制定國民經濟和社會發展第十二個五年規劃的建議)의 '사회주의 정치 문명 건설 강화' 관련 논의에서 확인할 수 있다(中共中央 2010).

그룹의 대표적인 평가로는 章曉華(2008), 자유주의 인사의 평가로는 範亞峰(2009)과 袁紅冰(2009)이 있다.

9장

중국의 중앙-지방 관계와 민주적 거버넌스

자율성과 책임성의 관점에서

정해용

I. 문제의 제기

과거 냉전 시대의 한 축이던 사회주의국가들은 대부분 전체주의(totalitarianism)에 근접하는 체제를 갖고 있었으나, 1990년대 전후의 체제 전환을 통해 민주화 과정의 발전 경로를 걸었다. 그렇지만 구사회주의 블록의 체제 전환은 국가별로 그 과정과 결과에 상당한 편차가 있었으며, 이들의 정치체제가 민주화 방향으로 완전히 수렴하지는 않았다. 기존 비교정치 이론들은 탈사회주의적 시장경제의 도입이 서구식 다당제와 자유선거 제도를 확산시키고 정치적 민주화를 수반할 것으로 가정했지만, 오늘날 각 국가들의 민주화 이행 정도에는 많은 차이가 존재한다(장윤미 2009, 155-156). 특히 중국은 경제의 시장화 측면에서는 다른 사회주의국가들과 동일한 변화를 경험했지만, 정치적으로는 민주화의 발전보다 오히려 레닌주의 정당 체제의 통제가 지속적이고 강력하게 유지되어 온 것이 현실이다.

중국은 1978년 이후 지속적인 시장화 개혁을 거쳐 이제 서구 국가들에 근접하는 경제체제를 확립했고, WTO 가입으로 국제경제 질서에도 원만하게 편입되었다. 반면에 정치체제는 톈안먼사건 이후 민주화 운동이 좌절되면서 권위주의(authoritarianism) 체제를 벗어나지 못했다. 그렇지만 한편으로 중국의 권위주의 정치체제는 그동안 변화된 체제 환경에 적응하고, 개혁에 대한 다양한 요구를 수렴하는 과정에서 내부적으로 적지 않은 변화를 겪은 것도 사실이다. 따라서 중국의 정치체제는 여전히 권위주의 체제로 평가되지만, 그 앞에 '연성적'(soft), '발전적'(developmental), '적응적'(adaptive), '제도화된'(institutionalizing), '다원적'(pluralistic), '탄력적'(resilient) 등 점차 긍정적 수식어가 붙고 있다(Gilley and Diamond 2008, 3). 물론 이런 변화만으로 중국의 민주화 이행을 낙관적으로 전망할 수는 없지만, 중국 권위주의 체제의 성격에 변화의 조짐이 있는 것만은 분명하다.

한편으로 중앙-지방 관계 측면에서 중국의 정치체제는 '분권화된 권위주의'(decentralized authoritarianism, Landry 2008)라는 평가가 적합해 보인다. 정치적으로 권위주의 체제이면서, 동시에 중앙-지방 관계가 분권화(decentralization)된 점은 다른 사회주의 체제 전환 국가나 기존 권위주의 체제에서는 찾아보기 힘든 중국만의 독특한 사례이다. 즉 대부분의 권위주의 체제는 집권적인 중앙-지방 관계를 선호하며, 고도의 분권화는 연방 민주주의 체제에서 주로 발견된다. 이처럼 권위주의와 분권화가 서로 결합되기 어려운 이유는 분권화가 정치적 반대 세력을 발전시킬 '권력의 장소'(loci of power)를 제공함으로써 권위주의를 침식할 수 있기 때문이다. 분권화는 일단 도입되면 지방의 더 많은 분권화 요구와 논쟁을 촉발한다는 점에서 권위주의 지배자에게 위험한 것으로 받아들여진다. 또한 간접적인 이유로는 분권화가 경제 발전을 자극하고, 그 발전이 다시 권위주의를 침식할 수 있기 때문이며, 따라서 그들 입장에서 경제성장을 위해 분권화를 선택하기가 쉽지 않게 된다(Landry 2008, 10).

그렇지만 중국의 권위주의 지배자들은 개혁·개방과 동시에 분권화 전략을 통해 경제 발전을 추진했고, 그 과정에서 권위주의 체제도 안정적으로 유지했다. 비록 개혁·개방 초기의 분권화 전략이 적지 않은 부작용을 초래함으로써 권위주의 체제에 위협으로 작용한 시기도 있었지만, 개혁 주체인 공산당의 지배 자체는 견고하게 지속되었다. 세계적으로 권위주의와 분권화가 결합된 정치체제가 드문 사례임에도 불구하고, 중국에서 그것이 성공적이었던 배경은 무엇보다 분권화의 추진 방식에서 찾을 수 있을 것이다. 즉 중국의 권위주의 체제가 추진한 분권화는 단순히 경제적, 행정적 분권화에 국한되었고, 공산당을 중심으로 한 지배 체제의 정치적 권위는 여전히 강력하게 유지될 수 있었기 때문이다.

그렇다면 그동안의 경제적, 행정적 분권화에도 불구하고, 중국은 권위주의 체제의 핵심 요소를 유지하는 정치적 전략을 어떻게 고안하고 집행했는가? 또한 앞서 지적했듯이 중국의 권위주의 정치체제에 다양한 긍정적 수식어가 붙는 것이 권위주의 체제의 변화를 반영한다면, 중앙-지방 관계 측면에서 '분권화된 권위주의' 체제는 다시 어떻게 변화되고 있는가? 즉 중국공산당이 새로운 체제 환경에 적응하고, 개혁에 대한 다양한 요구를 수렴하는 과정에서 기존의 '분권화된 권위주의' 체제를 위한 정치적 전략을 일정 정도 수정해야 한다면, 그것은 어떤 방향으로 진행되고 있는가? 나아가 그것이 중국의 민주화 이행에 갖는 함의는 무엇인가? 이 글은 기본적으로 이런 질문들에 대한 답변을 모색한다.

이런 문제 제기와 관련해 이 글은 중국 정치체제가 외관상 큰 변화가 없어 보이지만, 내면적으로는 분명한 변화가 있었음을 전제한다. 물론 이런 전제에는 이견과 반론이 있을 수 있다. 대부분의 경제학자들은 경제적 분권화가 중국의 놀랄만한 경제성장을 가져왔음에 동의하지만, 정치학자들은 개혁·개방 이후 중국의 정치적 변화에 의견을 달리한다. 즉 건국 이후 마오이즘(Maoism)이 확립된 이래 정치 구조가 거의 변하지 않았다는 사람이 있는 반면, 중국이 민주주의로 전환되지는 않았지만 지금의 체제가 1970년대 후반 마오(毛) 시대로부터 물려받은 체제와는 질적으로 다르다는 시각도 있다. 이런 질적인 차이는 정치 지도자들이 이용할 수 있는 경제적 자원이 어느 때보다 확대되었으며, 정치적 자원의 축적과 배분 방식, 당내 갈등 해결 방식, 그리고 무엇보다 게임의 규칙이 현저하게 달라진 점을 꼽을 수 있다.

이런 변화의 배경을 중국의 지식인 왕후이(汪暉)도, 과거에 공산당이 이념과 그것의 실천을 위한 자극제의 기능에서 점차 국가 질서를 담보하는 주체로 기능함에 따라 당이 탈정치화된 장치, 혹은 관료적 기계로 변화된 것에서 찾는다(汪暉 2008; 장윤미 2009). 즉 그는 중국이 기존의 당-국가 체제로부터 국가-당, 혹은 국가-다당 체제로 변형을 겪었다고 진단한다. 이런 변화가 분명 서구식 민주주의, 특히 절차적 민주주의로 곧바로 연결되지는 않지만, 정치적 자원의 배분 방식, 의사 결정과 갈등 해결 방식, 민의의 수렴 등 다양한 방면에서 민주주의 체제와 기능적 유사성을 확보해가고 있다고 한다. 그리고 이런 변화는 일정 정도 정치 지도자들의 개혁의 산물이기도 하며, '중국식 민주'라는 이름으로 지속적으로 발전하고 있는 것으로 보인다. 이 글은 바로 이런 변화를 전제로 중앙-지방 관계에서 '중국식 민주'의 실체에 접근하려는 시도이다.

II. 개념적 분석 틀: 거버넌스와 민주주의, 중앙-지방 관계

1. 거버넌스와 민주주의, 좋은 거버넌스

중국의 권위주의 체제에서 민주주의 체제로의 이행 여부와 가능성을 검토하기 위해 이 글은 거버넌스 이론에 근거해 논의를 전개하고자 한다. 이를 위해서는 거버넌스 개념을 어떻게 정의할지, 왜 거버넌스 이론을 통해 중국의 민주주의를 검토하려는지 등이 설명되어야 할 것이다. 거버넌스 이론은 사회과학 분야의 다양한 이론적 토대를 기반으로 하기 때문에 개념 정의도 매우 다양하다. 거버넌스는 협의의 관점에서 국가와 시장 메커니즘과는 분명하게 대별되는, 시민사회 영역에 존재하는 자발적이고 자율적인 조정 양식을 의미한다. 반면 광의의 거버넌스는 국가와 시장, 시민사회가 과거와는 다른 새로운 형태의 상호작용과 협력 체제를 구성하면서 등장한 조정 양식을 의미한다.[1]

이와 같이 거버넌스는 개념적 측면에서 민주주의와 친화성을 가지며, 개념 자체의 발전 과정도 거버넌스의 민주주의적 특성을 강조하는 형태로 이뤄졌다. 즉 거버넌스에 대한 국제사회의 관심이 증가하던 1980년대 초기에 거버넌스는 주로 국가 차원의 사회적 통합과 발전을 관리하는 능력에

1_김석준(2000, 42). 광의의 거버넌스는 정부와 시민사회의 다양한 이해 당사자들이 좀 더 반응적이고 효율적이며 책임성 있는 조정 기제를 제도화하고 공식화함으로써 문제를 해결하고자 하는 정책 형성 양식(policy-making model)이며(김석준 2000, 57), 이런 문제 해결 양식은 곧 민주적 의사 결정을 기반으로 하는 심의 민주주의의 발전인 것이다.

초점을 둔 반면, 1990년대 이후에는 시민사회를 포함한 참여, 합의 형성 등 민주주의적 특성이 강조되면서 민주적 거버넌스(democratic governance)가 거버넌스의 중요한 형태로 인정되었다. 따라서 중국에서 민주주의의 발전은 민주적 거버넌스의 발전 정도와 같은 차원에서 논의될 수 있는 것이다.

다른 한 가지 측면은 거버넌스 개념의 인식론적 기반과 관련된다. 거버넌스는 공적 부문과 사적 부문, 정부와 시민사회, 세계와 지방, 자율성과 책임성 등 인식론적 이분법을 극복할 수 있는 기반과 비전을 제시한다(UNDP 1997). 중국 정치체제에 대해 단순히 권위주의와 민주주의의 이분법적 접근이 한계가 있다면, 거버넌스의 조정 양식 변화를 살펴보는 것이 중국의 실제를 이해하는 데 유용하며, 이 점에서 거버넌스 이론이 분석 도구로서 의의가 있을 것이다. 거버넌스 개념이 민주주의가 성숙하고 시민문화가 정착된 영미계 민주주의 국가에 적합한 개념에서 발전했고, 여건이 성숙하지 못한 개발도상국이나 대륙계 국가에는 이질적인 개념으로 보일 수도 있지만, 이들 국가들이 권위주의 체제를 벗어나 민주주의로의 이행이나 공고화 과정에 있다면 거버넌스 이론이 적실성 있는 시사점을 줄 수 있다.

이처럼 거버넌스 개념이 민주주의와 이론적 친화성을 갖고 중국의 민주주의 발전에 유용한 분석적 도구로 사용될 수 있지만, 좀 더 구체적인 상관성을 살펴보려면 거버넌스의 이론적 다양성에 대한 고찰이 필요하다. 거버넌스 이론은 다양한 학문과 이론을 바탕으로 오래전부터 하나의 통합된 패러다임으로 등장했지만, 세부적으로는 국가 중심, 시장 중심, 그리고 시민사회 중심의 이론으로 발전해 왔다.[2] 먼저 국가 중심 거버넌스는 국가가 시장과 시민사회를 주도적으로 관리해야 한다는 입장이며, 기존 국가 통치의 문제점을 잘못된 통치 행태에서 찾음으로써 국가가 여전히 중심에 위치하며, 새로운 통치 행태의 정착에 초점을 둔다. 따라서 기업가 정신을 정부에 도입해 기업가적 정부를 만들거나, 민간에서 개발된 효율적 관리 기법들을 정부에 적용해 정부 조직의 유연화를 추구했으며, 그 과정에서 신공공관리(New Public Management)나 기업가적 정부 모델이 등장했다.

국가 중심 거버넌스는 전통적인 국가 중심적 통치에 비해 국가가 시장이나 시민사회와 맺는 관계가 더 민주적이고, 더 경쟁적인 성격을 지닌다고 인식하기 때문에 민주주의와 친화성을 갖는다. 그렇지만 국가 중심 거버넌스는 관료주의와 관리주의를 기본적인 국가 운영 원리로 삼음으로써 시장주의나 민주주의와 갈등을 빚을 수밖에 없다. 즉 국가 중심 거버넌스는 기업가 정신이나 민간 기법을 도입해 정부를 변화시키는 동시에 특히 정부가 담당하던 공적 역할과 권한 중 부담스러운 부분을 시민사회로 이전하며, 정부 운영에 관리주의와 시장주의를 도입해 시민에 대한 형평성, 책임성, 민주성 등을 심각한 문제로 대두시켰다.

시장 중심 거버넌스는 정부 중심 거버넌스와 운영 논리 측면에서 유사하지만, 정부의 규모 자체를 문제시한다는 점에서 차이가 있다. 시장 중심 거버넌스는 시장주의를 지향하며, 시장주의는 공공서비스 생산을 가격을 매개로 하는 시장 원리에 의존하며 공공서비스의 공급에서 경쟁 원리, 고객주의, 민간 위탁 등의 방식을 주장한다(정정길 2000, 436-465). 이런 시장 중심 거버넌스에서 공공서비스의 소비 주체를 고객으로 간주하는 고객주의는 '국민을 위한 행정'이라는 민주적 원리와도 상통하지만, 시장주의의 고객과 민주주의의 시민 사이에는 권리와 의무 등의 성격에서 차이가 있기

2_아래의 거버넌스에 관한 이론적 논의는 김석준(2000)을 주로 참고했다.

때문에 국가 중심 거버넌스와 마찬가지로 민주주의와 충돌할 여지가 있다.

반면에 시민사회 중심의 거버넌스는 기존의 정당과 국회 중심의 대의 민주주의의 한계를 극복하고, 시민들의 직접 참여 욕구와 자기 결정성 욕구를 수용해 참여 민주주의를 실현하려는 거버넌스 방식이다. 이런 시민사회 중심 거버넌스는 시민들을 책임 있게 대변할 정부의 실현을 전제로 하며, 강력하고 다원화된 시민사회가 자율성을 갖고 사회적 거버넌스 가치를 지향한다는 점에서 협의의 거버넌스 개념에 근접한다. 그렇지만 이런 유형은 시민사회가 성숙하고 강력한 힘을 가진 서구 민주주의 사회에서는 그 실현이 용이하지만, 국가와 시민사회의 불평등한 관계가 여전히 존재하는 대부분의 사회에서는 거버넌스의 궁극적 목표인 참여와 협력보다는 갈등과 문제를 유발할 것이라는 우려가 존재한다.

결국 거버넌스 이론은 민주주의와 친화적이면서도, 국가, 시장, 시민사회 가운데 어떤 행위자를 중심으로 거버넌스가 전개되느냐에 따라 상호작용과 협력 체제의 방식이 달라진다. 실제로 그동안 거버넌스 이론의 현실 접목 과정에서 개별 국가들은 체제의 구체적 성격과 역사-제도적 배경에 의해, 주도권을 행사하는 거버넌스 주체가 달라져 왔다. 중국은 개혁·개방 이후 국가, 시장, 시민사회 관계가 급격하게 변동하는 과정에서 새로운 거버넌스 방식을 부단히 모색했지만, 시민사회 성장은 여전히 한계를 가지며 국가 중심 거버넌스가 지배적으로 유지되었다. 따라서 중국의 민주주의 발전은 당연히 기존의 국가 중심적 접근에서, 시민사회의 자율성과 책임성을 강화하는 새로운 거버넌스로의 변화가 필요한 것이다.

그동안 중국 사회에서 국가 중심 거버넌스의 불가피성은 체제 내부뿐 아니라 국제사회의 시각에서도 크게 다르지 않았다. 이런 시각은 주로 세계은행이나 아시아개발은행(Asian Development Bank) 등의 국제기구가 개발도상국의 지배 구조를 논의할 때 주로 드러났다. 이들은 이른바 '좋은 거버넌스'(good governance)라는 개념을 사용해 개발도상국들이 사회의 발전을 위해 국가가 경제적, 사회적 자원을 관리하는 방식을 논의했다.[3] 가령 좋은 거버넌스는 자유민주주의를 옹호하기 위한 공공 영역의 개혁과 결합되었지만, 개발도상국에서는 공공 영역의 형성에 대한 논의를 중심으로 국가 중심적 관점에서 접근되었다(Minogue, Polidano and Hulme 1998). 중국의 경우도 역시 개발도상국이라는 정체성으로 인해 좋은 거버넌스의 실현이 궁극적 목표로 제시되었지만, 민주주의 이행이라는 측면에서는 분명한 한계가 존재한다.

2. 중앙-지방 관계와 민주주의, 로컬 거버넌스

다음은 중앙-지방 관계에서 민주적 정치발전을 어떻게 정의할 것인지, 즉 중앙-지방 관계와 민주주의의 상관성을 살펴본다. 먼저 중앙-지방 관계가 완전한 제로섬 관계는 아닐지라도 통상 중앙 통제와 지방자치라는 대립적 가치로 나뉘며, 그중에서 당연히 지방자치의 확대가 민주적 정치발전으로 인식되었다. 이런 지방자치와 민주주의의 상관성은 이미 장 자크 루소(Jean Jacques Rousseau), 존 스튜어트 밀(John Stuart Mill), 알렉시 드 토크빌 등 근대 민주주의 이론에서부터 1960년대 참여 민주주의론(participatory

3_구체적으로 좋은 거버넌스는 한 국가의 권위가 행사되는 전통과 제도, 정부가 선출·감독·대체되는 과정, 건전한 정책을 결정하고 집행하는 정부의 능력, 경제적·사회적 상호작용 등의 요소를 포함했다(Kaufmann, Kraay and Mastruzzi 2008).

democracy)에 이르기까지 지속적으로 강조되어 왔다. 이들은 대체로 지방자치가 중앙집권적 권력 집중에 의한 개인적 자유 침해를 견제하고, 주권자인 국민의 직접 참여를 최대한 보장하고, 지방의 정치 무대를 민주 시민의 교육 및 양성의 장소로 제공함으로써 민주주의 발전에 기여한다고 주장했다.

그러나 지방자치가 민주주의 실현을 절대적으로 보장하지는 않는다. 왜냐하면 지방자치 그 자체는 긍정적 측면과 부정적 측면의 양면성을 지니기 때문이다. 즉 지방자치가 긍정적으로 작용할 경우 주민들의 참여 기회가 확대되고 지역사회가 정치적 충원 기반으로 작용하며, 지역공동체의 이익이 잘 대표되고, 자신들의 노력을 통해 지역의 정체성을 강화하며, 결국 지역사회의 발전뿐 아니라 궁극적으로 국가 전체가 민주주의로 나아갈 수 있게 된다. 그러나 지방자치가 시행되더라도 지방정부의 규모가 작거나 재정 자립도가 낮아 공공서비스를 효율적으로 제공하지 못할 수 있으며, 토호 세력이나 소수 엘리트들이 지방 정치를 지배해 주민들의 참여가 제한될 수 있고, 지역 간 격차가 구조화될 수도 있다(양승함 2001, 36). 이렇게 되면 지방자치의 시행에도 불구하고 민주주의 가치는 실현되기 어려울 것이다.

따라서 중앙-지방 관계가 민주적 정치발전을 담보하기 위해서는 단순히 중앙 권력의 지방 이양만으로는 한계가 있다. 이는 개혁기의 중국처럼 분권화가 권위주의와 결합된 사례에서 여실히 드러난다. 나아가 형식적 분권화가 아닌 실질적 지방자치가 이뤄지더라도 지방 정치의 완전한 민주화가 보장되지는 않으며, 지방자치의 민주성은 공공서비스의 생산과 공급 등 행정적 측면의 효율성도 필요로 한다. 이처럼 중앙-지방 관계에서 민주주의의 실현은 많은 가치들이 충족되어야 하는데, 가령 중앙-지방의 정부 간 관계에서 자율성이 확보되고, 지방선거와 주민 참여에서 대의성이 확보되고, 지방정부의 정책 과정에서 책임성, 대응성, 합법성이 제고되고, 지방행정에서 효율성과 능률성이 수반되어야 할 것이다.

이처럼 중앙-지방 관계에서 민주주의 실현을 위한 다양한 가치와 조건들은 한마디로 로컬 거버넌스 개념으로 이해할 수 있다. 로컬 거버넌스는 우선 앞서 논의한 거버넌스 유형 가운데 전형적인 시민사회 중심의 거버넌스에 속하는 것으로 볼 수 있다. 로컬 거버넌스를 이처럼 시민사회 관점에서 인식하는 이유는, 사회 영역에서 자율적인 네트워크를 구축해 사회적 거버넌스 가치를 추구하는 주체로 시민 단체, 다국적기업, 국제기구 지부만이 아니라, 지역공동체와 지방정부도 중앙정부에 영향력을 행사해 참여민주주의를 실현하는 중요한 주체로 파악하기 때문이다. 즉 로컬 거버넌스는 거버넌스 이론이 단순히 지방적 차원에서 적용되는 것을 넘어 지방의 행위 주체들이 스스로 민주주의를 실현하기 위한 실천적 연습과 훈련을 할 수 있도록 한다.

전통적인 지방정부에 의한 통치와는 달리 이상적인 로컬 거버넌스는 정부와 지역 주민 간에 지역사회에서의 의사 결정 권한을 공유하며, 지역 주민의 자치권과 독립성을 함양하고, 시민 참여를 통해 공공재를 개발하는 일련의 과정이다. 따라서 로컬 거버넌스가 확대되면 광범위한 지역공동체의 참여를 통해 지방정부의 권력 구조를 전환시킬 수 있다. 물론 로컬 거버넌스를 통해 행정의 공공서비스 기능이 단순히 시민사회의 자치로 대체되거나 지역사회에서 완전한 대의 민주주의가 실현될 수 있지는 않다. 그렇지만 로컬 거버넌스는 지역사회의 발전을 위한 민주적 논쟁과 의제 설정, 그리고 대안의 탐색 등을 포함하는 대화와 토론의 여건을 조성하는 데 기여할 수 있다. 즉 로컬 거버넌스는 심의 민주주의의 정치를 활용함으로써 지역사회에서 대중적 단결과 참여를 지속케 하는 중요한 민주적 대안이다.

이처럼 로컬 거버넌스가 지역사회의 민주화에 기여할 수 있지만, 통상 중앙에서 지방에 이르는 계층적이고 관료적인 통치 구조가 강력히 유지되는 사회에서 로컬 거버넌스를 위한 시도는 쉽게 저항에 직면한다. 따라서 로컬 거버넌스 실현을 위한 가장 중요한 요건은 지방 정치의 자율성(autonomy) 확보이다. 여기에서 지방정부의 자율성이란 중앙과 지방 간의 권력 배분에 의해 분권화된 자치권을 의미하며, 이는 다시 중앙으로부터 행정적 독립성을 의미하는 외부적 자율성과, 지방정부 정책 결정에서 주민자치권이 확보되는 내부적 자율성을 포함한다(Gurr and King 1987, 56-65). 특히 중국과 같이 중앙의 권위주의적 통치 구조가 강력하게 유지되어 온 사회에서는 지방정부의 외부적 자율성이 무엇보다 중요한 요인이다.

만약 한 국가에서 외부적 자율성을 통해 실질적 지방자치의 여건이 마련되었다면, 다음으로는 주민자치권이 확보되는 내부적 자율성을 통해 시민사회 중심의 로컬 거버넌스, 나아가 지방 민주주의의 실현이 가능할 것이다. 그러나 통상 권위주의에서 민주주의로의 이행기 체제에서, 외부적 자율성이 확보될지라도 기존 지방 정치 내부의 권력 구조로 인해 내부적 자율성의 실현이 쉽지 않을 것이다. 만약 이행기 과정에 있다면, 시민사회 중심의 로컬 거버넌스에 앞서 지역 단위의 좋은 거버넌스가 하나의 대안이 될 수 있다. 여기에서 좋은 거버넌스는 상술한 바와 같이 국제사회에서 개발도상국의 지배 구조에 대한 대안으로 제시했던, 공공 개혁을 위한 국가 중심적 거버넌스 유형을 의미한다.

이상의 논의를 요약하자면, 먼저 중국의 중앙-지방 관계에서 민주주의의 실현은 지방 정치의 자율성을 전제로 삼는다. 그리고 지방 정치의 자율성은 다시 중앙-지방 관계의 분권화 정도에 따른 외부적 자율성과 주민자치권 실현이라는 내부적 자율성으로 나뉘질 때, 지방 정치가 외부적 자율성을 확보하더라도 중국과 같이 권위주의 전통이 강한 체제에서는 내부적 자율성은 다시 지방정부에 대한 공공 개혁이 선행되어야 한다는 점을 강조한다. 이런 지방 차원의 공공 개혁이 바로 좋은 거버넌스를 실현하는 과정이며, 비록 국가 중심의 공공 개혁 과정을 거치더라도 좋은 거버넌스 요소들이 실현되었을 때 비로소 지역공동체가 주도하는 로컬 거버넌스, 그리고 궁극적으로는 지방 민주주의로의 이행이 가능할 것으로 전망한다.

3. 로컬 거버넌스의 핵심 가치: 자율성과 책임성

이상적인 로컬 거버넌스가 중요한 민주적 대안이 될 수 있다고 했을 때, 로컬 거버넌스의 실현은 먼저 자율성의 문제, 즉 중앙 당국의 지방정부에 대한 통제의 정도가 어떻게 변화했고, 지방정부의 정치·사회적 자율성이 어느 정도 확보되었는지의 문제가 검토되어야 한다. 그러나 지방정부의 자율성은 중앙-지방 관계에서 형식적 분권화가 이뤄진다고 실현될 수 있는 것은 아니며, 실질적인 자율성을 갖기 위해서는 지방정부가 지역사회의 공공서비스를 생산하고 공급하는 측면에서 주도적인 능력을 행사할 수 있어야 한다.

이와 관련된 분석 틀로서 정재욱은 '정치·사회적 자율성'과 '공적 수요에 대한 공급 능력'이라는 기준으로 지방정부 유형을 분류한 바 있다(정재욱 1998). 그 유형은 〈그림 1〉처럼, 제1유형으로 중앙정부의 일선행정기관형, 제2유형으로 관리 지향적 지방행정관청형, 제3유형으로 규제 중심적 지방자치단체형, 제4유형으로 자율적 지방자치정부형이 제시되고 있다. 이런 기준에 따를 때 지방정부가 실질적인 자율성을 확보하기 위해서는 중

그림 1 | 지방정부의 유형

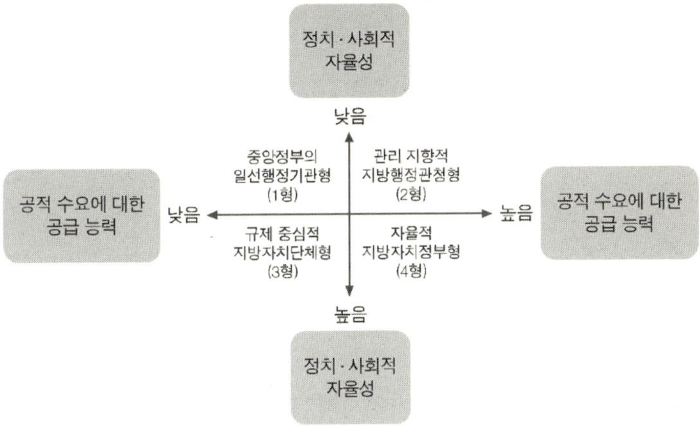

자료: 정재욱(1998, 119).

앙-지방의 수직적 관계에서 지방정부가 중앙정부에 예속된 제1유형에서 정치·사회적 자율성과 공적 수요에 대한 공급 능력을 모두 갖춘 제4유형으로 전환되어야 한다. 이 글은 먼저 중국 지방정부의 자율성을 검토하기 위해 위와 같은 지방정부 유형의 분류 기준에 따라 개혁기 이후 지방의 자율성 변화가 어떻게 이뤄져 왔는지 그 경험적 사실들을 살펴본다.

다음으로 지방 차원에서 좋은 거버넌스의 실현을 위한 공공 개혁은 다양한 개혁 가치를 추구하게 된다. 가령 아시아개발은행은 좋은 거버넌스를 위한 가치로 책임성(accountability), 투명성(transparency), 개방성(openness), 예측 가능성(predictability), 참여(participation) 등을 제시한 바 있다(Asian Development Bank 1998, 17). 또한 세계은행은 좋은 거버넌스의 여섯 가지 핵심 요소로 발언권과 책임성(voice & accountability), 정치적 안정과 폭력의 부재(political stability & absence of violence), 정부의 효과성(government effectiveness), 규제의 질(regulatory quality), 법치(rule of law), 부패 통제(control of corruption) 등을 제시했다(Kaufmann, Kraay and Mastruzzi 2008).[4]

이처럼 좋은 거버넌스는 하나의 가치만으로 실현되지 않으며, 다양한 가치들이 서로 조화를 이루며 상호작용을 통해 사회 전반의 발전에 기여할 수 있어야 한다. 이 글에서도 중국에서 로컬 거버넌스의 발전이 이런 가치의 조화를 필요로 한다는 점을 간과하지 않는다. 그러나 각국의 거버넌스 지수를 공표하는 국제기구들이 특히 중시하는 것처럼, 중국 로컬 거버넌스의 발전과 관련해 책임성(accountability)의 가치에 주목하고자 하며, 이는 그동안 중국 정치 연구에서 잘 다뤄지지 않은 부분이기도 하다. 책임성은 서구 민주주의 체제에서 시민의 대리자인 정부가 시민의 정치적 요구에 대응하여 행동할 책임이 있다는 것에서 비롯되었으며, 이를 총괄적으로 민주적 책임성(democratic accountability)으로 불러왔다. 따라서 중국에서 지방 정치 수준의 책임성의 실현 정도는 중국의 민주주의 발전에 어느 정도 기여하는지에 관한 분명한 지표가 될 수 있는 것이다.

그렇지만 책임성 개념은 시대와 논자에 따라 달랐기 때문에 상당히 정의하기 어려운 개념이다. 중국의 경험적 사실에 앞서 먼저 책임성의 개념적 논의를 개략적으로 보자면, 지방정부가 자율성을 확보했을 때 그에 상응하는 '지방 책임성'(local accountability)을 가져야 한다는 논의는 오래 전부터 존재했다. 그것은 역사적으로 현대 지방자치제도를 선도하고, 자치

4_특히 세계은행은 이 6개 거버넌스 지수(WGI, Worldwide Governance Indicator)를 통해 1996년 이후 세계 200여 개 국가의 거버넌스 상황을 모니터링하고 있다. 중국의 거버넌스 지수는 4절에서 구체적으로 살펴본다.

사상과 이론의 공급을 주도한 영국에서 특히 활발했는데, 1970년대에는 주로 지방 당국이 자신들의 정책 결정과 재정지출에 명확한 책무(responsibility)를 갖는 것을 의미했다.[5] 그러나 1980년대 이후 영국 학자들은 지방 책임성을 단순한 재정 문제가 아니라 지방 선거에 뿌리를 둔 정치적 과정의 문제로 인식했다.[6] 즉 지방 책임성은 권력 행사를 통제하는 지방 민주주의의 본질적 요소이자 시민, 지방의원, 관리들의 관계망에서 중대한 연결 고리이며, 시민들은 지방의원들을 통제하고, 지방의원들은 관리들을 통제할 것을 요구했다.

이처럼 지방 책임성은 민주적 책임성의 중요한 요소이며, 민주적 책임성은 다시 정치적 책임성(political accountability), 관료적 책임성(bureaucratic accountability), 관리적 책임성(managerial accountability) 등의 차원으로 분화하면서 발전했다. 그중 정치적 책임성은 민주주의 과정에서 정치적 집행부가 국민의 대리인으로서 국민의 요구에 책임을 지는 전통적 의미의 책임성을 뜻하고, 관료적 책임성은 실적제와 직업공무원제도의 발전으로 행정관료가 자신의 업무 수행에 대해 정치적 집행부에 책임을 지는 것을 의미한다. 그리고 관리적 책임성은 신공공관리가 세계적 행정개혁에 영향을 미침에 따라 탄생했고, 공공 조직의 관리자들에게 더 많은 재량과 관리의 유

5_레이필드는 지고(至高)한 지방 민주주의를 유지할 유일한 방법은 전체 지방 세입 가운데 지방 조세의 비중을 확대하고, 지방 의원들이 지출과 조세 결정에서 지역 주민들에게 더욱 직접적으로 책임지는 것임을 강조하면서, 책임성의 문제를 중시하기 시작했다. Layfield (1976, 301); Jones(1992, 53)에서 재인용.

6_그들은 지방 책임성의 강화가 선거 과정의 강화에서 출발해야 하고, 그것은 진정한 대의 기구를 창출하는 선거 개혁을 필요로 한다고 보았으며, 특히 선거를 통해 선출된 의원들이 지역공동체의 복지를 결정할 때 시민들에게 보다 광범위한 책임성을 가질 것을 강조했다(Jones 1992).

연성을 제공하는 대신 성과에 대한 책임을 묻는 것을 의미한다(안병영 외 2008, 150-159).

이른바 관리적 책임성이 강조된 계기인 신공공관리의 등장은 1980년대 OECD 국가들이 주도한 공공 영역 개혁과 더불어 시작되었다. 신공공관리는 과거 공공재이던 행정 서비스의 공급에서 민간의 역할이 확대되거나 공공 영역에 민간 영역의 관리 기법을 도입하는 일단의 공공 개혁을 의미했으며, "거대한 공공 영역에 대한 강한 비판"이나 "서비스 공급을 위한 협상과 계약"으로 표현되었다(Lane 2000, 3). 따라서 그동안 신공공관리는 거버넌스와 공공 개혁의 원동력으로 국가보다 시장을 강조했다. 그리고 신공공관리의 전반적인 논리는 공공 영역을 다운사이징하고, 공공 영역 조직이 사적 영역의 경영 기법과 관리 마인드를 모방하며, 사적 영역에서 선호되는 시장 수단을 도입하자는 것이었다.[7]

이처럼 신공공관리가 강조하는 관리적 책임성과 전통적인 관료적 책임성의 차이점은 먼저 관료적 책임성은 정책 실패나 성과보다 합법적 절차 위반, 부정행위와 같은 소극적 영역에 책임을 지는 반면, 관리적 책임성 하에서 관료들은 자신에게 주어진 업무 결과에 책임을 지게 된다. 그리고 관료적 책임성은 정해진 절차와 수단을 통한 업무 처리만으로 달성되지만, 관리적 책임성은 개별 성과에 대한 책임을 묻기 위해 관리자에게 목표 달성에 필요한 다양한 재량과 권위를 부여한다(정무권 2000, 364-365). 오늘날

7_Thynne(2000). 신공공관리가 세계적으로 보편화되었다는 주장이 있는 반면(Lane 2000), 아시아에서는 신공공관리에 관한 많은 수사에도 불구하고 실제 개혁의 성과가 두드러지지 않았다는 주장도 있다. 즉 아시아 지역에서는 국가보다 시장에 대한 의존을 강조하는 신공공관리 개혁이 아시아 국가들의 정치·사회적 실재와 부합하지 않았고, 공공 개혁이 국가 능력 구축(building state capacity)을 더 선호했다는 것이다(Cheung and Scott 2003, 12).

관료적 책임성과 관련해 전통적인 문제들, 가령 관료적 권력의 강화, 업무의 복잡성, 정책의 사회적 고립, 정보의 비공개, 통제된 미디어, 정치적 억압 등은 여전히 사라지지 않고 있다. 그리고 관리적 책임성이 이론적으로 우월해 보이기도 하지만, 그것이 초래한 새로운 도전 또한 적지 않았다.

그러한 도전으로는 첫째, 시장 영역과의 밀접한 파트너십이 초래한 도전, 가령 공사(公私) 거래의 불투명성, 일부 기업에 대한 공공 자원의 특혜, 민간 계약자에 대한 정부 통제력의 감소 등을 들 수 있다. 즉 시장주의 원칙 아래에서 확대된 민간 기업과의 광범위한 거래가 민주적 책임성을 약화시키고, 책임성의 소재를 불명확하게 했다. 둘째, 공공서비스의 기능이 전통적인 공공재의 직접적 생산과 분배에서 시장 친화적 활동의 규제, 감독, 평가와 같은 간접적 기능으로 전환되었다. 이에 따른 문제점은 과거 직접적인 공공서비스 기능과 그 전달 기관은 상대적으로 실체적이었으나, 새로운 간접적 활동은 비실체적 특징으로 인해 검증하기 어렵다는 점이다. 셋째, 시장주의에 따라 그동안 정부가 공공서비스 기능을 대행하는 다양한 자율적 기관을 설립했는데, 이들의 자율성 확장에 따른 책임성 문제를 들 수 있다. 이들 기업적인 자율 기관은 공공 감시에 기초한 전통적인 책임성 체제에 도전을 야기하고, 정부의 권한을 축소시키는 결과를 초래했다 (Haque 2001).

무엇보다 관리적 책임성은 시장 관계에 유추해 시민을 고객이나 소비자로 간주하기 때문에 민주주의 국가에서 필수적인 시민의 기본권에 대한 보호 책임을 쉽게 간과한다. 즉 정부의 공공서비스를 시장에 위탁하고 관리적 책임성만을 묻는 구조는 관리자들의 성과 달성에만 초점을 맞추기 때문에 정책 과정을 탈정치화시킨다. 따라서 관리적 책임성은 민주주의 국가에서 가장 기본적인 가치이자 국민의 요구에 대한 대응을 의미하는 민주적 책임성 확보를 어렵게 만들며, 결국 민주주의를 후퇴시킬 수 있다(정무권 2000, 365). 이처럼 시장주의에 기초한 공공 개혁 확대가 민주적 책임성에 도전을 제기하기 때문에, 그동안 시장 지향적 경제개혁을 추진하면서 공공 개혁 역시 이런 맥락을 크게 벗어나지 않았던 중국에서 책임성 문제가 어떻게 실현되는지는 민주적 거버넌스 구조에서 중요한 검토 대상이 된다.

III. 중국 중앙-지방 관계와 자율성의 변화[8]

1. 개혁기의 분권화: 배경, 내용, 한계

중앙집권적 행정 통제를 중심으로 하는 과거 중국의 계획경제 체제는 1978년 개혁·개방을 기점으로 점차 시장경제 체제로 전환되어 갔다. 그 과정에서 중앙의 개혁 당국은 분권화를 핵심 전략의 하나로 삼았으며, 이를 통해 개혁기 지방정부의 자율성을 증대시키고 개혁에 대한 지방정부의 적극적인 참여를 동원했으며, 이는 결국 중국의 체제 전환을 성공으로 이끄는 중요한 요인이 되었다. 그러나 개혁기 중국의 분권화 전략은 밑으로부터의 정치적 요구보다 위로부터의 경제적 필요에 의해 추진된 행정개혁의 성격을 지녔다. 따라서 개혁기의 분권화는 사회주의 당-국가 체제의 근

8_이 부분은 박재욱(2008, 225-233)을 주로 인용했다. 인용을 허락해 준 박재욱 교수께 감사드린다.

본적인 변화를 초래하지 않는 범위 내에서 경제적 효율성을 지향했다. 즉 개혁·개방을 통한 경제적 효율성의 모색은, 중앙집권적 계획경제가 자원 배분의 비효율성으로 인해 생산력 저하를 초래했고, 사회경제 활동에 대한 중앙의 관리 비용 부담의 증가만을 가져왔다는 반성에서 비롯된 것이다(전성홍 2005, 175-176).

이런 인식에 따라 중앙정부는 지방정부에 경제적 동기를 부여하기 위해 다양한 제도적 환경을 조성했다(정환우 2000, 149-151). 먼저 계획경제의 제도적 유산인 국유 기업관리 권한을 대폭 지방으로 이양해 지방정부의 경제 발전에 대한 적극성을 유도했다. 예를 들면 첫째, 1977년부터 시작된 기업관리 권한의 대규모 이양으로 1980년대 초에 중앙정부가 직접 관할하는 기업은 8만 3,000개 정도의 전체 국유 기업 가운데 3%에 지나지 않고, 전체 국유 기업 생산액에서 중앙 기업이 차지하는 비중은 9%에 지나지 않았다. 둘째, 재정 분권화가 이뤄져, 지방정부는 협상을 통해 중앙에 상납할 재정수입을 결정한 다음, 나머지 수입 증가분은 전액 또는 상당 부분을 지방 재정수입으로 책정했다. 이처럼 지방정부가 자체 재정수입에 대한 책임과 독자적 권한을 향유하는 재정 실체가 됨으로써 경제 발전에 적극 나설 수 있는 동기가 형성된 것이다. 셋째, 계획 및 투자 권한 등의 지방 이양도, 지방정부로 하여금 시장 행위에 몰두하게 만들고 지방정부의 기업가적 성격을 강화했다.

개혁기 중국의 분권화는 주로 경제 영역을 중심으로 '시장적 분권화'를 추진해 지방정부가 경제 발전에 몰두할 수 있는 중요한 요인이 되었지만, 정치·행정 영역에서도 사회주의 당-국가 체제의 근본 변화를 초래하지 않는 범위 내에서 상당한 분권화가 이뤄졌다. 가령 개혁·개방 직후 지방 정치의 자율성을 보장하기 위해 지방인대에 상무위원회를 설치해 지역 문제에 보다 신축적이고 자율적으로 개입할 수 있게 하거나, 인민대표대회(이하, 인대)에 입법권을 부여해 자치 입법을 제정하게 한 것이 그 예이다(조영남 2006). 또한 과거 상급 기관이 두 단계의 하급 기관까지 행사하던 인사권을 한 단계로 축소함으로써 인사 권한이 지방으로 이양되고, 지방 단위에서 토착형 엘리트의 권한이 강화되기도 했다(Burns 1987; 김종호 외 2001, 264-265).

이처럼 개혁기 중국의 분권화 정책은 경제 영역에서 지방정부의 자율성과 권한을 대폭 확대시켰으며, 정치·행정적 권한도 일정 부분 확대시켰다. 이런 정책은 지방 경제를 활성화하고 중국의 경제성장에 많은 기여를 한 것으로 평가되지만, 한편으로 부작용도 적지 않게 초래했다. 가령 분권화의 핵심인 재정 분권화 조치는 국가재정을 지나치게 지방으로 이전시켜 중앙의 재정 적자와 급속한 재정력 약화를 초래했다. 투자 부문의 분권화도 각 지방에서 중복 투자, 과잉 투자, 그리고 산업 간 불균형 투자 등을 유발했다. 이런 경제 영역의 분권화는 중앙의 거시적 통제 능력을 전반적으로 약화시켰으며, 이는 결국 지방 보호주의의 대두, 지역 간 발전 격차 확대 등을 통해 정치·사회적으로도 중앙 당국의 권위와 정당성을 약화시켰다.

개혁기의 분권화 과정에서 많은 부작용이 초래된 근본적 요인은 지방정부가 단순히 중앙 정책의 집행자에 머무르지 않고, 중앙–지방 간 갈등을 증폭시키고 자신의 이익을 극대화하는 이익 추구 행위에 몰두한 때문이다. 이에 따른 문제점은 지방정부에 의한 시장 봉쇄, 단기 투자 행위, 시장에 대한 행정 간섭 등 다양하게 표출되었다. 가령 시장 봉쇄는 타 지역의 상품 유입을 제한함으로써 지역 간 재화의 흐름을 차단하고, 중국의 국가 통합을 저해하는 지방주의(localism)를 초래했다. 단기 투자 행위는 지방정부가 지방의 장기적 발전과 산업 간 균형 유지 등을 고려하기보다, 지방정부의 단기적 이익에 치중함으로써 농업이나 기간산업 분야, 복지 등의 투자에 소극적인 반면, 투자 효과가 단기간에 가시적으로 드러나는 산업에 중복 투자하는 문제를 초래했다. 그리고 행정 간섭은 지방정부가 시장에 대한 법적인 관리 및 규제 수단이 아니라 행정 수단을 통해 시장에 개입하는 형태로 나타났으며, 이는 정부와 시장 간의 불합리한 유착 관계를 형성하고, 건전한 시장의 발전을 저해했다(전성흥 2005, 184-192).

중앙정부는 개혁기 분권화 정책이 제반 문제에 직면함에 따라 새로운 정책 조정을 단행하게 되었다. 이런 정책 조정은 무엇보다도 개혁기의 분권화가 지방정부의 재정적 자율성을 확대하는 방식으로 진행되었다는 점에서, 중앙-지방 간 재정 관계의 조정에서 출발했다. 즉 개혁 초기 중앙정부는 지방과의 상대적 재정수입 점유율이 1984년 41%에서 1993년 22% 수준으로 하락함에 따라, 재정 통제력 상실에 대한 위기의식을 갖게 되었다. 그러나 1994년 이른바 '분세제'(分稅制) 도입 이후 중앙의 수입 비중은 50% 이상으로 급증했고, 2000년대 이후로 그 추세가 안정됨으로써 지방 통제력을 강화할 수 있었다(김홍규 2005, 24-26).

그러나 새로운 집권화 조치는 과거 계획경제 시기처럼 지방정부로 이양된 권한을 일괄 회수하는 방식은 아니었다. 그것은 개혁기 분권화의 한계를 극복하기 위해, 중앙정부가 법적 권위와 제도적 규범을 확립하면서도 지방의 자율성을 일정 정도 보장하는 '연성적 집권화'(soft centralization) 방식이었다(Mertha 2005). 이런 집권화는 본격적인 시장 체제 확립 과정에서 재정 영역뿐 아니라 다양한 영역의 기능 조정을 통해 국가의 전반적 통제력을 강화시켰다. 그 예로 먼저 시장을 관리하는 규제 기관의 집권화를 들 수 있다. 규제 기관의 집권화는 1998년 국가공상행정관리국(國家工商行政管理局)에서 처음 시도되었는데, 원래 공상 행정관리 부문은 시장 행위에 대한 심판(referee)이 아니라 직접 시장에 참여하는 선수(player) 역할을 맡았다. 그러나 기능 조정을 통해 시장에 대한 참여와 육성 업무는 약화되고, 시장 행위의 감독을 위한 집행 기능은 강화되었다. 이를 위한 조직 체계는, 기존에 지방 부서들이 상급 정부의 업무 지도와 동급 지방정부 지배를 동시에 받던 '이중 관리'(雙重領導) 체제에서, 성급 이하 부서들은 당해 정부의 관할에서 벗어나는 이른바 '수직 관리'(垂直管理) 체제를 도입했다. 즉 기존에 시장 감독을 시나 현 정부가 독자적으로 행사하던 체제에서 성급 정부의 관리 체제로 전환되었으며, 이를 통해 지방 보호주의를 크게 탈피할 수 있었다. 그 후 수직 관리 체제는 품질 감독, 세관, 세무, 토지 관리, 의약품 규제, 환경 규제 등으로 계속 확대되었다(정해용 2007).

또 다른 사례로는 금융 관리 영역을 들 수 있는데, 중국 증권감독위원회는 증권 정보의 질과 시장의 안정성을 개선하고, 증권과 선물 등에 대한 통일적인 감독을 위해 1999년에 관리 체제의 집권화를 시도했다. 이에 따라 각 지방의 증권 관리는 중앙의 직접 통제하에 놓였고, 선물 시장의 불안정을 완화하기 위해 선물거래소를 3개로 줄이기도 했다. 한편 인민은행은 과거 31개 성급 단위에 지점이 설치되어 지방정부의 영향력 아래에 있었으나, 1999년 이를 9개 지역 분점 체제로 전환해 은행과 지방정부와의 연결고리를 단절시켰다. 그리고 상품 및 서비스 유통·관리 영역에도 집권화가 수반되었는데, 가령 과거에는 전력 시장에서 성(省) 간 장벽에 따른 지방 보호주의로 전력 자원의 합리적 배분이 이뤄지지 못했으나, 2002년 전력감독위원회를 설치해 자원 배분을 보다 원활하게 만들었다. 또한 1998년 지방의 양식 비축 권한을 집권화한 것도, 상품의 유통·관리에 관한 집권화 사례로 들 수 있다(Mertha 2005).

이처럼 과거 경제 영역의 분권화가 새롭게 집권적 체제로 전환된 이외에, 지방정부가 향유하던 법적 권한도 상당 정도 축소되었다. 가령 〈행정처벌법〉(1996)에서 처벌의 설정 권한을 중앙이 회수해 지방은 새로운 처벌을 규정할 수 없게 했고, 〈입법법〉(2000)을 통해 지방 입법권도 크게 축소시켰다. 또한 〈행정허가법〉(2004) 시행 이전 중국의 인허가 관련 규제 입법 권한은 중앙에서 지방에 이르기까지 광범위하게 행사되었으나, 동법에 따라 지방에서는 성급 정부만이 1년 기한으로 임시적인 행정 허가를 규정할 수 있고, 이를 계속 시행하려면 동급 인대의 의결을 거쳐 지방 법규를 제정하도록 했다.

2. 분권화의 정도와 자율성의 변화

개혁·개방 이후 지금까지 중국의 분권화는 크게 1990년대 중반까지 경제 영역을 중심으로 한 빠른 분권화와, 1990년대 중반 이후 연성적 집권화로의 회귀로 대별할 수 있다. 그렇다면 이런 분권화와 재집권화 과정에서 중국 지방정부의 자율성과 지방자치의 정도를 어떻게 평가할 수 있을까? 상술한 바와 같이 지방정부의 유형은 '정치·사회적 자율성'과 '공적 수요에 대한 공급 능력'이라는 기준에 따라 크게 중앙정부의 일선행정기관형, 관리 지향적 지방행정관청형, 규제 중심적 지방자치단체형, 자율적 지방자치정부형으로 나눌 수 있고, 이 유형에 근거하면 1990년대 중반까지 중국 지방정부는 관리 지향적 지방행정관청형으로 평가된다(백승기 2000, 128). 즉 이 시기 중국의 지방정부는 공적 수요에 대한 공급 능력은 상당 정도 보유했지만, 지역사회에서의 정치·사회적 자율성에는 많은 한계가 있었다.

이런 평가가 타당한지 살펴보기 위해서는 우선 당시 중앙정부의 통제력 및 지방정부의 자율성과 관련된 중앙-지방 관계의 분석이 필요하다. 이에 대해 기존 연구는 이 시기의 분권화로 지방정부의 자율성이 대폭 향상되고 중앙정부의 통제력은 약화되었다는 견해와, 지방정부의 권한이 확대되었음에도 불구하고 중앙정부는 여전히 적절한 통제력을 유지했다는 상반된 견해가 존재한다. 즉 중앙-지방 관계는 어느 한 쪽이 강하면 다른 한 쪽은 약해지는 영합(零合, zero-sum) 관계가 아닌, 양자가 동시에 강해지는 비영합(非零合, non zero-sum)의 관계가 될 수 있으며, 중국에서도 지방정부가 높은 자율성을 가지는 동시에 중앙정부의 통제력도 상당 정도 유효했던 것으로 보인다.[9]

비영합적 중앙-지방 관계는 모든 정책 영역에서 지방정부가 강한 자율성을 가지는 것을 의미하지는 않는다. 비영합적 관계는 주로 정책 효과가 관할 지역에 한정되는 지방정부의 고유한 정책 영역, 가령 지역개발 정책 등에서 가능하다. 즉 개혁기 중국의 지역개발 정책은 지방정부의 독자적인 계획과 재정 동원이 상당 정도 가능했으며, 따라서 지방정부의 유형 분류 기준인 공적 수요에 대한 공급 능력이 높았던 것으로 평가할 수 있다. 그러나 지역개발 과정에서도 중앙과 지방의 이해관계가 상충하거나 지역 간의 일관된 정책 집행이 필요한 경우에는, 중앙이 다양한 수단을 동원해 이를 통제할 수 있었다(김종호 외 2001, 273).

이런 경제적 영역과는 달리 정치·사회적으로는 중앙정부 주도하에 일

9_김종호 외(2001, 271-272). 이에 대해 치엔과 스티글리츠도 중앙과 지방정부 간에 수직적 위계에 따른 공유된 통치 구조(shared governance structure)가 유지되었으며, 비록 지방의 자율성이 확대되었더라도 양자 간에 대화와 의사소통이 비교적 원활하게 이뤄지고, 당과 정부의 계층제도 붕괴되지 않았다고 평가한다(Qian and Stiglitz 1996, 178-179).

부 권한과 사무가 지방으로 이양되었지만, 여전히 정치적 민주화나 주민 참여와는 거리가 있었다. 나아가 지방정부가 행사하는 전반적인 권한도 헌법이나 법률로 명시되지 못하고 원칙적이고 선언적인 수준에 그쳤기 때문에, 지방정부의 정치적 자율권 신장은 어디까지나 제한적인 것이었다(백승기 2000, 140). 이런 점에 비춰 1990년대 중반까지 중국 지방정부가 관리 지향적 지방행정관청형에 속했다는 평가는 타당한 것으로 보인다.

그렇다면 1990년대 중반 이후의 중앙-지방 관계에서 연성적 집권화로의 전환은 지방정부 유형이나 지방자치의 수준이라는 측면에서 어떻게 평가할 수 있는가? 이 질문은 먼저 집권화 수단이 지방정부의 공적 수요에 대한 공급 능력을 약화시켜 지방정부를 과거와 같은 중앙정부의 일선행정기관으로 전락시켰는지의 문제이다. 그리고 한편으로 정치·사회적 자율성이라는 측면에서는 여전히 과거처럼 자율성의 신장이 제한되고 있는지, 혹은 새롭게 변화된 모습을 보여 주고 있는지의 문제이다.

먼저 최근의 집권화 정책이 지방정부의 공적 수요에 대한 공급 능력을 일정 정도 낮추었을 수는 있지만, 그 정도가 현저하다고 보기는 어렵다. 왜냐하면 기존에 이미 중앙 당국은 각 지방정부의 자율적인 공급 능력에 대해 필요한 경우 이를 적절히 통제할 수 있었기 때문에, 굳이 새로운 집권화 방식으로 그 능력을 회수해야 할 필요는 없었던 것이다. 오히려 새로운 집권화 정책은 시장화 과정에서 확대된 지방정부의 일탈적 행태를 관리할 규제 정책 수단을 확립하고, 이를 통해 시장화된 경쟁 환경에서 각 지방정부들이 보다 공정하게 경쟁할 수 있는 조건의 창출에 그 목적이 있었다.

다음으로 지방정부의 정치·사회적 자율성 측면에서는 어떤 변화가 있었는지 하는 점이다. 이와 관련된 중요한 변화로는 주민의 정치 참여 통로가 확대되고, 참여 민주주의 수단인 직접선거가 확대된 사실을 들 수 있다.

중국은 개혁·개방 이전에 이미 향급 인대와 촌민위원회에서 직접선거가 실시되었고, 개혁·개방 이후로 그것이 현급 인대로 확대되었지만, 당시에는 그 범위나 실효성 측면에서 분명한 한계가 있었다. 직접선거는 1990년대 후반부터 향급 인민정부와 당위원회로까지 확대되었고, 2004년에는 현장과 시장 임명에 선거 방식을 도입하는 사례도 생겨났다. 이런 지방 간부에 대한 선거 확대는 중앙정부의 정치 개혁 일환으로 진행되었으며, 체제 내적으로 합법화와 제도화의 길을 걸어가고 있다. 즉 지방 차원의 선거가 형식적이 아니라 실질적인 의미를 지니며, 지속적인 시도와 시행착오를 거쳐 보다 더 공개적이고 경쟁적인 제도로 정착해 가고 있다(김도희 2005).

특히 도시 지역은 시장화 개혁이 심화되면서 전통적인 통치 방식의 한계로 이른바 '기층 자치'의 확대가 주목된다. 즉 정부 입장에서 도시 기층의 통제 강화가 현실적으로 어렵게 되어, 사회조직이나 주민들로 하여금 공적 영역에 대한 참여를 요구하는 새로운 거버넌스 방식의 도입이 필요하게 되었다(김도희 2004, 463-464). 그러나 그것이 지역사회를 새롭게 조직하기 위한 행정화 과정이며, 자치의 강화가 아닌 통제의 강화라는 부정적 입장도 존재한다. 즉 기층 사회의 새로운 변화가 빈번한 통치 환경에서, 통치 가능한(governable) 사회를 어떻게 유지할지를 고민하는 정부의 노력의 산물이며, 그러한 노력 뒤에는 도시화 과정에서 소외되는 한계 집단에게 사회적 서비스를 적절히 공급함으로써 그들의 정치·사회적 요구를 효과적으로 관리하려는 정치적 동기가 존재하는 것이다(정해용 2008).

결국 중국 지방정부는 기존의 관리 지향적 지방행정관청 유형에서, 집권화를 통해 공적 수요에 대한 공급 능력은 다소 낮아지고 정치·사회적 자율성은 다소 높아졌다는 점에서, 규제 중심적 지방자치단체 유형으로 전환되는 것으로 평가할 수 있다.

Ⅳ. 중국의 로컬 거버넌스와 책임성의 변화

1. 중국의 로컬 거버넌스와 책임성의 제도화

오늘날 공공 영역 개혁은 선진국과 개발도상국을 불문하고 세계 대부분 국가들의 공통적 관심사가 되고 있으며, 이런 개혁은 과거 국가가 주도하던 통치 방식의 한계를 극복하고 관민 협력의 방식으로 통치의 효율성과 민주성을 제고시키려는 노력의 일환이었다. 중국도 1992년 사회주의 시장경제 체제의 천명 이후, 공공 영역 개혁을 통해 시장경제에 부합하는 국가의 역할을 재정의하는 것에 초점을 두고 다양한 개혁을 추진해 왔다. 이런 개혁 과정에서 중국은 시장 기능이 효과적으로 작동하고 모든 시장 참여자들에게 공정한 경쟁 기회를 제공하는 것을 정부의 핵심적인 역할로 간주했으며, 이를 위해 효율성과 효과성의 강조, 성과에 대한 명확한 기준과 측정수단의 강조, 경쟁의 확대, 자원 이용의 기준과 엄격성, 사적 영역의 관리 방식에 대한 의존 등을 특성을 보였다(Burns 2003, 67-89).

이런 중국의 개혁 방식은 시장가치의 중시라는 측면에서 1980년대 이후 서구 국가들의 공공 개혁 방식과 상당한 유사성을 갖지만, 한편으로는 공산당 지배를 유지하는 맥락에서 국가 중심적으로 진행된 특수성이 존재한다. 그러한 개혁이 중국 사회에서 얼마나 효과적이었고, 성공적으로 착근되었는지는 긍정적인 평가를 내리기 어렵다. 가령 그동안 세계적 추세의 공공 개혁과 관련해 세계은행이 발표하는 거버넌스 지수에 따르면 중국의 개혁성과는 여전히 미미하게 나타난다. 〈표 1〉은 아시아-태평양 권역 국가들의 부패 통제, 책임성, 법치 등의 거버넌스 지수를 보여 주는데, 뉴질

표 1 | 아시아-태평양 권역 국가들의 거버넌스 지수 (2007년)

국가	부패 통제	책임성	법치	국가	부패 통제	책임성	법치
뉴질랜드	98.1	97.1	98.1	중 국	30.9	5.8	42.4
싱가포르	96.1	35.1	95.2	네 팔	30.4	22.6	31.0
오스트레일리아	94.7	92.8	94.8	베트남	28.0	6.7	38.6
홍 콩	92.3	64.9	90.5	인도네시아	27.1	42.8	27.1
일 본	84.5	75.5	90.0	몰디브	23.7	22.1	54.8
부 탄	80.2	23.6	63.8	필리핀	22.2	43.3	33.8
타이완	70.0	68.3	70.5	파키스탄	21.3	18.8	19.5
한 국	68.1	66.8	74.8	티모르	16.9	44.2	7.6
말레이시아	62.3	31.3	65.2	라오스	13.0	6.3	17.1
스리랑카	57.5	35.6	55.7	방글라데시	9.7	28.8	24.8
인 도	47.3	58.7	56.2	파푸아뉴기니	9.2	51.9	21.0
태 국	44.0	29.8	52.9	캄보디아	8.2	24.0	13.8
후 지	42.0	32.2	46.2	미얀마	1.4	0.5	5.2
몽 골	33.8	52.9	43.8	아프가니스탄	1.0	13.9	0.5
솔로몬제도	32.9	53.8	24.3	북 한	0.5	0.0	15.2

자료: Kaufmann, Kraay and Mastruzzi(2008); Kim(2009, S90).

랜드, 싱가포르, 오스트레일리아, 홍콩 등이 상위권에 포함되고, 그 뒤로 일본, 부탄, 타이완, 한국, 말레이시아 등의 국가들이 높은 지수를 나타낸다. 그런데 몇 가지 지수 가운데 특히 책임성은 상당한 편차를 보이는데, 대표적으로 싱가포르는 경제적 투명성은 높지만 정치적 투명성은 낮고, 세계적으로 부패가 없는 대표적인 국가임에도 불구하고 정치적 책임성이 낮다. 부탄과 말레이시아 같은 경우도 부패 통제 및 법치와 비교해 책임성의 수준이 낮으며, 책임성의 정도가 가장 낮은 국가들은 사회주의나 군사 지배가 이뤄지는 중국, 베트남, 미얀마, 북한 등의 국가였다.

개혁·개방 이후 중국 공공 부문의 책임성(accountability)은 당과 정부가 행사하는 권위와 이런 권위를 통해 구체화되는 정책에 대해, 법적, 재정적, 관리적, 정치적 대응력을 높이는 것을 의미했다. 이를 위해 중국은 특히 인사 영역에서 간부책임제를 추진하고 지방정부에 대한 성과 계약을 시행하는 등 관료적 책임성을 강조했으며, 이것이 지역 단위의 중요한 로컬 거버넌스 방식이기도 했다. 이처럼 지방정부의 책임성을 확보하기 위한 노력은 단순히 간부 개인에 대한 책임제에 그치지 않고, 1990년대 중국이 시장경제를 본격 도입하는 과정에서 정부 전체에 대한 평가로 확대되었고, 최근에는 성과 감사와 성과주의 예산 등 신공공관리 방식의 서구적 개혁 경험도 적극적으로 도입했다.[10] 이런 성과 평가의 확대는 개혁·개방 전략이었던 분권화 개혁에 따른 지방정부 혁신의 결과이며, 덩샤오핑의 경제 발전에 대한 요구에 따라 지방정부가 더 많은 재량권을 가짐으로서 가능했다. 즉 개혁기 지방정부는 사무, 재정, 인사 등에서 많은 권한을 갖고 자율적 역할을 수행하는 대신, 이에 대한 평가 체계에서 보상과 처벌을 통해 개혁·개방과 경제 발전에 전례 없는 활력을 불어넣었고, 지난 30여 년의 고도 경제성장이라는 기적에 견실한 기초를 제공할 수 있었다.[11]

중국의 책임성 평가 체제에서 지방정부의 특수한 역할은, 무엇보다 개혁기의 정부 간 관계에서 나타나는 행정 위탁(行政發包)과 속지 관리(屬地管理) 체제에서 비롯되었다(周黎安, 2008). 먼저 정부 간 관계에서 행정 위탁은 중앙 당국의 정책 목표에 따라 거의 모든 행정사무가 수직적 행정 편제를 따라 하급 정부로 위탁되어 기층 정부 수준까지 이르렀다. 한편 행정 위탁은 속지주의 원칙에 의해 진행되었는데,[12] 이것은 지방정부가 상대적

10_특히 일부 지방정부에서 보다 대담한 개혁 정신을 통해 서구 국가들의 성공적 개혁 경험을 학습하고 도입했으며, 후진타오 시기 중앙 당국이 이를 적극 확산시키기 전에 이미 1/3 성 지역에서 자신들의 독특한 성과 평가 체계를 갖추기도 했다(尹蔚民 2009).

11_중국의 책임성 평가 체제에 관한 내용은 정해용·이권호(2011)를 수정, 보완했다.

12_이른바 속지주의 원칙은 개인의 단위(單位)와 호구(戶口)에 대한 속지화된 의존, 그리고 집체 기업의 지방정부에 대한 속지화된 의존 등의 형태로 나타났다.

으로 독립되고 자급적인 행정 단위임을 의미했다. 이처럼 속지화된 행정 위탁 체제는 이미 중국에서 지난 수천 년 지속된 역사·제도적 유산이지만, 과거에는 지방정부의 경제적 기능이 제한되었을 뿐이었다. 그러나 1949년 건국 이후 중국의 공업화와 도시화 과정에서 경제 발전이 지방정부의 새로운 임무로 부과되었고, 개혁·개방 이후 시장화 과정에서 경제적 기능이 더욱 활성화되었다. 즉 개혁·개방 이래 중국 행정 체제는 강력하게 속지화된 행정 위탁 체제로서 지방정부가 충분한 행정권과 재정권을 부여받고, 지방 간부들이 이를 책임지고 기업가적 능력을 발휘함으로써 전통 체제에 내포된 활력을 통해 지역 간 경쟁과 시장화 과정을 추동할 수 있었다.

중앙정부에서 기층 정부로 이어지는 행정 위탁 관계는 지방 간부들에게 일종의 '위임장'(責任狀)을 하달하는 방식으로 진행되었다. 그 과정에서 상급 정부는 하급 정부에게 성과 지표를 제시하며, 지방 간부들은 그 지표를 통해 우선적으로 달성해야 할 정책 목표에 관한 정보를 얻었다. 중국의 시장화 과정에서 가장 중요한 성과 지표는 경제지표였지만, 가족계획, 생산 안전, 사회 치안 등 정치사회 전반의 정책 목표도 지표에 포함되었으며, 그것은 통상 정성적 일반 지표(一般指標), 정량적 경성 지표(硬指標), 그리고 정책 당국이 가장 중시하는 절대 지표(一票否決)로 구분되었다. 상급 정부는 하달된 성과 지표의 달성 정도를 근거로 연말에 근무평정을 실시하며, 평정 결과에 따라 인센티브와 처벌을 부과했다. 그중 특히 절대 지표를 달성하지 못하면 다른 지표의 성과가 아무리 뛰어나도 우수 평가나 보너스를 받을 자격을 상실하며, 심지어 강등이나 면직을 당하게 되었다. 즉 절대 지표는 상급 정부가 지방 간부들에게 거부권을 행사할 수 있는 가장 강력한 통제 수단이었다.[13]

중국은 개혁·개방 이후 각 지방정부에 성과 지표를 하달하는 방식으로

표 2 | 산시성 Y시 J현의 성과 목표 항목(2007년)

항목	성과 목표(할당 점수)
종합 목표 (22점)	당 건설(3) / 반부패 및 청렴 정부 건설(3)* / 선전 및 민정 업무(3) / 종합적 사회 안정 유지(3)* / 안전 생산(3)* / 대중 불만 처리(3) /가족계획(4)*
경제 목표 (60점)	경작지 및 수자원 개발(6) / 농업 생산(6) / 농업인 기술 훈련(3) / 산림 육성 및 구릉지 방목 금지(6)* / 식수, 가축 사육, 동물 검역(6) / 민영 경제 발전(3) / 노동력 수출(2) / 의료 보건(3) / 교육(2) / 자산 부채 관리(2) / 요오드 식염 할당(1) / 현정부 주요 프로젝트 수행(10) / 상급 정부 주요 프로젝트 수행(5) / 향진 정부 주요 프로젝트 수행(5)
기타 업무 (18점)	일상적 성과와 정기 평가(5) / 하급자의 민주 평가(3) 감독자의 민주 평가(5) / 현 당위원회 종합 평가(5)

주: * 항목은 절대 지표 항목임.
자료: Chan and Gao(2009, S54).

중앙의 정책 목표를 실현해 왔으며, 그 과정에서 각 지방은 다양한 평가 방식을 발전시켜 왔다. 그러나 이런 다양성에도 불구하고 중국 각 지방정부의 성과 평가 방식에서 공통적 특징은 개혁·개방 이후 활성화된 간부평가제를 정부 평가에 유기적으로 연계시키고, 주로 경제 발전을 가장 중요한 성과 지표로 삼았다는 점이다. 하나의 사례로서 2007년 산시성 Y시의 경우, 산하 12개 현(縣)의 경제 성과를 위해 '지역 GDP와 연평균 성장률'을 가장 중요한 정책 목표의 하나로 채택했고, 2010년까지 RMB 800억 위안과 연평균 18%의 성장률을 달성하고자 했으며, 시 경제무역국은 다시 이 목표를 분할해 12개 현에 할당했다. Y시는 상급 정부로부터 자신에게 할

13_Edin(2003, 39-40); Chou(2005, 47-49). 가령 상급 기관에 대한 불만을 투서로 제기하는 민원(上訪告狀)의 빈도도 절대 지표로서 다른 모든 성과를 무의미하게 만드는 강력한 효력을 지녔다. 이처럼 주민들의 불만과 민원 빈도는 지방 간부에 대한 통제를 용이하게 하는 정보 획득 경로였으며, 이것이 중요한 간부 평가 기준이 된 것은 사회질서와 안정을 유지하려는 중앙의 관심을 반영했다. 그동안 주민들의 민원이 지방 간부의 부패를 밝히는 데 중요한 역할을 해, 부정부패에 관한 80%의 단서가 이를 통해 드러난다는 보고도 있었다 (Edin 2003, 42-44).

당한 목표를 달성하기 위해 하급 정부에게는 더 높은 목표를 하달했으며, Y시 J현의 경우 이 목표를 다시 분할해 〈표 2〉와 같은 성과 목표를 각 향진에 하달했다. 이 과정에서 추상적인 성과 목표는 보다 구체화되어, 가령 경제 목표에서의 농업 생산을 농민 1인당 순소득, 토마토 재배 총면적, 곡식 재배 총면적, 채소 재배 총면적 등 네 가지 지표를 제시했으며, 이런 지표가 연간 약 150여 개 제시되었다.

하급 정부 간부들은 자신들에게 할당된 목표에 책임을 지며, 이런 책임성을 확보하기 위해 상급 정부가 동원하는 수단은 Y시의 경우 다음과 같은 것이 있었다(Chan and Gao 2009, S55-S56). 먼저, Y시는 하급 정부의 업무 성과를 직접 감독해 성과가 달성되지 못하면 당위원회와 정부의 감독 부서가 하급 정부를 비판하고, 연도 평가에서 낮은 점수를 부과했다. 둘째, 하급 정부가 반드시 달성해야 할 우선 목표, 즉 절대 지표를 하달했다. 〈표 2〉에서와 같이 Y시는 5개의 절대 지표를 하달했으며, 만약 하급 정부가 그중 하나라도 달성하지 못하면 다른 지표가 아무리 뛰어나도 연도 평가에 참여할 자격이 사라졌다. 따라서 하급 정부 간부에게 절대 지표는 상당한 압력이 되며, 이를 달성하지 못할 경우 승진도 어려웠다. 셋째, Y시는 가족계획, 환경보호, 사회보장 등과 같은 정치·사회적 목표를 위해 하급 정부와 특별 성과 계약을 체결했다.[14] 넷째, 뛰어난 성과를 보상하기 위해 강한 인센티브를 제공하는 한편, 저조한 성과에 대해서는 처벌을 가했다. Y시의

14_이 지역의 2007년 가족계획에 관한 성과 계약은 다음과 같은 다섯 가지 내용을 포함했는데, ① 95% 이상의 정책 출산율 달성, ② 신생아 출산의 통계적 오류 3% 이내 통제, ③ 1자녀 이상 가정의 1% 이내 통제, ④ 성비의 Y시 평균 수준 유지, ⑤ 주민 1인당 5위안(元) 지출 등이 그것이다.

경우 연도 평가 결과 상위 3개 정부에 대해서는 연간 임금의 10배에 달하는 금전적 보상을 하는 반면, 2년 연속 하위 그룹에 속하는 간부는 강등이나 직위 상실을 당하고, 2년 연속 최하위일 경우 곧바로 해임되었다.

그렇다면 지방 간부에 대한 이런 책임성 평가 체제가 중국의 개혁·개방 과정에서 어떤 기능을 했는가? 이에 대해 많은 중국 연구자들은 그것이 공산당이 지방 간부들을 통제하기 위해 선택한 광범위한 전략의 일부였다고 평가한다(Whiting 2001; Edin 2003). 즉 중앙정부는 시장화 과정에서 경제성장의 목표를 위해 지방 간부들에 대한 평가 체제를 활용했으며, 그 과정에서 금전적 보너스나 승진 등의 성과와 연계된 인센티브 체제를 발전시켰다. 다양한 인센티브 가운데 특히 중앙정부가 지방 간부들에 대한 정치적 승진 경쟁을 적극 활용했다는 점에서 이 체제는 '정치 토너먼트'(政治錦標賽) 모델로 불렸다(周黎安 2008). 즉 정치 토너먼트는 개혁기 중국의 고유한 거버넌스 방식으로서, 상급 정부가 하급 정부의 행정 수장을 대상으로 설계한 일종의 승진 시합이었다. 이 시합은 기본적으로 우승자가 승진 기회를 획득하고, 시합의 규칙은 상급 정부가 결정하며, 그 기준은 GDP 증가율이나 다른 정치·사회적 기준도 될 수 있지만 개혁기의 가장 중요한 기준은 역시 지역의 경제 발전과 연계된 것이었다.

그러나 정치 토너먼트 방식의 거버넌스는 결코 개혁·개방 이후 새롭게 등장한 것은 아니며, 수천 년 이어진 중국의 관료 체제에 오랫동안 내재되어 있었다. 즉 전통적으로 지방 관리들의 정치적 승진은 다층적 관료 체제에서 상향적 경쟁을 통해 도태되는 정치적 토너먼트 과정이었으며, 사회주의 체제 이후에도 지방정부가 상당한 자율성을 보유하는, '수평적으로 동형화된 행정관리 체제'(塊塊體制)가 정치 토너먼트의 보편화에 기여했다. 다만 개혁·개방 이후의 변화는 정치 토너먼트 자체의 변화가 아니라 게임의 규칙이 바뀐 점이다. 즉 과거에는 '정치적 충성'(政治忠誠)이 절대적 기준이었으나, 개혁·개방 이후 그것이 '경제적 실적'(經濟積效)으로 대체된 것이다. 이처럼 경제 실적을 기준으로 삼는 정치 토너먼트의 확대로, 개혁기 지방 간부들은 자기 지역을 소개할 때 항상 GDP나 재정수입과 같은 지표의 상대적 순위를 중시했다. 한때 국가통계국이 주관한 '중국 100대 현 순위'(中國百强縣排名)가 9년 동안 지속되었는데, 이 순위가 GDP 증가율만을 지나치게 강조하고 다른 사회 발전 측면을 무시한다고 해서 결국 중지되기도 했다. 실제 개혁·개방 이래 지방 간부의 승진과 그 지방의 경제성과 간에는 뚜렷한 정(正)의 관계가 드러나기도 했다(Li and Zhou 2005; 周黎安 外 2005).

이런 점에서 개혁기 중국의 책임성 평가 체제는 서구의 신공공관리 모형과는 구별되는 독특한 거버넌스 체제를 형성했다. 신공공관리 모형은 전통적인 관료제의 한계를 극복하려는 의도에서 출발했으며, 관료제의 소극적 책임성보다 공공 조직의 관리자들에게 더 많은 재량권과 관리의 유연성을 제공하는 대신 성과에 대해 책임을 묻는 관리적 책임성을 요구했다. 나아가 신공공관리 모형은 전통적인 관료제에 시장 경쟁 요소를 도입해 공공부문의 효율과 서비스의 질을 높이려 시도했으며, 나아가 원래 정부가 직접 관리하던 행정사무를 시장 영역에 위탁함으로서 저효율의 정부 직접 공급 방식을 대체하고자 했다. 그러나 중국의 책임성 평가 체제는 중앙정부가 지방정부로 행정사무를 위탁하고 지방 간부들에게 많은 재량권과 자율성을 주는 대신, 성과에 대한 철저한 평가와 관리적 책임성을 요구했다는 점에서 전통적인 베버적 관료제 모형과는 구별된다. 또한 정부 조직의 내부 위탁이라는 점에서는 신공공관리적 시장 위탁과도 차이가 존재하는 '중국적 신공공관리' 모형이라고 볼 수 있다.

2. 개혁기 책임성 체제의 한계와 새로운 변화

시장화 과정에서 확대된 중국의 평가 체제는 정치적 승진을 위한 지방 간부들의 토너먼트식 경쟁을 통해 지난 30년간 지방의 경제 발전과 이를 바탕으로 한 놀라운 경제성장을 이끌어 내었지만, 동시에 적지 않은 부작용도 초래했다(周黎安 2008, 114-117; 이종화 2008, 56-59). 먼저 기존 평가 체제의 가장 큰 문제점은 성과 목표가 주민들의 선호를 반영하지 못했을 뿐 아니라, 목표 자체가 서로 상충되기도 했다는 점이다.[15] 개혁기 중국의 지방 간부들에 대한 인사 평가나 정부 평가에서 지역 주민의 선호는 배제되었고, 중앙 당국이 경제성장을 최상의 목표로 삼음에 따라 경제적 지표가 주민들의 선호를 대체했다. 시장화 개혁 초기에는 경제적 빈곤, 혹은 이른바 온포(溫飽) 문제가 해결되지 않은 상태에서 경제 발전과 수입 증대가 주민들의 절대적 요구였던 것이 사실이다. 그러나 개혁기 빠른 소득의 증가와 생활 조건의 개선에 따라 주민들의 수요가 점차 다양화되었으며, 정부가 기본적인 공공서비스를 어떻게 제공할 것인지가 주민들의 관심사이자 지방 거버넌스의 최대 도전의 하나가 되었다.

기존 성과 평가 체제의 또 다른 문제점은, 지방정부에 부과된 과다한 성과 지표와 정치적 토너먼트라는 경쟁 구조 때문에 지방 간부들의 동기가 왜곡되고, 지방정부의 정책 목표가 단기화된 점이다. 각 지방정부는 측정

15_성과 목표의 상충은 상급 정부가 요구하는 경제 발전과 사회 안정, 경제 발전과 환경보호 등의 목표를 하급 정부 입장에서는 동시에 충족시키기가 쉽지 않았다는 점이다. 가령 어느 한 지역의 경제성장은 주변 지역으로부터 많은 유동 인구의 유입을 초래하고, 이들에 의한 범죄 발생률이 높아짐으로써 경제 발전과 사회 안정이 동시에 이뤄지기 어려운 것이다. 이에 관한 일부 사례는 Chan and Gao(2009, S56-S58)를 참고할 수 있다.

이 용이한 성과 지표를 중시하는 경향이 강했고, 사회적 지표보다는 지역의 GDP 증가나 세수 확보와 같은 경제적 지표를 핵심 지표로 간주했다. 지방 간 경쟁 구조가 확산되는 가운데, 경제 자원과 기회가 부족한 낙후 지역이 경제가 빠르게 발전하는 지역을 모방하는 사례도 늘어났다.[16] 지난 30년 동안의 빠른 경제성장 과정에서 심각한 환경오염이나 에너지 낭비 문제가 대두된 것도 정책 목표가 단기화된 결과로 볼 수 있다. 즉 지방 간부들이 임기 내 단기적 성과 달성에만 몰두하고 장기적 영향은 도외시함으로써 지방정부 자금의 대부분이 사회간접자본, 개발구 건설, 도시 개발이나 기업 지원 등에 투자되었고, 정부가 공급해야 할 교육, 의료, 주택 등 투자 주기가 길고 효과가 늦게 나타나는 영역은 투자를 기피하여 그 결과 공공서비스의 품질이 저하되는 경향이 두드러졌다.

나아가 성과 경쟁에 따른 지방정부의 기업가적 행위는 중국의 경제성장에 커다란 기여를 했지만, 시장 질서를 왜곡하고 부패를 확대하는 결과도 초래했다. 비록 중앙정부는 지방정부 간 경쟁 구조를 통해 지방 간부들이 다양한 수단을 동원해 지역 경제 발전에 매진하도록 유도했지만, 그 속에는 시장 질서의 형성과 유지에 불리한 수단도 포함되었다. 가령 지방 기업의 모조 상품 생산에 대한 보호, 기업의 시장 진입이나 신용 담보에 관한 규제 위반, 지방정부의 연성 예산 제약 문제 등이 점차 심화되었고, 정부는 본래의 심판자로서의 규제적 역할보다 스스로 경제 행위자가 되는 선수 역

16_가령 1990년대 초반 지역 경제 발전을 위한 '부민 프로젝트'(富民工程)의 영향 아래 일부 낙후 지역 간부들은 향진 기업이 발전한 장수(江蘇)~저장(浙江) 일대를 시찰한 다음 자기 지역에도 정부 주도의 집체 기업을 경쟁적으로 설립했지만, 지역적 현실을 고려하지 않은 이런 투자는 대부분 실패로 종결되었다(曹錦清 1998).

할에 치중하는 구조가 형성되었다. 지방 간부들은 정치적 승진 경쟁에서 승리하기 위해 일체의 정책 수단을 동원해 자기 지역 기업의 확장을 지원했고, 이런 맹목적 기업 확장이 기업 경영 성과의 하락, 정부의 재정 적자와 부채 확대 등을 야기하고 지방 간부와 기업 간의 부패 구조도 강화했다.[17]

기존 성과 평가 체제에서는 지방 간부들이 상급 기관과 체결하는 성과 계약에서도 많은 문제점이 노출되었다. 시장화 과정에서 중앙정부는 지속적인 재정 압박에 시달렸고, 이에 따른 재정적 부담은 중앙에서 하급 정부로 단계적으로 이관되면서 지방정부의 부담을 가중시켰다. 반면 개혁기 경제성장을 우선적인 정책 목표로 삼고 있는 중앙정부 입장에서는 높은 경제성장 목표를 위해 지방정부에게 GDP나 세수 확보 등을 중요한 성과 지표로 제시한 것이다. 그 과정에서 각 지방정부는 자신에게 부과된 성과 지표를 달성하기 위해 재정 능력을 넘어서는 무모한 투자를 했으며, 상하급 기관 간 전형적인 성과 계약의 하나로 자체 수익의 확보가 요구되기도 했다. 그렇지만 이런 성과 계약은 경제 관련 부서뿐 아니라 수익 창출과 관련 없는 교육, 민정 등의 부서와도 이뤄졌으며, 일부 부서나 기관들은 갖가지 방법으로 영리 조직을 설립하고 재정적 통제를 벗어나는 예산 외 수입을 도모했으며, 지방정부가 농민에 대한 약탈적 행위까지 하게 하는 등 전반적인 관료 부패의 만연을 초래했다(Bernstein and Lü 2003, 48-87).

17_지방 간부들의 지나친 성과 경쟁은 국유 기업뿐 아니라 민영기업에 대한 연성적 예산 지원도 초래했는데, 전형적인 사례로 2004년 장수성(江蘇省) 창저우시(常州市)의 '티에번 사건'(鐵本事件)을 들 수 있다. 당시 시 정부는 중등 규모의 민영 철강 회사인 티에번을 단시간에 초대형 기업으로 탈바꿈시키기 위해 정부의 신용 담보를 포함하는 일련의 정책 특혜를 제공해, 지방정부의 경제 추월 도구로 활용하고자 했다.

이런 기존 평가 체제에 대한 반성이 시작된 것은 2002년 출범한 후진타오 체제에서 새로운 통치 이념으로 과학적 발전관과 조화 사회 건설을 강조하면서였다. 과학적 발전관은 후진타오 체제가 성장 지상주의와 불균형 발전 전략에 근거한 기존 지도부의 발전에 관한 편협한 인식을 극복하기 위해 제시한, 인본주의(以人爲本)에 기초한 전면적, 협조적, 지속 가능한 발전 전략을 말한다. 조화 사회의 이념도 기존의 성장주의 전략이 초래한 사회적 문제를 극복하고 중국 사회의 공평과 정의를 회복하려는 의도에서 제시된 통치 이념이다. 이처럼 과학적 발전관과 조화 사회의 새로운 통치 이념이 제기된 이래, 성과 평가 영역에서도 GDP나 세수의 증가를 핵심으로 하는 전통적 성과 평가 방식에 많은 비판이 제기되었고, 지방 관리들의 성과 평가 기준을 어떻게 개혁할 것인지를 둘러싸고 많은 탐색이 이뤄졌다.

후진타오 시기 평가 체제의 개혁은 우선 전반적인 행정개혁의 맥락 속에서 진행되었다. 개혁·개방 이후의 시장화 과정에서 중국의 행정개혁이, 과거 계획경제 시기의 정부 기능을 시장 체제에 부합되도록 전환하면서 행정 이념도 주로 효율성 측면을 강조하였다면, 과학적 발전관과 조화 사회를 강조하는 새로운 통치 이념하에서는 공공성, 책임성, 법치, 반부패 등의 행정 이념이 강조되었다. 동시에 다양한 행정개혁 방안들이 지속적으로 제시되었으며, 특히 2006년 2월 국무원은 원자바오 총리의 지시에 따라 '행정관리체제개혁 연석회의'를 조직해 정부 기능, 법치 행정, 행정 인허가 제도, 정부 성과 평가, 행정 책임제 등 5개 방면의 개혁을 중점적으로 추진하기 위한 연구를 진행한 바 있으며, 그 과정에서 성과 평가 영역은 국무원 인사부(人事部) 주도로 개혁 방안을 연구해 성과 평가 체제의 규범화를 시도했다.

이런 평가 체제의 개혁은 크게 두 가지 방향으로 요약할 수 있다. 첫째, 전통적 GDP 개념이 환경오염이나 에너지 소모 등에 따른 비용을 산입하는 녹색 GDP라는 새로운 개념으로 전환되었다. 녹색 GDP 개념은 2004년 3월 국가환경보호총국과 국가통계국이 공동으로 경제 통계를 산정하는 과정에서 사용되었고, 이는 전통적 GDP에서 자원 소모 비용과 환경 퇴화 비용을 삭감해 산정하며, 전국 10개 성급 정부에서 시범 사업을 실시했다. 그 후 2006년 처음으로 '녹색 GDP 결산보고'를 발표했으나, 환경 부처와 통계 부처의 이견 및 지방정부의 저항으로 지속적인 시행은 좌초되었다. 그러나 날로 심각해지는 환경과 에너지 문제를 위해, 중앙정부는 지방정부에게 에너지 절감 및 오염 감축에 대한 문책 제도와 위임 제도를 시행하고 있다. 둘째, 상급 정부가 하급 정부 간부들의 성과를 평가하는 전통적인 방법에 덧붙여 간부 및 기관 평가에 대중 만족도 지표를 도입하고 있으며, 지방 지도자 선발에 차액 선거를 실시하는 과정에서 주민들에 의한 인사 평가를 강화하고 있다.

이런 평가 체제의 개혁과 관련해 중앙 당국은 2006년 〈과학적 발전관 구현을 위한 지방당정지도부 및 지도간부 종합평정평가 시행방법〉(體現科學發展觀要求的地方黨政領導班子和領導干部綜合考核評價試行辦法, 7月 3日)을 하달한 바 있다. 이런 종합 평정 평가 제도의 중요한 의의는, 후진타오 체제가 제시한 과학적 발전관에 따라 간부의 책임성 평가를 기존의 정치·경제적 영역에서 사회·문화적 영역으로까지 확대시키며, 평가 방식에서 민주적 절차와 객관성을 중시한다는 점 등이다(范柏乃 2007, 97). 즉 새로운 평가 체제는 우선 현급(縣級) 이상 당정 지도자에 대해 보다 종합적 관점에서 평가를 실시하며, 평가 지표는 지역 경제 발전 수준을 강조하는 가운데서도 정치 건설, 문화 건설, 당 건설 등 정책 집행 전반에 관한 상황과 효과를 종합적으로 분석하며, 이를 위해 민의 조사에 근거한 대중 만족도를 반드시 포함시키도록 하고 있다. 그리고 특히 간부들의 인사 평가에 대해서는 이른바 민주 추천(民主推荐), 민주 평가(民主測評), 민의 조사(民意調査), 실적 분석(實績分析), 개별 면담(個別談話) 등 다양한 방식을 통해 체계적인 평가가 가능하도록 했다. 또한 2008년 7월부터는 공산당 중앙조직부가 국가통계국에 위탁해 매년 전국 31개 기관에서 조직 업무 만족도 민의 조사를 실시했으며, 이는 간부들에 대한 평정 및 임면 방면에 대중 만족도를 도입하는 개혁 사상이 일부 지역에서 전국적으로 확산되는 계기가 되었다.

V. 결론: 민주주의에 대한 함의

이상에서 살펴본 바와 같이 자율성과 책임성을 중심으로 한 중국의 로컬 거버넌스는 1978년 개혁·개방이 시작된 이래 적지 않은 변화를 겪어 왔다. 가령 개혁 초기 경제적, 행정적 분권화의 확대는 다양한 부작용의 표출로 연성적 집권화의 경로로 전환되었으며, 이로 말미암아 지방정부의 공적 수요에 대한 공급 능력은 다소 낮아졌지만 지방 차원의 정치 개혁 확대로 정치적 자율성은 상대적으로 높아지고 있다. 이는 지방정부가 기존의 관리 지향적 지방행정관청 유형에서 새로운 규제 중심적 지방자치단체 유형으로 전환되고 있음을 의미한다. 책임성의 측면에서도 공공사무를 지방 단위로 적극 위탁하고 이에 대한 철저한 성과 평가를 시행했으며, 이는 서구 국가들의 시장 위탁과는 구별되는 중국의 고유한 정치적 토너먼트 체제를 형성했다. 그러나 경제적 실적을 핵심적 평가 지표로 삼는 책임성의 제도화가 많은 문제점을 노출시킴으로써, 최근에는 다양한 평가 지표를 도입하고 민주적 절차를 중시하는 방향으로 새로운 변화가 이뤄지고 있다.

이런 변화는 결국 기존의 '분권화된 권위주의' 전략이, 개혁의 새로운 요구를 수렴하고 새로운 개혁 환경에 적응하는 과정에서 일정 정도 불가피하게 수정되고 있음을 시사한다. 즉 중국의 중앙-지방 관계에서 여전히 그 한계가 분명한 것도 사실이지만, 다양한 선거 개혁과 기층 자치를 통해 지역사회의 정치적 자율성을 확대함으로써 권위주의 체제를 다소나마 이완시키고 있다. 또한 책임성의 측면에서도 과거처럼 지방 사무에 대한 단순한 관리적 책임성의 확보가 아니라, 지역사회의 이해관계를 합리적이고 민주적으로 반영할 수 있는 정치적 책임성의 제도화가 새롭게 시도되고 있는 것이다. 그렇지만 이런 자율성의 보장이나 정치적 책임성의 실현은 한계가 있다는 점에서 본격적인 민주주의로의 이행으로 볼 수는 없으며, 진정한 민주주의로의 이행을 위해서는 중앙-지방 관계에서 관료화된 당정 지배체제에 근본적인 변화가 수반되어야 할 것이다.

참고문헌

1장

게오르그 쇠렌센 지음. 김만흠 옮김. 1994. 『민주주의와 민주화』. 풀빛.

데이비드 헬드 지음. 이정식 옮김. 1989. 『민주주의 모델』. 인간사랑.

앤드류 헤이우드 지음. 조현수 옮김. 2003. 『정치학-현대 정치의 이론과 실천』. 성균관대 출판부.

이정남. 2007. "근대 중국의 공화주의적 정치체제의 등장과 선거." 『중국의 기층 선거와 정치 개혁, 그리고 정치 변화』. 폴리테이아.

______. 2009. "최근 중국의 민주화 담론에 대한 비판적 고찰: 당내 민주화론을 중심으로." 『현대중국 연구』 제10집 2호.

______. 2010. "2010년 중국의 정치 개혁 논쟁의 의미와 한계." 『동아시아 브리프』 제5권 4호(통권 18호). 성균관대 동아시아학술원 동아시아지역연구소.

______. 2011. "중국의 정치 개혁과 정치 변화 전망." 이동률 엮음. 『중국의 미래를 말하다』. EAI.

조지 세바인 외 지음. 강정인·김세걸 엮음. 1994. 『현대 민주주의론의 경향과 쟁점』. 문학과지성사.

조영남. 1999. "중국 전문인민대표대회에 관한 연구." 서울대 박사논문.

Collier, David and Steven Levitsky. 1997. "Democracy with Adjective: Conceptual Innovation in Comparative Research." *World Politics*, No49, Vol.3.

Collier, David, Fernando Daniel Hidalgo and Andra Olivia Maciucwanu. 2006. "Essentially Contested Concepts: Debatea and applications." *Journal of Political Ideologies*, No.11 Vol.3(October).

Dahl, Robert. 1989. *Democracy and Its Critics*. New Haven, C.T.: Yale University

Press.

Diamond, Larry and Ramon H. Myers. 2004. "Introduction: Elections and Democracy in Greater China." Larry Diamond and Ramon H. Myers eds. *Elections and Democracy in Greater China.* Oxford University Press.

Diamond, Larry, Juan J. Linz and Seymour Martin Lipset eds. 1988. *Demoraccy in Developing Countries.* Vol.2. Boulder: Lynne Rienner.

Lee, Jung Nam. 2010. "The Critical Analysis of the theory of Chinese Style Democracy." *International Area Review,* vol.13, no.2(Spring).

Li, Cheng ed. 2008. *China's Changing Political Landscape: Prospects for Democracy.* Washington D.C.: Brookings Institute Press.

Lu, Rey-Ching. 2011. *Chinese Democracy and Elite Thingking 民主.* NY: PLAGRAVE MACMILLAN.

Lynch, Daniel C. "中國的中產階層畏怕民主?" http://www.chinaelections.org/PrintNews.asp?NewsID=133323(검색일:08-8-25).

O. Brien, Kevin J. and Rongbin Han. 2009. "Path to Democracy? Assessing Village Elections in China." Intrenational Conference on Chinese-style Democracy(Conference Proceedings). Wuhan University Wuhan P. R. China, November 13-15.

Pei, Minxin. 2006. *China's trapped transition: the limits of developmental autocracy.* Cambridge, Massachusetts, London, England: Harvard University Press.

Thornton, John L. 2008. "Long time coming-the prospects for democracy in China." *Foreign Affairs,* Jan./Feb. Vol. 87.

Zhao, Suisheng and ShuiSheng Zhao ed. 2000. "Introduction: China's democratization reconsidered." *China and Democracy.* New York: Routledge.

______. 2006. *Debating Political Reform in China: Rule of Law vs. Democratization.* Armonk, New York, London, England: M. E. Sharpe.

Zheng, Yongnian. 2010. *The Chinese Community Party as Organizational Emperor.* Routledge.

列宁. 1972.『列宁全集』(第3卷). 北京: 人民出版社社.

李恭忠. 2011. "在"名"与"實"之間:淸末的共和表述: 以孫中山和梁啓超爲中心."『동아시아에서 '공화'(共和)의 수용과 변용: 사상과 제도 』. 고려대 아세아문제연구소: 고려대 역사연구소 주최 신해혁명100 주년 기념 국제학술대회 자료집(10월 7일).

李艶. 2004. "江澤民對毛澤東, 鄧小平社會主義民主政治思想的継承發展論析."『党的文獻』第4期.

毛澤東. 1977.『毛澤東選集(五卷)』. 北京: 人民出版社.

_____. 1991.『毛澤東選集』第4卷. 北京: 人民出版社(第2版).

房宁·藩維·楊鵬. 2008. "中國民主的三个視角, 三种表述."
http://www.chinaelections.org/NewsInfo.asp?NewsID=44891(검색일: 08.7.16).

徐矛. 1992.『中華民國政治制度史』. 上海: 上海人民出版社.

余盛. 2008. "論中國近代的民主思想."
http://www.chinaelections.org/NewsInfo.asp?NewsID=44533(검색일: 08-9-21).

燕繼榮. 2008. "解讀中國式民主."『'중국모델의 적용 가능성' 국제심포지움』. 성균관대학교 동아시아학술원.

王宗禮. 2008. "論人民民主的實現形式."『甘肅社會科學』第1期.

王鐵郡. 2008. "一百多年前民主思想在中國的傳播和發展."
http://www.chinaelections.org/NewsInfo.asp?NewsID=124185(검색일:2008-4-4).

殷嘯虎. 1997.『近代中國憲政史』. 上海: 上海人民出版社.

周天勇·王長江·王安岭. 2007.『攻堅:中國政治体制改革硏究報告』. 烏魯木齊: 新疆生産建設兵團出版社.

朱學勤. 2008. "2007: 思想在破局, 改革要改放."『南方都市報』(2008/01/01).

中華人民共和國 國務院新聞辦公室. 2005.『中國的民主政治建設 白皮書(全文)』.
http://news.sina.com.cn/c/2005-10-19/11208053056.shtml(검색일: 2012-2-13).

曾世逸. 2007. "房宁訪談: 讓民主從誤解中擺脫出來."『學術探索』第5期.

蔡定劍.2002.『中國選擧狀況的報告』. 北京: 法律出版社.

劉景泉. 1996.『北京民國政府的議會政治』. 天津: 天津古籍出版社.

劉少奇. 1985.『劉少奇選集』(下卷). 北京: 人民出版社.

劉熙瑞. 2007. "中國的民主模式已經确立."
http://www.chinaelections.org(검색일: 2007-4-25).

祝春梅. 2007. "毛澤東, 鄧小平社會主義民主思想之比較."
『吉林省經濟管理干部學院學報』第21卷 第4期(8月).

叙東礼. 2003. "列宁對馬克思主義民主觀的丰富和發展."『理論學習』第8期.

吳建民. 2008. "中國要什么樣的民主."『人民日報海外版』(2008/02/04).

吳錦旗. 2005. "從新民主主義論到'三个代表'重要思想."
『金陵科技學院學報(社會科學版)』第19卷 第2期(6月).

彭宗超. 2002.『公民授權与代議民主人民代表直接選擧制比較硏究』. 鄭州: 河南人民出版社社.

胡繩武. 2002.『清末民初歷史与社會』. 上海: 上海人民出版社.

胡錦濤. 2007.『高擧中國特色社會主義大旗幟, 爲奪取全面建設小康社會新胜利而奮鬥: 在中國産党 第十七次全國代表大會上的報告』. 北京: 人民出版社.

張亦工. 1984. "第一届國會的建立及階級結构."『歷史研究(京)』第6期.
張旭昆. 2008. "中國政治民主化的可能路."
http://www.chinaelections.org/NewsInfo.asp?NewsID=127738(검색일: 08-5-16).
張俊霞. 1993. "論20世紀初年的國民思潮."『近代史研究(北京)』第1期.
張維爲. 2008a."'普世价値的來龍去脉."
http://www.chinaelections.org/PrintNews.asp?NewsID=134581, (검색일: 2008-9-24).
_____. 2008b. "好民主才是好東西."
http://www.chinaelections.org/PrintNews.asp?NewsID=123432, (검색일: 2008-9-24).
漢广. 2008a. "西方民主模式中國民主模式."
http://www.chinaelections.org/NewsInfo.asp?NewsID=122522(검색일: 08-3-11).
_____. 2008b. "胡溫論民主等普世价値."
http://www.chinaelections.org/NewsInfo.asp?NewsID=122521(검색일:08-6-18).
湯明珠. 2003. "孫中山与毛澤東民主思想之比較研究"『世紀中國』(10月 25日).
http://www.chinaelections.org/newsinfo.asp?newsid=168099(검색일: 2010-1-31).
簫功秦. 2007. "淸末新政時期的立憲論証及其現代啓示(上)."
http://www.chinaelections.org(검색일: 2011-1-9).
許忠明. 2008. "'中体西用'与中國特色."
http://www.chinaelections.org/PrintNews.asp?NewsID=134984(검색일:2008-9-24).
趙玉華. 2008."中國的改革与民主化前景-兼評海外學者的中國民主觀."
http://www.chinaelections.org/PrintNews.asp?NewsID=130888(검색일: 08-8-20).
鄧小平. 1994.『鄧小平文選』第2卷. 北京: 人民出版社.
閆健 編. 2006.『民主是个好東西: 兪可平訪談彔』. 社會科學文獻出版社.
陳永森. 2004.『告別臣民的嘗試:淸末民初的公民意識与公民行爲』. 北京: 中國人民大學出版社.
黃衛平·汪永成 主編. 2003.『当代中國政治研究報告 II』. 北京: 社會科學文獻出版社.

2장

김용학. 1996. 『사회 구조와 행위』. 사회비평사.

김재철. 2002. 『중국의 정치 개혁: 지도부, 당의 지도력 그리고 정치체제』. 한울.

서진영. 2008. 『21세기 중국 정치』. 폴리테이아.

조영남. 2006. 『후진타오 시대의 중국 정치』. 나남.

_____. 2009. 『21세기 중국이 가는 길』. 나남.

주장환. 2008. 『중국의 엘리트: 마오쩌둥에서 제5세대 지도자들까지』. 살림.

_____. 2009. "제17기 중국공산당 중앙위원회: 기술 관료의 쇠퇴와 '일반 관료'의 부상." 『중소연구』 제33권 2호.

주장환·박정호. 2010. "체제 전환기, 중·러 정치 엘리트 비교 연구: 특성과 형성 배경을 중심으로." 『중소연구』 제34권 1호.

중국공산당 규약. http://cpc.people.com.cn/GB/64162/64168/106155/106156/6439371.html (검색일: 2010. 7. 28)

Burton, Micheal and John Higley. 2001. "The Study of Political Elite Transformation." *International Review of Sociology*, Vol. 11, No. 2.

Cherrington, Ruth. 1997. "Generational issues in China: a case study of the 1980s generation of young intellectuals." *The British Journal of Sociology*, Vol. 48, No. 2.

Fewsmith, Joseph. 2004. "Continuing Pressures on Social Order." *China Leadership Monitor*, No. 10.

Huntington, Samuel P. 1968. *Political Order in Changing Societies*. New Haven: Yale University Press.

Lee, Hong Yung. 1991. *From Revolutionary Cadres to Bureaucratic Technocrats in Socialist China*. Berkeley and Los Angeles: University of California Press.

Lee, Jung Nam. 2010. "A Critical Analysis of Chinese-Style Democracy." *International Area Review*, Vol. 13, No. 1.

Li, Cheng and Lynn White. 1990. "Elite Transformation and Modern Change in Mainland and Taiwan: Empirical Data and the Theory of Technocracy." *China Quarterly*, No. 121.

_____. 2001. *China's Leaders: The New Generation*. Boston: Rowman and Littlefield Publishers.

Li, Cheng. 2008. "Will China's "Lost Generation" Find a Path to Democracy." Cheng Li eds. *China's Changing Political Landscape: Prospects For Democracy*. The

Brookings Institution Press.

Nathan, Andrew J. 2008. "China's Political Trajectory: What Are the Chinese Saying?" Cheng Li eds. *China's Changing Political Landscape: Prospects For Democracy.* The Brookings Institution Press.

Pei, Mingxin. 2000. "China's Evolution toward Soft Authoritarianism." Edward Friedman and Barret L. McCormick eds. *What If China Doesn't Democratize: Implications for War and Peace*, Armonk: M. E. Sharpe.

Pilcher, Jane. 1994. "Mannheim's Sociology of Generations: an Undervalued Legacy." *The British Journal of Sociology*, Vol. 45, No. 3.

Russell, Dalton J. 1987. "Gernerational Change in Elite Political Beliefs: The Growth of Ideological Polarization." *The Journal of Politics*, Vol. 49.

Scalapino, Robert. "Current Trends and Future Prospects." *Journal of Democracy*, Vol. 9, No. 1.

Shambaugh, David. 2008. *China's Communist Party: Atrophy and Adaptation.* Washington D. C.: Woodrow Wilson Center Press.

Shih, Victor C. 2008. *Factions and Finance in China: elite conflict and inflation.* Cambridge: Cambridge University Press.

江澤民. 1992. 중국공산당 제14차 전국대표대회 보고문(10월). http://cpc.people.com.cn/GB/64162/64168/64657/65446/4526308.html(검색일: 2010. 8. 23)

_____. 1993a. 쿠바 방문 시 쿠바 공산당 서기, 쿠바 국무위원회 주석과의 회담 중 발언문(11월). http://cpc.people.com.cn/GB/64184/64185/180137/10818707.html(검색일: 2010. 8. 26)

_____. 1993b. 마오쩌둥 탄생 100주년 기념회에서의 연설문(12월). http://cpc.people.com.cn/GB/64184/64185/180137/10819222.html(검색일: 2010. 8. 26)

_____. 1997a. 제8기 전국 인대 5차 회의, 제8기 전국 정협 5차 회의 책임자 회의상에서의 발언문(2월). http://cpc.people.cpm.cn/GB/64184/64185/180137/10818743.html(검색일: 2010. 8. 27)

_____. 1997b. 중국공산당 제15차 전국대표대회 보고문(9월). http://cpc.people.com.cn/GB/64162/64168/64568/65445/4526285.html(검색일: 2010. 8. 23)

______. 1998. 당의 11기 3중 전회 개최 20주년 기념회에서의 연설문(12월).
http://cpc.people.cpm.cn/GB/64184/64186/66688/4494408.html (검색일: 2010.08.22)
______. 2001. 전국 사회치안공작회의에서의 연설문(4월).
http://cpc.people.com.cn/GB/64184/64185/180139/10818615.html (검색일: 2010.08.23)
高放. 2006.『中國政治體制改革的心聲』. 重慶: 重慶出版社.
咼中校. 2010. "中國政改之爭南方日報VS光明日報."『亞洲週刊』24卷 37期.
http://www.yzzk.com/cfm/Content_Archive.cfm?Channel=ae&Path=2254381392/37ae1a.cfm(검색일: 2010. 9. 22).
鄧小平. 1993. "第三代領導集體的當務之急." 中共中央文獻編輯委員會.『鄧小平文選: 第三卷』. 北京: 人民出版社.
李瑞環. 1994. 政協 제8기 2차 회의 폐막식에서의 연설문(3월).
http://www.people.com.cn/item/lianghui/zlhb/zx/8jie/newfiles/b1060.html (검색일: 2010. 8. 27)
潘維. 2003.『法治與民主迷信』. 香港: 香港社會科學出版社.
溫家寶. 2007a. 제10기 전국인대 5차 회의 정부공작 보고문(3월).
http://npc.people.com.cn/GB/28320/78072/78092/5482298.html (검색일: 2010.09.01)
______. 2007b. 제10기 전국인대 5차 회의 폐막 후 내외신 기자회견 발언문(3월).
http://npc.people.com.cn/GB/28320/78072/78081/5480042.html (검색일: 2010.08.29)
王蒙奎. 2002. "全面建設小康社會的宏偉綱領."『人民日報』(2002/12/03).
中共中央組織部·中共中央黨史硏究室. 2004.『中共共産黨曆屆中央委員大辭典 1921~2003』. 北京: 中共黨史出版社.
中國國務院. 2005.『中國的民主政治建設 白皮書』. 北京: 中國國務院.
http://politics.people.com.cn/GB/1027/3783369.html (검색일: 2010.09.05)
兪可平. 2004.『增量民主與善治』. 北京: 社會科學出版社.
何增科. 2004.『中國政治體制改革硏究』. 北京: 中央編譯出版社.
胡錦濤. 2007. 중국공산당 제17차 전국대표대회 보고문(10월).
http://cpc.people.com.cn/GB/64162/64168/106155/106156/6430009.html(검색일: 2010. 8. 23).
______. 2010. 선전 특구 지정 30주년 기념식 연설문.
http://news.xinhuanet.com/politics/2010-09/06/c_12523818.htm(검색일: 2010. 9. 24)

"我國1/3私企老板是黨員."『南方都市報』(2005/02/13).
"我國1/3以上的500大富翁是共産黨員."『重慶日報』(2006/11/11).
http://cpc.people.com.cn/GB/64162/64168/106155/106156/6439371.html (검색일: 2010. 7. 28)
http://www.freedomhouse.org (검색일: 2010.11.11)

3장

서진영. 2008.『21세기 중국정치』. 폴리테이아.
이정남. 2009. "최근 중국의 민주화 담론에 대한 비판적 고찰: 당내 민주화론을 중심으로."『현대중국 연구』제10집 2호.

江田憲治. 2010. "中國共産党党內民主建設的現實理路及歷史警示."『國外理論動態』第12期.
季冬曉. 2009. "党內選擧制度的歷史考察."『甘肅理論學刊』. http://www.chinaelections.org/NewsInfo.asp?NewsID=150329 (검색일: 2010.01.26).
季正矩·彭曉. 2010. "当前党內選擧制度存在的主要問題及對策."『中國延安干部學院學報』第4期.
金安平. 2009. "'党內民主'与'党的民主'."『社會科學硏究』1期.
唐曉淸. 2008. ""党員主体": 党內民主的核心理念."『遼宁日報』(5月 12日).
童慶平.2010. "新時期党內競爭性民主的歷程、啓示与展望: 基于執政党党內干部和党代表選擧選拔的視角." http://www.chinaelections.org/NewsInfo.asp?NewsID=178506
李凡. 2009. "中國民主發展的党內民主途徑." http://www.chinaelections.org/NewsInfo.asp?NewsID=152942
林尙立. 2002.『党內民主』. 上海社會科學出版社.
徐劍鋒. 2011."論党內民主的實質极其后果." http://www.chinaelections.org/NewsInfo.asp?NewsID=212375
王小魯. 2011. "中國改革走到哪里了?" http://www.chinaelections.org/NewsInfo.asp?NewsID=216707
王全宝. 2011. "怎樣問責党委領導."『中國新聞周刊』第12期.
王貴秀. 2001. "關於發展黨內民主問題."『中國黨政幹部論壇』第11期.
王長江. 2011. "加快推進党內民主."『中國改革』第7期.

王飛凌. 2010. "中國政治長治久安与民主化的最佳途徑-党內派別的合法化."
http://www.chinaelections.org/NewsInfo.asp?NewsID=75843
熊光淸. 2011. "党代表任期制党內民主建設的制度創新."『學習与探索』第1期.
尹學明·任中平. 2008. "以党內民主推動人民民主:基于成都市基層民主的調査."
『理論与改革』第2期.
兪可平·裵智勇. 2008. "30年盤点: 中國民主增量發展."『人民日報』(12月 3日).
儲建國. 2011. "党內兩派和平共治?"
http://www.chinaelections.org/NewsInfo.asp?NewsID=205926
蔡霞. 2008. "党內民主:探索与問題."
http;//www.world-china.org/newsdetail.asp?newsid=2167
劉藝明. 2009. "鄕鎭党員領導干部的公推直選."『中共中央党校學報』第4期.
吳桂韓. 2009. "中國共産党党內民主建設的創新与發展."『中國特色社會主義硏究』
第6期
胡偉. 1999. "党內民主与政治發展:開發中國民主化的体制內資源."
『夏旦學報(社會科學版)』第1期.
張棨臣. 2008. "改革開放三十年党內民主建設的回顧与思考."
http://www.chinaelections.org/PrintNews.asp?NewsID=137920
張錦明. 2010. "基層党內民主建設: 問題与展望作者."『學習時報』(11月 8日).
蕭功秦. 2004. "從政治發展角度看'党內民主化'論."『浙江學刊』第2期.
許耀桐·孫忠法. 2010. "許耀桐解讀四項監督制度:干部選任監督有了'操作指南'."
『中國人事報』(4月 6日).
黃衛平·鄧杰文. 2010. "公推直選: 中國民主選擧的主流形式."『人民論壇學術前沿』總第
311期.

〈高擧中國特色社會主義偉大旗幟 爲奪取全面建設小康社會新胜利而奮斗——在中國共産党第十七次全國代表大會上的報告〉, 2007年10月15日,
〈沿着有中國特色的社會主義道路前進——在中國共産党第十三次全國代表大會上的報告〉, 1987年 10月 25日
〈全面建設小康社會, 開創中國特色社會主義事業新局面——在中國共産党十六全國代表大會上的報告〉, 2002年11月18日.
中華人民共和國 國務院新聞辦公室. 2005.『中國的民主政治建設 白皮書』.

4장

정운찬·김영식. 2006.『거시경제론』. 율곡출판사.

조영남. 2006.『후진타오 시대의 중국정치』. 나남.

_____. 2009.『21세기 중국이 가는 길』. 나남.

Boix, Carles and Susan Carol Stokes. 2003. "Endogenous Democratization." *World Politics* 55, No. 4(July).

Cotton, James. 1997. "East Asian Democracy: Progress and Limits." Larry Diamond, Marc F. Plattner, Yun-han Chu and Hung-mao Tien eds. *Consolidating the Third Wave Democracies: Regional Challengers*. Baltimore: Johns Hopkins University Press.

Burkhart, E. Ross and S. Michael Lewis-Beck. 1994. "Comparative democracy: The economic development thesis." *The American Political Science Review* 88, No. 4(December).

Diamond, Larry. 1999. *Developing Democracy: Toward Consolidation*. Baltimore: Johns Hopkins University Press.

Diamond, Larry and Ramon H. Myers. 2001. "Introduction: Elections and Democracy in Greater China." Larry Diamond and Ramon H. Myers eds. *Elections and Democracy in Greater China*. Oxford: Oxford University Press.

_____. 2008. *The Spirit of Democracy: The Struggle to Build Free Societies throughout the World*. New York: Times Book.

Heo, UK and C. Alexander Tan. 2001. "Democracy and Economic Growth: A Causal Analysis." *Comparative Politics* 33, No. 4(July).

Huntington, Samuel P. 1968. *Political Order in Changing Society*. New Haven: Yale University Press.

Lipset, Seymour Martin. 1959. "Some Social Requisites of Democracy: Economic Development and Political Legitimacy." *The American Political Science Review* 53, No. 1(March).

Needler, Martin. 1967. "Political Development and Socioeconomic Development: The Case of Latin America." *The American Political Science Review* 62, No. 3(September).

Przeworski, Adam and Fernando Limongi. 1997. "Modernization: Theories and Facts." *World Politics* 49, No. 2(January).

Tsai, Kellee S. 2007. *Capitalism without Democracy*. Ithaca and London: Cornell University Press.

Wen, Jiabao. 2010. "Getting to Know the Real China." http://www.un.org/en/ga/65/meetings/generaldebate/Portals/1/statements/634208407859375000CN_en.pdf (검색일: 2010.10.15).

江澤民. 2001.『論党的建設』. 北京: 中央文獻出版社.
高帆. 2010. ""中國經濟發展模式增長方式"何以成爲可能."『探索与爭鳴』第1期.
凌湄·王衛國. 2009.""三步走"戰略与中國特色現代化建設."『特區經濟』第3期.
毛澤東. 1977.『毛澤東選集』五卷. 北京: 人民出版社.
文麗. 2010. "增長方式轉型是中國經濟發展的必由之路: 訪吳敬琏教授."『經濟月刊』第3期.
王宗礼. 2008. "論人民民主的實現形式."『甘肅社會科學』第1期.
周天勇·王長江·王安岭. 2007.『攻堅:中國政治体制改革研究報告』. 烏魯木齊: 新疆生産建設兵團出版社.
蔡昉·林毅夫. 2003.『中國經濟』. 北京: 中國財政經濟出版社.
祝春梅. 2007. "毛澤東与鄧小平社會主義民主思想比較."『吉林省經濟管理干部學院學報』第4期.
國務院. 2005."中國的民主建設." http://news.xinhuanet.com/politics/2005-10/19/content_3645697.htm(검색일: 2010.10.12)
張旭昆. 2008. "中國政治民主化的可能路徑." http://www.chinaelections.org/NewsInfo.asp?NewsID=127738(검색일: 2010.06.12)
溫家宝. 2007. "溫家宝: 關于社會主義初級階段的歷史任務和我國對外政策的几个問題." http://news.xinhuanet.com/politics/2007-02/26/content_5775212.htm(검색일: 2010.09.24)
賈慶林. 2010. "21世紀論壇年會開幕, 賈慶林就和平与發展提3建議." http://www.china.com.cn/international/txt/2010-09/07/content_20878148.htm (검색일: 2010.10.15)
鄧小平. 1994.『鄧小平文選』第3卷. 北京: 人民出版社.
閆健. 2006.『民主是个好東西: 俞可平訪談录』. 北京: 社會科學文獻出版社.

5장

김재관. 2007. "중국 도시 내 업주 권익 운동의 부상에 대한 국가의 대응: 上海와 深圳 지역의 '업주위원회'의 활동과 당정 개입을 중심으로." 『한국정치학회보』 제41집 4호.

이기현. 2010. "중국 농민 저항과 국가-사회관계의 새로운 조정." 『중국과 민주주의』 12월 3일. 고려대학교 아세아연구소 주최 학술회의 발표문.

이남주. 2010. "중국의 피플 파워가 중국을 바꿀 수 있을까?" 중앙일보 중국 연구소 지음. 『2010~2011 차이나 트렌드』. 중앙북스.

이민자. 2008/2009. "밑으로부터의 저항과 '중국 특색의 시민사회'." 『중소연구』 통권 120호.

전성흥. 2000. "중국의 국가-사회관계 연구." 정재호 엮음. 『중국정치연구론』. 나남출판사.

조영남. 2009. "중국의 정치 개혁과 '중국 특색의 민주주의'." 한양대학교 중국문제연구소 제9차 중국포럼 발표문. 3월 18일

판웨이(潘維)지음. 김갑수 옮김. 2010. 『중국이라는 새로운 국가 모델: 当代中華体制』. 에버리치홀딩스.

Brødsgaard, Kjeld Erik and Zheng Yongnian eds. 2004. *Bringing the Party Back In: How China is Governed.* Singapore: Eastern University Press.

Cai, Yongshun. 2005. "China's Moderate Middle Class: The Case of Homeowner's Resistance." *Asian Survey,* Vol. 45, NO. 5.

Chan, Anita. 1993. "Revolution or Corporatism? Workers and Trade Unions in Post-mao China." *Australian Journal of Chinese Affairs,* No. 29.

Chan, Anita and Unger, Jonathan. 1995. "China, Corporatism and East Asian Model." *Australian Journal of Chinese Affairs,* No. 33.

Cohen, J. L. and A. Arato. 1992. *Civil Society and Political Theory.* Cambridge: The MIT Press.

Dickson, Bruce J. 2003. *Red Capitalists in China: The Party, Private Entrepreneurs, and Prospects for Political Change.* New York: Cambridge University Press.

Ding, Yijiang. 2000. "The Conceptual Evolution of Democracy in Intellectual Circles' Rethinking of State and Society." Suisheng Zhao eds. *China and Democracy-The Prospect for a democratic China.* New York: Routledge.

Ehrenberg, John. 1999. *Civil Society: The Critical History of an Idea.* New York: New York University Press.

Frolic, B. M. 1997. "State-led Civil Society." *Civil Society in China.* Armonk, New York: M. E. Sharpe.

Gilboy, George J. and Benjamin L. Read. 2008. "Political and Social Reform in China: Alive and Walking." *The Washington Quarterly,* Summer.

He, Baogang. 1997. *The Democratic Implications of Civil Society in China.* New York: St. Martin's Press.

Kohli, Atul. 1990. *Democracy and Discontent: India's Growing Crisis of Governability.* Cambridge: Cambridge University Press.

Lee, Ching Kwan. 2000a. "The Revenge of History: Collecitive Memories and Labor Protests in Northeastern China." *Ethnography*, Vol.1, No. 2 (December).

_____. 2000b. "Pathways of Labour Insurgency." *Chinese Society: Change, Conflict and Resistance.* London: Routledge.

Li, Lianjiang and Kevin J. O'Brien. 1996. "Villagers and Popular Resistance in Contemporary China." *Modern China* Vol. 22, No. 1(Jan).

_____. 2006. *Rightful Resistance in Rural China.* New York: Cambridge University Press.

Li, Lianjiang. 2010. "Rights Consciousness and Rules Consciousness in Contemporary China." *The China Journal*, No.64, July.

Moore, Barrington Jr. 1993. *Social Origin of Dictatorship and Democracy: Lord and Peasant in the Making of the Modern World.* Boston: Beacon Press.

Nathan, Andrew J. 2003. "Authoritarian Resilience." *Journal of Democracy.*

_____. 2008. "China's Political Trajectory: What Are the Chinese Saying?" Cheng Li eds. *China's Changing Political Landscape: Prospects for Democracy.* Washington, D.C: Brookings Institution Press.

Naughton, Barry and Dali L. Yang eds. 2004. *Holding China together: Diversity and National Integration in the Post-Deng Era.* New York: Cambridge University Press.

Pan, Wei. 2006. "Toward a Consultative Rule of Law Regime in China." *Debating Political Reform in China: Rule of Law vs. Democratization.* New York: M.E. Sharpe.

Pearson, Margaret M. 1997. *China's New Business Elite: The Political Consequences of Economic Reform.* Berkeley: University of California Press.

Pei, Minxin. 2000. "Rights and Resistance." *Chinese Society.*

_____. 2006. *China's Trapped Transition: The Limits of Develop- mental Autocracy.* Cambridge: Harvard University.

Perry, Elizabeth J. 2007. "Studying Chinese Politics: Farewell to Revolution?" *The China Journal* No. 57.

Read, Benjamin L. 2003. "Democratizing the neighbourhood? New private housing and home-owner self-organization in urban China." *The China Journal*, No. 49,

January.
_____. 2008a. "Democratizing the Neighbourhood? New Private Housing and Homeowner Associations' Self-organization in Urban China." *Associations and the Chinese State: Contested Spaces.* Armonk, NY: M.E. Sharpe.
_____. 2008b. "Assessing Variation in Civil Society Organizations: China's Homeowner Associations in Comparative Perspective." *Comparative Political Studies* Vol. 41, Issue 9 (September).
Schmitter, Philippe C. 1974. "Still the Century of Corporatism?" *The New Corporatism: Social-Political Structures in the Iberian World.* Norte Dame: University of Notre Dame Press.
Shambaugh, David. 2000. "The Chinese State in the Post- Mao Era." *The Modern Chinese State.* Cambridge: Harvard University.
Srinivasan, N. 2004. "Economic Reform and Global Integration." *The India-China Relationship.* New York: Columbia University Press.
Sun, Yuqing. 2006. "Democratic consultation in Wenling benefits the administration." 〈China Daily〉(11/30).
http://www.chinadaily.com.cn/photo/2006-11/30/content_750584.htm.
Tanner, Murray Scot. 2005. "Chinese Government Responses to Rising Social Unrest." April Rand, http://www.rand.org/pubs/testimonies/ 2005/RAND_CT240.pdf.
Tomba, Luigi. 2005. "Residential Space and Collective Interest Formation in Beijing' Housing Dispute." *The China Quarterly,* No. 184, December.
Unger, Jonathan. 2008. *Associations and the Chinese State: Contested Spaces.* Armonk, NY: M.E. Sharpe.
Watson, Andrew. 2008. "Civil Society in a Transitional State: The Rise of Associations in China." *Associations and the Chinese State: Contested Spaces,* Armonk, NY: M.E. Sharpe.
Yang, Dali L. 2004. *Remaking the Chinese Leviathan: Market Transition and the Politics of Governance in China.* Stanford: Stanford University Press.
Zhang, Jing. 2003. "Neighbohood-Level Governance: The Growing Social Foundation of a Public Sphere." *Governance in China.* Rowman & Littlefield Publishers.

唐士其. 1998.『國家與社會的關係-社會主義國家的理論與實踐比較研究』. 北京: 北京大學出版社.
鄧正來. 1996. "國家與社會－中國市民社會研究的研究."『中國社會科學季刊』夏季卷.
_____. 2002.『市民社會理論的研究』. 北京: 中國政法大學出版社.

鄧正來·景躍進. 1992. "建構中國的市民社會."『中國社會科學季刊』秋季卷.
李凡 2003. "社區自治与基層民主的新實踐."『新聞周刊』12月22日, 第47期.
李平. 2004. "有産者運動的民主效應: 維權業主參選人大代表之路." 鄒樹彬 主編『2003年北京市 區縣人大代表競選實象』. 西北大學出版社.
慕毅飛. 2005.『民主懇談: 溫岭人的創造』. 北京: 中央編譯出版社.
潘維. 2003.『法治与'民主迷信』. 香港: 香港社會科學出版社有限公司.
范明林. 2010. "非政府組織与政府的互動關系: 基于法團主義和市民社會視角的比較个案研究."『社會學研究』第3期.
徐宇珊. 2008. "非對称依賴: 基金會与政府關系的分析."『公共管理學報』第1期.
蕭功秦. 2010. "重建公民社會:走向21世紀中國大轉型新階段."『南方都市報』1月 10日.
孫立平. 1992. "國家與社會的結構分化: 改革以來中國社會結構的轉變研究之一."『中國社會科學季刊』秋季卷(創刊號).
王名. 2005. "緒言."『清華大學NGO研究叢書』. 清華大學出版社.
王名·劉國翰·何建宇. 2001.『中國社團改革: 從政府選擇到社會選擇』. 北京: 社會科學文獻出版社.
王旭. 1997. "鄉村中國的基層民主: 國家與社會的權力互强."『二十一世紀』4月號.
王紹光·何建宇. 2004. "中國的社團革命—中國人的結社版圖."『浙江學刊』第6期.
于建嶸. 2005. "土地問題已成農民維權抗爭焦点-關于当前我國農村社會形勢的一項專題研究."『調研世界』第3期.
______. 2008. "当代中國農民的以法抗爭-關于農民維權活動的一个解釋框架."『文史博覽(理論)』12月.
袁瑞軍. 2009. "政府与民間組織的伙伴關系動因与實施問題."『北京大學政府管理學院公民社會研究中心』11月 4日.
俞可平. 2003. "社會主義市民社會: 一个新的研究課題." 俞可平 著.『增量民主与善治』. 北京: 社會科學文獻出版社.
______. 2006.『民主与陀螺』. 北京: 北京大學出版社.
______. 2008. "對中國公民社會若干問題的管見." 高丙中·袁瑞軍 主編.『中國公民社會發展藍皮書』. 北京: 北京大學出版社.
張靜 主編. 1998.『國家與社會』. 杭州: 浙江人民出版社.
朱健剛. 1997. "城市街區的權力變遷:强國家與强社會模式."『戰略與管理』.
周天勇·王長江·王安岭 主編. 2007.『攻堅: 十七大后中國政治体制改革研究報告』. 新疆: 新疆生產建設兵團出版社.
朱紅軍. 2008. "厦門PX事件:民意考量政府."『浙江人大』2期.
http://www. zj.xinhuanet.com/website/2008-04/11/content_12944203.htm.
中華人民共和國 國務院新聞辦公室. 2010. "中國的反腐敗和廉政建設" (12月).

http://www.qstheory.cn/dj/ffcl/ 201012/t20101230_60935.htm.
晋軍·何江穗. 2008. "碎片化中的底層表達: 云南水電開發爭論中的民間环保組織." 『學海』 第3期.
劉武俊. 1995. "市民社會与現代法的精神." 『法學』 8期.
劉安. 2009. "市民社會? 法團主義?: 海外中國學關于改革后中國國家与社會關系研究述評." 『文史哲』 第5期.
劉彦. 2007. "用地審批改革有待實踐檢驗." 『中國新聞周刊』(02.05).
夏建中. 2003. "中國公民社會的先聲--以業主委員會爲例." 『社會學』 第8期.
何增科. 1994. "市民社會概念問題的几点思考." 『現代与傳統』 第4期.
_____. 1998. "市民社會: 民主化的希望還是偶像-80年代以來國外市民社會研究述評." 『中國社會科學季刊』(香港) 第22期.
_____. 2006. "中國公民社會制度环境要素分析." 兪可平 主編: 『中國公民社會的制度环境』. 北京: 北京大學出版社.
張磊·劉麗敏. 2005. "物業運作: 從國家中分离出來的新公共空間." 『社會』 第1期, 總第239期.
張鐘汝·范明林·王拓涵. 2009. "國家法團主義視域下政府与非政府組織互動關系研究." 『社會』 第4期.
張靜. 2002. "公共空間的社會基础-一个社區糾紛案例的分析." 中國青少年發展基金會·非營利組織研究委員會 編. 『擴展中的公共空間』. 天津: 天津人民出版社.
鄒樹彬 主編. 2004. 『2003年北京市 區縣人大代表競選實录』. 西北大學出版社.
鄒樹彬. 2005. "住宅小區中的民主." 唐娟 主 編. 『城市社區業主委員會發展研究』. 重慶: 重慶出版社.
鄒樹彬·唐娟·黃圍平. 2004. "2003年人大代表競選的群體效應—北京與深圳比較." 『馬克思主義與現實』 第2期.
閻健 編. 2006. 『民主是个好東西: 兪可平訪談录』. 北京: 中國社會科學出版社.
顧昕·王旭. 2005. "從國家主義到法團主義-中國市場轉型過程中國家与專業團体關系演變." 『社會學研究』 第2期.

6장

김도희. 2002. "중국의 정치 개혁, 기층 선거, 그리고 통제의 딜레마." 정재호 엮음. 『중국의 개혁-개방의 정치경제 1980~2000』. 까치.
_____. 2006. "중국 도시 기층의 자율성, 사구의 조직과 행위를 통한 고찰." 『중소연구』 111(가을).

______. 2007. 『전환 시대의 중국 사회 계층』. 폴리테이아.
김수한·조영관. 2010. "사회주의 체제 전환국의 주택 사유화 비교 연구, 중국-러시아를 중심으로." 『中蘇硏究』 34-1.
김수한. 2005. "中 아파트 관리비 체납." 『주간동아』 514호.
______. 2008. "중국 도시 토지제도 개혁과 지방정부 행위 분석, 토지사용권 양도 시장을 중심으로." 『한중사회과학연구』 6-2.
______. 2009. "중국 공공 주택 모델 전환에 관한 연구—경제 적용 주택과 저가 임대주택을 중심으로." 『현대중국연구』 10-2.
김영진. 2002. 『중국의 도시 노동시장과 사회, 상해시를 예로』. 한울.
김재관. 2007. "중국 도시 내 업주 권익 운동의 부상에 대한 국가의 대응—상하이·선전 지역 '업주위원회'의 활동과 당정 개입을 중심으로." 『한국정치학회보』 41-4.
김종현. 2007. "중국 도시 '사구 건설'을 통해 본 사구제 질서의 본질." 『중국학연구』 40.
______. 2010. "거민위원회를 통해 본 도시 사구 자치의 문제." 『중국학연구』 49.
서진영. 2008. 『21세기 중국정치-'성공의 역설'과 중국적 사회주의의 미래』. 폴리테이아.
이동진. 2007. "재산권과 사회운동—중국 주택 소유자 운동을 사례로." 『현대중국연구』 9-1.
이민자. 2010. "밑으로부터의 저항과 '중국 특색의 시민사회'."
이정남. 2007. "사구주민위원회 선거제도의 등장, 특징, 성과." 『중국의 기층 선거와 정치 개혁, 그리고 정치 변화』. 폴리테이아.
이홍규. 2010. "중국 특색의 사회주의 민주, 기층 선거의 도입과 효과."
임길진·이만형. 1991. 『사회주의 중국의 주택 정책, 이념과 현실』. 나남.
전성홍 엮음. 2010. 『체제 전환의 중국 정치-중국식 정치발전 모델에 대한 시론적 연구』. 에버리치홀딩스.
정해용. 2008. "중국 상하이의 도시 거버넌스와 국가-사회관계, 변화와 연속성." 『아세아연구』.

Bray, David. 2005. *Social Space and Goverment in Urban China, The Danwei System From Origns to Reform.* Palo Alto: Stanford University Press.
______. 2006. "Building 'Community', New Strategies of Governance in Urban China." *Economy and Society*, Vol.35.
Cai, Yong-shun. 2007. "Civil Resistance and Rule of Law in China." Elizabeth J. Perry and Merle Goldman eds. *Grassroots Political Reform in contemporary China.* Harvard University Press.
Marshall, Andrew and Ester van Steekelenburg. 1999. "Urban Housing in Mainland China, a New Chapter." *Review of Urban & Regional Development Studies,* Vol. 11.
Naughton, Barry. 1997. "Danwei: The Economic Foundations of a Unique Institution."

Land Xiaobo and Elizabeth J. Perry eds. *Danwei the changing Chinese workplace in historical and Comparative perspective*. M.E. Sharpe.

Read, Benjamin L. 2003. "Democratizing the Neighbourhood? New Private Housing and Home-Owner Self-Organizationin Urban China." *The China Journal*, No. 49.

______. 2007. "Inadvertent Political Reform via Private Associations, Assessing Homeowners' Groups in New Neighborhoods." Elizabeth J. Perry and Merle Goldman eds. *Grassroots Political Reform in contemporary China*. Harvard University Press.

Shi, Fa-yong and Cai Yong-shun. 2006. "Disaggregating the State, Networks and Collective. Action in Shanghai." *China Quarterly*, No. 186.

Tomba, Luigi. 2003. "Residential Space and Collective Interest Formation in Beijing's Housing Disputes." *The China Quarterly*. No.184, December.

Wu, Fu-long. 1996. "Changes in The Structure of Public Housing Provision in Urban China." *Urban Studies*, Vol. 10.

Zhang, Jing. 2004. "Neighborhood-Level Governance." jude Howell eds. *Governance in China*. Roman & littlefield Publishers, Inc.

Zhang, L. 2007. "Private Homes,Distinct Life styles, Performing a New Middle Class." Li zhang and Aihwa Ong eds. *Privatizing China, Socialism from Afar*. Ithaca and London: Cornell University Press.

Zhang, Xing-quan. 2000. "Privatization and The Chinese Housing Model." *International Planning Studies*, Vol. 20, Jun.

管兵. 2010. "維權行動和基層民主参与-以B市商品房業主爲例." 『社會』 第5期.

金修漢. 2009. "關于中國城市住房改革路徑的研究." 『中國研究』 第47卷.

金儉. 2004. "中國住宅私有化進程及其社會影響." 『南京大學學報(哲學人文科學·社會科學)』 第3期.

董月玲. 2005. "北京回龍觀社區維權,從具体維權到積极参政." 『中國青年報』(6月 22日).

杜衛東. 2002. "除了打官司, 還得把握時机." 『南方周末』(5月 23日).

李佳. 2006. "時代庄園業主更換物業 中間"殺出"居委會." 『北京青年報』(7月 10日).

李凡. 2003. 『中國城市社區直接選擧改革』. 西安: 西北大學出版社.

李漢林. 2004. 『中國的單位社會-議論, 思考与研究』. 上海: 上海人民出版社.

潘小娟. 2004. 『中國基層社會重构-社區治理研究』. 北京: 中國法制出版社.

木書編寫組. 2001. 『社區建設与社區党建工作手册』. 北京: 党建讀物出版社.

付中. 2005. "時代庄園房産宣傳冊中美景成泡影." 『法制晩報』(1月 11日).

石毅. 2005. " 對小區物業不滿 太平家園六旬業主被打傷." 『京華時報』(11月 15日).

王丹楓. 2003. "北京大西洋新城業主昨日開會: 解聘物業公司."『法制日報』(9月 29日).
王麗. 2001. "我國城鎮住房制度的演變及住房市場走勢."『石家庄經濟學院學報』 第1期.
王剛. 2005. "拘捕業主."『中國新聞周刊』(11月 16日).
曹健·全天賜.2006. "2003年深夢,北京人大代表競選的行爲主義分析."
『当代中國政治研究報告4』. 北京: 社會科學文獻出版社.
蔡德容. 1987.『中國城市住宅体制改革研究』. 北京: 中國財政經濟出版社.
蔡雪婧. 2006. "時代庄園兩派爭搶業委會."『北京娛樂信報』(12月 1日).
蔡雪婧·張輝. 2007. "時代庄園五年用臨電 只因開發商資金不到位."『北京娛樂信報』(1月 23日).
詹成付. 2006.『社區居委會選擧工作進展報告』. 北京: 中國社會出版社.
况偉大. 2003. "壟斷, 競爭与管制-北京市住宅業市場結构研究." 北京: :經濟管理出版社.
劉新雷. 2002. "關注入住糾紛: 一紙調節書化解大西洋糾紛."『北京青年報』(2月 28日).
劉子曦. 2010. "激勵与擴展, B市業主維權運動中的法律与社會關系."『社會學研究』 第5期.
吳志華·瞿桂萍·汪丹. 2008.『大都市社區治理研究: 以上海爲例』. 上海: 夏旦大學出版社.
吳海花. 2003a. "大西洋新城爲何又起糾紛."『生活時報』(7月 31日).
_____. 2003b. "大西洋新城,業主想炒物業公司."『生活時報』(8月 15日).
夏建中. 2005. "城市新型社區居民自治組織的實証研究."『學海』 第3期.
叶慧. 2005. " 不滿物業拒交費 大西洋新城業主被强行斷電."『法制晩報』(6月 16日).
張磊. 2003. "北京大西洋新城小區業主換"管家"爲何這么難."『中國消費者報』(11月 25日).
張曉玲·楊娟娟. 2006. "律師称如時代庄園這次成功將是業主維權突破."『新京報』(12月 24日).
張銘宇. 2005. "社區居委會在爲誰忙?-武漢市社區居委會事務調查."『社區工作』 第6期.
楊曉民·周翼虎. 1999.『中國單位制度』. 北京: 中國經濟出版社.
許琛 外. 2008. "广州居委會選擧遭冷遇."『羊城晩報』(4月 15日).
鄒樹彬·唐娟·黃衛平. 2004a. "2003年人大代表競選的群体效應,北京与深圳比較."
『馬克思主義与現實』 第2期.
_____. 2004b. "人大代表競選的群体效應,北京与深圳比較."『当代中國政治研究報告Ⅲ』. 北京: 社會科學文獻出版社.
閔學勤. 2009. "轉型時期居委會的社區權力及聲望研究."『社會』 第6期.
黃笑難,. 2003.『城鎮住房制度變遷中利益分配的研究』. 重慶: 重慶大學碩士學位論文.
黃榮貴·桂勇. 2009. "互聯网与業主集体抗爭, 一項基于定性比較分析方法的研究."
『社會學研究』 第5期.
黃鎗堅. 2003. " 業主与物業冲突 大西洋新城業主自治受挫調查."『經濟觀察報』(11月 30日).

7장

이기현. 2009. "중국 지방정부 불법 토지 개발 현상에 대한 원인 분석: 개혁기 중앙정부의 이익과 토지제도 설계." 『국제정치논총』 49집 4호.

이민자. 2009. "밑으로부터의 저항과 중국 특색의 사회주의." 『중소연구』 34권 4호.

정재호. 1999. 『중국의 중앙-지방 관계론: 분권화 개혁의 정치경제』. 나남.

조영남. 2008. "중국 제 2기 후진타오 체제의 출범과 정책 변화." 『중소연구』 32권 2호.

Bianco, Lucien. 2001. P*easant without the Party: Grass-Roots Movemnet in Twentieth-Century China*. Armonk: M. E. Sharpe.

Bernstein, Thomas and Xiaobo Lu. 2000. "Taxation without Representation: Peasants, the Central and the Local Sates in Reform China." *The China Quarterly*, Vol. 163(Sep.).

Cai, Yongshun. 2004. "Managed Participation in China." *Political Science Quarterly* Vol. 119, No. 3 (Fall).

______. 2008. "Power Structure and Regime Resilience: Contentious Politics in China." *British Journal of Political Science* Vol. 38, No.3.

Chung, Jaeho. Hongyi Lai and Ming Xia. 2006. "Mounting Challenges to Governance in China: Surveying Collective Protestors, Religious Sects and Criminal Organization." *The China Journal,* No. 56(July).

Guo, Xiaolin. 2001. "Land Expropriation and Rural Conflicts in China." *The China Quarterly* Vol. 166(August).

Ho, Peter. 2001. "Who Owns China's Land? Policies, Property Rights and Deliberate Institutional Ambiguity." *The China Quarterly* Vol. 166(August).

Jing, Jun. 2000. *Environmental Protests in Rural China, Chinese Society: Change, Confict and Resistance*. London: New York: Routledge.

Keidel, Albert. 2006. "China's Social Unrest: The Storty Behind the Stories." *Policy Brief* (Sep).

Li, Lianjiang and Kevin O'Brien. 1996. "Villagers and Popular Resistance in Contemporary China." *Modern China,* Vol. 22, No. 1(Jan.).

______. 2008. "Protest Leadership in Rural China." *The China Quarterly* Vol. 193(March).

Lum, Thomas. 2006. "Social Unrest in China." *CRS Report for Congress*(May 8).

Ma, Josephine. 2005. "Wealth Gap Fueling Instability." *South China Morning Post*(12.22).

Michelson, Ehan. 2008. "Justice from Above or Below? Popular Strategies for Resolving Grievances in Rural China." *The China Quarterly* Vol. 193(March).

O'brien, Kevin. 1996. "Rightful resistance." *World Politics,* Vol.49, No.1October).

Perry, J. Elizabeth. 1985. "Rural Violence in Socialist China." *The China Quarterly,* Vol. 103(Sep.).

Scott, C. James. 1977. *The Moral Economy of the Peasant: Rebellion and Subsistence in Southeast Asia.* Yale University Press.

Tanner, S. Murray. 2004. "China Rethinks Unrest." *The Washington Quarterly,* Vol. 27 (No 3).

Tilly, Charles. 2004. *Contention and Democracy in Europe: 1965-2000.* New York: Cambridge University Press.

UNDP. 2006. "Revitalizing Rural China through Land Policy Reform and Innovation in Rural Governance and Public Service Delivery." *UNDP Project Document.*

Unger, Jonathan. 2002. *The Transformation of Rural China.* Armonk: M.E. Sharpe.

Zhu, Jieming. 2002. "Urban Development under Ambiguous Property Rights: A Case of China's Transition Economy." *International Journal of Urban and Regional Research,*Vol. 26(Issue 1).

柳金財. 2006. "中國的農民負擔, 稅費改革與鄉村治理."『育達科大學報』第11期.

柳金財. 2010. "中國土地徵收之過程: 地方政府, 農民與國家策略選擇分析."『育達科大學報』第23期.

李茂君. 1996.『農民負担問題硏究』. 山西經濟出版社.

李靜, 周斌, 2009. "我國群体性事件的基本界定."『沈陽干部學刊』第4期.

法制晚報. 2010. "世行: 中國城鄉收入差距拉大."『法制晚報』(5月 24日).

于建嵘, 2008. "当代中國農民的以法抗爭-關于農民維權活動的一个解釋框架."『文史博覽(理論)』12月.

于建嵘. 2005. "土地問題已成農民維權抗爭焦点-關于当前我國農村社會形势的一項專題硏究."『 調硏世界』第3期.

于建嵘. 2009. "当前我國群体性事件的主要類型及其基本特征."『中國政法大學學報』第6期.

中共中央辦公廳. 2004.『關于積极預防和妥善處置群体性事件的工作意見』.

中國財政學會. 1999.『中央与地方財經改革探索』北京: 經濟科學出版社.

肖唐鏢. 2005. "從農民心態看農村政治穩定狀况--一个分析框架及其應用."『華中師范大學學報』第5期.

劉彥. 2007. "用地審批改革有待實踐檢驗."『中國新聞周刊』(2月 5日) 47.

楊安中. 2005. "反省分稅制改革."『中國經濟時報』(1月 18日).

羅强强. 2010. "今年來我國農村群体性事件硏究述評."『社會主義硏究』第3期.

財經. 2006. "土地解密."『財經』(2月 20日).

趙云旗. 2007. "当代中國農民負担問題研究"(1949~2006)." 『中國經濟史研究』 第3期.
鄭衛東. 2006. "信訪制度与農民利益表達." 『山西師大學報』 9月.
陳普胜. 2004. 『群体性事件研究報告』. 群衆出版社.

"群体性事件上升到每年9万起." 『羊城晚報』(2010/02/27).
http://news.qq.com/a/20100227/001082.htm(검색일: 2010.12.30)
"广州居委會選擧遭冷遇." 『羊城晚報』(2008/04/15).
〈全國社會治安情勢報告〉.
http://www.mps.gov.cn/cenweb/brjlCenweb/jsp/ese(검색일:2010.12.30)

8장

김재철. 2002. "당-인민대표대회의 관계." 『중국의 정치 개혁』. 한울.
이정남. 2008. "중국의 정책 결정 과정과 대중의 참여: 물권법의 통과를 사례로." 이태환 외. 『중국의 정책 결정』. 한중싱크넷.
조영남. 1999. "중국 개혁 시기(1978~1998) 전국인민대표대회, 중국공산당, 국무원의 권력 관계 분석: 전국인대와 국무원의 관계를 중심으로." 『국제정치논총』 제39집 2호.
_____. 2006. 『중국 의회정치의 발전』. 폴리테이아.

Chang, Gordon G. 2001. *The Coming Collapse of China*. London: Random House.
Delisle, Jacques. 2008. "Legalization without Democratization in China under Hu Jintao." Li Cheng ed. *China's Changing Political Landscape: Prospects for Democracy*. Washington: Brookings Institution Press, 185-211.
Goldman, Merle. 2005. *From Comrades to Citizens: The Struggle for Political Rights in China*. Cambridge: Harvard University Press.
Goldstone, Jack A. 1995. "The Coming Chinese Collapse." *Foreign Policy*. No. 99.
Ogden, Suzanne. 2002. *Inklings of Democracy in China*. Cambridge: Harvard University Press.
Peerenboom, Randall. 2007. *China Modernizes: Threat to the West or Model for the Rest?* Oxford: Oxford University Press.
Pei, Minxin. 2006. *China's Trapped Transition: The Limits of Developmental Autocracy*. Cambridge & London: Harvard University Press.
Schell, Orville. 2002. "Red Herring: Special Report: China-The Coming Collapse." http://www.redherring.com/insider/2002/11/coming-china-collapse-110702.html

(검색일: 2010. 10. 10).
Waldron, Arthur. 1995. "After Deng the Deluge." *Foreign Affairs*. Vol. 74. No. 5.
Yang, Dali L. 2004. *Remaking the Chinese Leviathan: Market Transition and the Politics of Governance in China*. Stanford: Stanford University Press.

葛樹濤·廖世傑. 2010. "我是一個建設者而不是破壞者." http://jxsr.jxnews.com.cn/system/2010/03/05/011321415.shtml (검색일: 2010.10.11).
康新貴. 2007. "修改社會團體登記管理條例, 發展市民社會." http://www.wyzxsx.com/Article/Class22/200706/20318.html (검색일: 2010.08.29).
江澤民. 1992. "加快改革開放和現代化建設步伐, 奪取有中國特色社會主義事業的更大勝利(1992/10/12)." http://news.xinhuanet.com/ziliao/2003-01/20/content_697148.htm (검색일: 2010.10.17).
冀祥德·王文遠. 2005. "瓶頸及其突破: 直面中國社會團體發展之現狀, 兼論結社法立法之若幹問題."『中國公證』第10期.
羅昌平. 2008. "十一屆全國人大代表'民增官減'." http://www.caijing.com.cn/2008-03-02/100050415.html(검색일: 2010.10.11).
雷弢. 2009.『參與的邏輯: 北京選民選擧心態與參與行爲追蹤研究』. 香港: 晨鍾書局.
李高協·殷悅賢. 2006. "公衆參與立法的路徑探討."『人大研究』第7期. http://www.chinaelections.org/newsinfo.asp?newsid=93500 (검색일: 2010.08.25)
李高協·訾曉輝. 2009. "建立地方立法聯系點之探索."『人大研究』第2期.
李凡. 2009. "基層人大代表選擧中的一些操縱行爲(3.1)." http://www.methodfirst.cn/cl_in.html?id=970 (검색일: 2010.09.15).
李嶽德. 2008. "用數字詮釋中國法治: 專家解讀'中國法治白皮書'."『民主與法制』第6期.
李增輝. 2008. "河北68歲農婦自薦競選人大代表." http://news.qq.com/a/20080228/002336.htm(검색일: 2010.10.11).
博訊網. 2010. "十八大變局是做出來的: 且看溫家寶的漸進民主化努力." http://news.boxun.com/news/gb/pubvp/2010/09/201009072224.shtml (검색일: 2010. 9. 9).
範亞峰. 2009. " 維權運動與憲政轉型的中道模式: 和諧穩定模式和非常政治的危機." http://www.gongfa.com/html/gongfazhuanti/xianzhengzhuanxing/20090123/236.html(검색일: 2009.03.21).

山東省青島市人民政府法制辦公室. 2006.
"關於印發'行政立法專家咨詢及立法聯系點立法聯系人工作制度'的通知(青法制[2006]106號)." http://www.lawyee.net/Act/Act_Display.asp?RID=587419 (검색일: 2010.09.30).

孫哲. 2004.『1979~2000全國人民代表大會』. 北京: 法律出版社.

申劍麗. 2010. "'工會法'要大修."
http://finance.ifeng.com/roll/20100819/2529680.shtml(검색일: 2010.10.10).

楊道波·王旭芳. 2009. "公益性社會組織的法律定位思考."『理論探索』第3期 (總第177期).

嚴振書. 2010. "轉型期中國社會組織基本問題硏究."『重慶社會主義學院學報』第2期.

王仰文. 2007. "論中國共産黨的領導對國家立法的影響."『資料通訊』第10期.
http://lib.zjdx.gov.cn/zdnews/view.asp?id=1022(검색일: 2010.08.22).

雲山城. 2008. "勞動敎養制度改革硏究."『中國人民公安大學學報(社會科學版)』第6期.

袁紅冰. 2009. "中國的維權運動和當代中國民主大革命(1.19)."
http://bbs.aboluowang.com/thread-16281-1-1.2009/1/30(검색일: 2009.01.30).

尹中卿·周芳芳·施祖軍. 2003. "如何完善全國人大常委會委員的構成?"『學習時報』(5月12日).

應克復. 2006. "論中國現行代議制度之改革."『當代中國硏究』第4期(總第95期).
http://www.chinaelections.org/newsinfo.asp?newsid=100905
(검색일: 2011.10.02).

應學俊. 2009. " 人大代表'官·民'構成失衡現狀必須改變(4.3)."
http://www.chinavalue.net/NewsDig/NewsDig.aspx?DigId=30551
(검색일: 2010.08.29).

章曉華. 2008. "從'零八憲章'看右翼的策略."『烏有之鄕』.
二零零八年第十二期下(總七十八期)(전자저널).

田燕苗. 2003. "加入WTO與中國法律的修改."『人民日報(海外版)』(4月15日).

曹玉斌. 2010. "公民有序參與立法値得期待(民議兩會)."『江南時報 』(3月11日).

朱景文 主編. 2007.『中國法律發展報告』. 北京: 人民大學出版社.

周天勇·王長江·王安嶺主編. 2007.『攻堅: 十七大後中國政治體制改革硏究報告』.
五家渠: 新疆生産建設兵團出版社.

陳雲. 2010. "轉型時期的中國全國人大制度: 四大問題及其思考."『擊水談』1(April).

蔡定劍. 2008. "依法治理." 兪可平 主編.『中國治理變遷30年(1978~2008)』. 北京: 社會科學文獻出版社.

彭沖. 1993. "全國人民代表大會常務委員會工作報告(3月20日)."
http://news.xinhuanet.com/ziliao/2004-10/19/content_2108984.htm

(검색일: 2010.10.10).
何春中·王亦君. 2010. "違法行爲矯治法久未出爐: 代表委員呼籲改革勞敎."
http://news.sohu.com/20100312/n270763263.shtml (검색일: 2010.10.10).
黃衛平. 2008. "中國選擧民主: 從廣度到深度."『吉林大學社會科學學報』第5期 29-35.
黃衛平·鄒樹彬·唐娟. 2004. "2003年人大代表競選的群體效應: 北京與深圳比較."
『人大硏究』第4期.
http://www.chinaelections.org/NewsInfo.asp?NewsID=82958
(검색일: 2011.10.01).
黃紅宇. 2008. "論我國勞動敎養制度的改革與完善: 以聯合國司法准則爲視角."
『法制與社會』第23期 169-170.

"國務院關於印發全面推進依法行政實施綱要的通知(2004年3月22日)."
http://news.xinhuanet.com/zhengfu/2004-04/21/content_1431232.htm
(검색일: 2010.10.10).
"國務院關於全面推進依法行政的決定." 國發[1999]23號(1999年11月8日).
http://www.sse.com.cn/sseportal/dmxh/xz_new_20030803t.pdf
(검색일: 2010.10.10).
"中共中央關於制定國民經濟和社會發展第十二個五年規劃的建議."
http://theory.people.com.cn/GB/13066239.html(검색일: 2010. 12. 11).
"中國共産黨第十一屆中央委員會第三次全體會議公報(一九七八年十二月二十二日通過)."
新華網資料.
http://news.xinhuanet.com/ziliao/2005-02/05/content_2550304.htm
(검색일: 2010. 10. 10).
"中華人民共和國立法法." http://www.gov.cn/test/2005-08/13/content_22423.htm
(검색일: 2010. 10. 17).

9장

김석준 외. 2000.『뉴 거버넌스 연구』. 대영문화사.
김도희. 2004. "중국의 도시 개혁과 기층 거버넌스".『국제정치논총』. 44/1.
______. 2005. "중국의 정치 참여: 선거를 통한 고찰." 유세희 엮음.『현대중국정치론』. 박영사.
김종호·김태영·김태일·한상연. 2001. "우리나라와 중국 지방정부의 행·재정적 자율성 비교: 중국에 대한 분석을 중심으로."『한국 사회와 행정 연구』12/2.
김흥규. 2005. "개혁 시기 중국 내 정부 간 관계 변화: 통제에서 타협과 계약으로." 29/1.

박재욱. 2008. “중국의 정부 간 관계와 지방행정.” 김윤권 엮음. 『중국의 행정과 공공 정책』. 법문사.

백승기. 2000. “중앙-지방 관계로 본 한국과 중국 지방정부의 자율성에 대한 국가 간 비교 연구.” 『지방정부연구』 4/2.

안병영·정무권·한상일. 2008. 『한국의 공공 부문: 이론, 규모와 성격, 개혁 방향』. 춘천: 한림대학교 출판부.

양승함. 2001. “지방정부의 정치 개혁.” 안용식 외. 『지방정부론』. 후산 안용식 교수 화갑 기념 저서 간행위원회.

이종화. 2008. “경제개혁에 관한 중국식 분권화와 지방정부 역할의 재조명: 비교론적 시각에서의 시론적 접근.” 『국제·지역연구』 17/1.

장윤미. 2009. “중국식 민주로 구축되는 신국가권위주의 체제: 비교사회주의 관점에서 본 중국의 정치체제 전환.” 『세계지역연구논총』 27/1.

전성흥. 2005. “개혁기 중국의 중앙과 지방 관계.” 유세희 엮음. 『현대중국정치론』. 박영사.

정무권. 2000. “새로운 국정 관리와 민주적 책임성.” 백경남·송하중 엮음. 『새천년의 한국 정치와 행정: 정치 선진화와 행정 혁신』. 나남.

정정길. 2000. 『행정학의 새로운 이해』. 대명출판사.

정재욱. 1998. “지방정부에 대한 이론적 접근과 통합 모형 설정에 관한 연구.” 『한국지방자치학회보』 10/3.

정해용. 2007. “시장 체제하의 중국의 정부 규제 개혁: 추진 체계와 규제 레짐의 성격 분석을 중심으로.” 『중소연구』 31/2.

______. 2008. “중국 상하이의 도시 거버넌스와 국가-사회관계: 변화와 연속성.” 『아세아연구』 51/1.

정해용·이권호. 2011. “중국의 시장화 개혁과 성과주의의 제도화: 당정 관료제에 대한 함의를 중심으로.” 『CHINA 연구』 10.

정환우. 2000. “중국에서 기업가적 지방정부의 대두와 경제성장.” 『중소연구』 24/1.

조영남. 2006. 『중국 의회정치의 발전』. 폴리테이아.

Asian Development Bank. 1998. *Annual Report*. Manila: Asian Development Bank.

Bernstein, Thomas P. and Lü Xiaobo. 2003. *Taxation without Representation in Contemporary Rural China*. Cambridge: Cambridge University Press.

Burns, John F. 1987. “China's Nomenklatura System.” *Problems of Communism* 36.

Burns, John P. 2003. “Governance and Public Sector Reform in the People's Republic of China.” Anthony B. L. Cheung and Ian Scott eds. *Governance and Public Sector in Asia: Paradigm Shifts or Business as Usual*, London & New York: Routledge Curzon.

Chan, Hon S. & Jie Gao. 2009. "Putting the Cart before the Horse: Accountability or Performance?." *The Australian Journal of Public Administration*, 68/S1: S51-S61.

Cheung, Anthony B. L. and Ian Scott eds. 2003. *Governance and Public Sector in Asia: Paradigm Shifts or Business as Usual.* London & New York: Routledge Curzon.

Chou, Bill K. 2005. "Implementing the Reform of Performance Appraisal in China's Civil Service." *China Information*, 19/1.

Edin, Maria. 2003. "State Capacity and Local Agent Control in China: CCP Cadre Management from a Township Perspective." *The China Quarterly*, 173.

Gilley, Bruce and Larry Diamond. 2008. *Political Change in China: Comparisons with Taiwan* Lynne Rienner.

Gurr, Ted Robert and Desmond S. King. 1987. *The State and City*, London: Macmillan.

Haque, M. Shamsul. 2001. "The Diminishing Publicness of Public Service under the Current Mode of Governance." *Public Administration Review*, 61/1.

Jones, George. 1992. "The search for local accountability." Steve Leach ed. *Strengthening local government in the 1990s*, Harlow: Longman.

Kaufmann, D., A. Kraay and M. Mastruzzi. 2008. *Governance Matters VII: Aggregate and Individual Governance Indicators, 1996~2007.* World Bank Policy Research Working Paper No. 4654, Washington, DC: World Bank.

Kim, Pan Suk. 2009. "Enhancing Public Accountability for Developing Countries: Major Constraints and Strategies." *The Australian Journal of Public Administration*, 68/S1: S89-S100.

Landry, Pierre F. 2008. *Decentralized Authoritarianism in China: The Communist Party's Control of Local Elites in the Post-Mao Era.* Cambridge: Cambridge University Press.

Lane, J. E. 2000. *New Public Administration.* London: Routledge.

Li, Hongbin and Li-An Zhou. 2005. "Political Turnover and Economic Performance: The Incentive Role of Personnel Control in China." *Journal of Public Economics*, 89.

Mertha, Andrew. 2005. "China's 'Soft' Centralization: Shifting Tiao/Kuai Authority Relations since 1998." *The China Quarterly*, 184.

Minogue, M., C. Polidano and D. Hulme. 1998. "Introduction: the Analysis of Public Management and Governance." M. Minogue, C. Polidano and D. Hulme eds. *Beyond the New Public Management, Changing Ideas and Practices in Governance.* Cheltenham: Edward Elgar Publishing Ltd.

Qian, Y. and Joseph Stiglitz. 1996. "Institutional Innovations and the Role of Local

Government in Transition Economics: The Case of Guangdong Province of China." John Mcmillan and Barry Naughton eds. *Reforming Asian Socialism: The Growth of Market Institutions.* Ann Arbor: The University Press.

Thynne, I. 2000. "The State and Governance: Issues and Challenges in Perspective." *International Review of Administrative Sciences*, 66/2.

UNDP. 1997. *Developing Capacity for Effective Governance.* A workshop for UNDP Offices.

Whiting, S. 2001. "Incentive structures and local cadre behavior." S. Whiting ed. *Power and Wealth in Rural China: The Political Economy of the Institutional Change.* Cambridge: Cambridge University Press.

曹錦清.1998.『黃河邊的中國』. 上海: 上海文藝出版社.

范柏乃.2007.『政府績效評估與管理』. 上海: 復旦大學出版社.

汪暉. 2008.『去政治化的政治: 短20世紀的終結與90年代』. 北京: 生活·讀書·新知三聯書店.

尹蔚民. 2009. "加强領導 周密部署 積極探索政府績效評估工作." 中國地方政府績效評估體系研究課題組.『中國政府績效評估報告』. 北京: 中共中央党校出版社.

周黎安. 2008.『轉型中的地方政府: 官員激勵與治理』. 上海: 格致出版社.

周黎安·李宏彬· 陳燁. 2005. "相對績效考核: 關于中國地方官員晋升的一項經驗研究." 『經濟學報』 第1期.

아연동북아총서 7

민주주의와 중국

1판1쇄 | 2012년 3월 23일

엮은이 | 이정남
펴낸이 | 이내영
펴낸 곳 | 아연출판부
등록 | 2000년 5월 24일 제6-376호
주소 | 서울시 성북구 안암동 5가 고려대학교 아세아문제연구소(136-701)
전화 | 02-3290-1600 팩스 | 02-923-4661
홈페이지 | www.asiaticresearch.org

값 13,000원

ISBN 978-89-90769-37-4 94300
978-89-90769-29-9 (세트)

이 도서의 국립중앙도서관 출판시도서목록(CIP)은 e-CIP 홈페이지(http://www.nl.go.kr/ecip)에서 이용하실 수 있습니다(CIP제어번호: CIP2012001122).